発達障害チェックシートできました

がっこうの まいにちを ゆらす・ずらす・つくる

すぎむら なおみ+「しーとん」

生活書院

まえがき

　はじめまして。この本を手にしてくださり、ありがとうございます。

　この本は、「発達障害チェックシート」の制作記録と、その理論的背景の解説で構成されています。当時定時制高校に勤務していた7人の養護教諭が、「『発達障害』をもつ子が、学校の中で居場所をみつけてほしい」「どの子も、もっと自分自身を認めてほしい」「困っている生徒がいたら手助けしたい」という願いのもと、「あたらしいタイプのチェックシートをつくろう」とあつまりました。そして勉強会をかさね、自他とむきあい、そのときどきのエピソードを原稿にしてきました。その足跡がこの本です。

　当初の連載は、学校に勤務する教員、とくに養護教諭にむけて書かれました。しかしいま、出版するにあたり、私たちはこの本を、教員の方だけでなく、保護者や研究者の方々、そして誰より当事者（日本の学校制度につまずいている人は、きっとこどもだけでなく、おとなの方の中にもいらっしゃるとおもいます）の方によんでいただきたいとおもっています。そのため、この本はLLブック（やさしく読める本）のコンセプトをとりいれています。LLブックについての詳細は後述します。まずは……次ページの「LLブック的」まえがきをごらんください。

❧ まえがき ❧

　みなさん、こんにちは。この本は、保健室で はたらく 7人の養護教諭（「ほけんの先生」と よばれることが おおいです）で つくりました。

　わたしたちは、できるだけ たくさんの人、たとえば よむのが にがてな人や、日本語を ならいはじめたばかりの人などにも、この本を よんでもらいたいと おもっています。だから、この「まえがき」のように、むずかしい字も 言葉も つかわない「LL（エルエル）ページ」を つくりました。LLページは、はなしの まとまりごとに あります。LLページだけ つなげてよめば、この本に なにが かかれているか、わかるように なっています。ぜひ、よんでみてください。

　もっと くわしくしりたいと おもうところが あったら、おおきくコピーして 自分で よむことに チャレンジしてみたり、まわりの人に「ここ、説明して」って たのんでみたり してください。

　チェックシートの最後には、「こうすれば できるかも」というくふうが、いっぱいつまった「ひとくふう集」も ついています。みなさんが「やってみよう!」とか、「うちの子に やらせてみたい!」と おもうようなものが あるといいのですが。また、「こっちの方法のほうが いいよ」なんて いいかんがえを しっていたら、ぜひ おしえてください（連絡先は、最後のページにあります）。

　さて、この本は もともとは 学校の先生にむけて かきました。だから、もし みなさんが「この本に かかれているみたいに こんなふうに 学校で してくれたらいいな」と かんじるところが あったら、「これ とりいれてください!」って 先生に たのんでみてください。

　みなさんに できることは たくさんあります。

　みなさんが「いい一日だったな〜」と ねむれる日が、たくさんあることを ねがっています。

発達障害チェックシート できました
がっこうの まいにちを ゆらす・ずらす・つくる

◦๑ 目次 ๑◦

- まえがき 2
- LLページをつくったわけ 8

第1部　発達障害チェックシート　～わたし発見　あたらしい自分をみつけよう！～
- ♣ チェックシート 12
  - 自分のことすきですか？　わたし発見！　あたらしい自分をみつけよう。
- ♣ ひとくふう集 23
- ♣ 先生のためのひとくふう集 28
- ♣ チェックシート　職員用マニュアル 31

第2部　発達障害チェックシートをつくりたい！【制作編】
1. ほんとはいらないチェックシート 41
2. 文部科学省のチェックシートとじっくりむきあってみたら…… ... 45
3. 事例検討から項目づくり 48
4. 試作1号――とりあえず生徒にやってもらいました 51
5. "善悪" じゃなくて、"損得" でかんがえろ？ 54
6. 研究発表でみつけた シートをつくる理由 58
7. 試作2号――完成品のつもりが…… 61
8. 保護者のおもい・私たちのおもい 64
9. 改訂版にむけて 68
10. いよいよ専門家のかたに…… 71
11. リンゴを洋なしに!? 75
12. ひとくふう集をつくりました！ 79
13. 「職員用マニュアル」にこめた "おもい" 82
14. すべてのこどもに、居場所を保障するために 85

第3部　同化と異化の共存という課題【理論編】
　　　1　「発達障害」チェックシートをあつめてみたら............................89
　　　2　「発達障害」をかんがえるわくぐみ............................96
　　　3　特別扱いと差別観............................104
　　　4　「差別」のしくみ............................110
　　　5　「制度ずらし」と診断名............................116
　　　6　正論と知恵............................123
　　　7　「タブー」くずし............................130
　　　8　「ふつう」観をといなおす............................139
　　　9　学校で大切なこと、とは............................151

あとがき............................161
謝辞............................164

　資料編
　　　1　「児童生徒理解に関するチェックリスト」文部科学省 より............................167
　　　2　注意欠陥多動性障害（DSM-IV, ICD-10）............................169
　　　3　アスペルガー障害（DSM-IV, ICD-10）............................170

読書案内............................172

「しーとん」しすたーずご紹介とひとこと感想............................176

発達障害チェックシート できました
がっこうの まいにちを ゆらす・ずらす・つくる

LL（エルエル）ページ
～ もくじ ～

- まえがき 3
- LL（エルエル）ページをつくったわけ 8

第1部　発達障害チェックシート ～わたし発見　あたらしい自分をみつけよう！～

- ♣　チェックシート 12
  - 自分のことすきですか？　わたし発見！　あたらしい自分をみつけよう。
- ♣　ひとくふう集 23

第2部　発達障害チェックシートを つくりたい！【制作編】

1. ほんとは いらない チェックシート 40
2. 文部科学省のチェックシートとじっくり むきあってみたら…… 44
3. 事例検討から 項目づくり 47
4. 試作1号 ——とりあえず 生徒に やってもらいました 50
5. "善悪"じゃなくて、"損得"で かんがえろ？ 53
6. 研究発表でみつけた シートをつくる理由 57
7. 試作2号 —— 完成品のつもりが…… 60
8. 保護者のおもい・私たちのおもい 63
9. 改訂版に むけて 67

10	いよいよ 専門家のかたに……	70
11	リンゴを 洋なしに !?	74
12	ひとくふう集を つくりました！	78
13	「職員用マニュアル」にこめた "おもい"	81
14	すべてのこどもに、居場所を 保障するために	84

第3部　同化と異化の共存という課題【理論編】

1	「発達障害」チェックシートを あつめてみたら	88
2	「発達障害」を かんがえるわくぐみ	95
3	特別あつかいと 差別観	103
4	「差別」のしくみ	109
5	「制度ずらし」と 診断名	115
6	正論と知恵	122
7	「タブー」くずし	129
8	「ふつう」観をといなおす	138
9	学校で大切なこと、とは	150

あとがき ... 161

🍀 LL（エルエル）ページをつくったわけ 🍀

〈よみやすさの ための LL ページ〉

　この本では 2部と 3部の それぞれの章の はじめに、LL ページを つけています。すこしでも「わかる！」とか、「本文のほうも、よんでみたい！」と おもってくれたら、うれしいです。

　この本の LL ページは、こんな くふうが してあります。

- なるべく ふだん つかっている言葉で、わかりやすく 説明する
- わかりやすい みためになるよう、漢字は できるだけ つかわない
- おくりがなを まちがえやすい字は、かなで かく
- 漢字を つかうときは、ふりがなを つける
- ひらがなが おおいぶん、わかちがきに する

　　＊この本の LL ページには、それほど こまかいルールが あるわけでは ありません。とくに わかちがきは、いろいろ しらべたり、絵本を みたり しましたが、「これ！」という きめては ありませんでした。なんのために わかちがきにするのか（たとえば、こどもむけか、点字になおすためか、など）によっても、ルールは ちがっていました。そこで この本では、「まとまりとして よみやすいこと」を かんがえて、わけました。

〈おなじ本を たのしんで ほしい〉

　LL ページを おもいついたのは、『LL ブックを届ける－やさしく読める本を知的障害・自閉症のある読者へ』（藤澤和子・服部敦司編、読書工房、2009年）という本との であいが ありました。

　LL というのは、スウェーデン語で「やさしく よめる」という 言葉の はじめにくる文字を とったものです。スウェーデンは、しょうがいをもつ人や 外国から はたらきにきた人が、こまることが ないようにと たくさんの くふうを している国です。その国で はじまった「よみかきが にがてな人たちにも、本を よんでもらいたい」というかんがえを しょうかいする本が『LL ブックを届ける』です。

この本のなかでは、LLブックのつくりかたを、ふたつ しょうかいしています。ひとつは、「やさしく よめる本」のつくりかた、もうひとつは「おなじ本を たのしむ！」という かんがえのもと、わかりやすい「まとめ」を それぞれのページに つける という方法です。これが、この本の LLページの ヒントとなりました。よみかきが とくいな人も にがてな人も いっしょに「学校で、こんなことに こまってるんだ」「こんな学校だったらな〜」と はなしあってくれたら いいなと、ねがいを こめました。

〈本をよむって、うれしい〉

　『LLブックを届ける』のなかには、おもい しょうがいをもつ子が、よみきかせのときに だいすきな場面で ドラをならす はなしが でてきます。本を よんだことで、はじめて 自分ひとりで バスにのれた子の はなしも でてきます。「本をよむ」。そのことで、世界が ひろがるんだな〜と しみじみ おもいました。

　わたしも、外国で 言葉が わからなくて とても かなしかったことが あります。すてきな絵本や 雑誌にであっても、なにが かいてあるかは わからない。人が どうして あつまっているのか、わからない。「こんなかな？」「あんなかな？」って、そうぞうしてみることしか できません。これって、ちょっと かなしい。

　でも、外国に いかなくたって いま ここで、おなじような きもちに なっている人がいると この『LLブックを届ける』をよんで しりました。そうですよね、日本語を よむのが にがてだったら、外国に いったのと おなじこと。そんな「まいご」のきもちになる人が できるだけ すくないといいな。本をみて、必要なことが わかったら、きっと ほっとできるんじゃないかな。本をとおして、ちがう世界を のぞけたら、毎日が たのしくなるんじゃないかな。そんなふうに おもいました。

〈LLページのある教科書を！〉

　わたしは 定時制高校（よるの 学校）に ながく つとめていました。そのとき、勉強ができなくて いつも しかられている生徒が いました。わたしは「なんか あるのかな〜」と かんがえて いました。「おうちが たいへんなのが 原因かも」と「学校に はやめに きて 勉強したら？」と いってみたけど、ちょっと いやそう。「やってみたい仕事が みつからないからかな？」と その子の すきなことを いっしょに はなしていても、それが 勉強には つながりません。「なにか、しんぱいごとが あるのかな？」と はなしを きくようにしても かわらない。でも、わたしは「自分を すきになってくれれば、なんとかなる」と おもって いろいろ はたらきかけていました。でも ある日、ふりがなつきの 給食だよりを くばったら、その子が「授業のプリントも こんなんだったらな」って、いったんです。「そうだったんだ〜！　字が にがてだったんだ」と、わたしは はじめて きがつきました。

　これを きっかけに ほかの 先生たちと、おおきな字の プリントを よういしたり、教科書の内容を かんたんな 言葉に かきかえたプリントを つくったり、ということを はじめました。そんなときに、『LLブックを届ける』という本に であいました。「あっ、これ！」と おもったのです。「教科書こそ この『おなじ本を たのしむ！』という かんがえで つくってほしい！」と。そうしたら、先生たちも 生徒たちも もっと らくができます。日本語の よみかきが とくいな子も にがてな子も、おなじように 教科書を ひらいて「これ、なんだろう」「おもしろそう」って、きょうみが もてるかもしれません。

　LLページのある教科書が できたら……。それは、わたしのゆめ でもあります。でも、そんなに むちゃな ねがいでもないと おもうんです。2008年に、「よみかきが にがてな子のために、教科書のあり方を かんがえましょう」っていう きまりが できました（「障害のある児童及び生徒のための教科用特定図書等の普及の促進等に関する法律」）。

　教科書にも LLページを！この本を てにした みなさんと いっしょに、この ねがいが かなえられるように 声をあげていけたら うれしいです。

第1部

発達障害チェックシート

わたし発見
あたらしい自分をみつけよう！

自分のことすきですか？
わたし発見！あたらしい自分をみつけよう。

名前

あなたの"苦手なこと、得意なこと"を再発見するために、
いままでの自分をおもいだしてみましょう。
あなたも気づかなかったあたらしい自分を発見できるかもしれません。

はじめによんでね。

これは、あなたの能力を判断するためのものではありません。
どれが良くて、どれが悪いということもありません。

でも‥‥
- ◆ こたえたくなかったら、こたえなくてもいいよ
- ◆ 途中でいやになったら、やめてもいいよ
- ◆ やりたいところだけ、やってもいいよ
- ◆ 最後までやったけど、ひとにみせたくないひとは、ださなくてもいいよ

ほかの子がやっている間は、席にすわって、しずかにまっていてね。
プリントのうらに絵をかいたり、ふりかえりのプリントをみたりしてもいいよ。

☆ すすめかた ☆

① くばられたプリントがあるか、確認してください。

② 質問のプリントでは、あなたの授業中や日常生活のことをききます。あてはまるものに○をつけてください。

③ 最後までできたら、ふりかえりのプリントに結果を記入してください。あなたの"得意"と"苦手"がみえてきますよ！おたのしみに！

④ おわったら、一度あつめます。みんながどんな結果だったかみせてください。あとで、ちょっとしたコメントをつけて、おかえしします。

◎ わからないことがあったら、質問してください。

リラックスしてやってみてね。

「あれ？このプリント、なんかちがう…」「ひらがなおおい」「ルビどうきだ」「なんてきづいてくれた人、いますか？そうなんです！このプリントは、"ユニバーサルデザイン"をつかっています！
ユニバーサルデザインって？それは、できるだけおおくの人がつかいやすいようにかんがえられたデザインのことです。日本語をならいはじめたばかりの人や、ちいさい字がみにくい人にも、このシートをつかってもらえるようにかんがえました。
たとえば「階段のかわりにスロープをつける」これだと、車いすの人や、おとしよりの人、おさんの人や、目のみえない人にも中身がわかります。みわたすと、いっぱいあるよ。

A4サイズでプリント

質問のプリント **ア** あなたの「すき」と「きらい」をおしえてください。

1. 小学生・中学生のころ、次の科目はすきでしたか、きらいでしたか。
あてはまるところに○をつけよう。

	すき (^o^)/	ふつう (^^)	きらい (>_<)	わからない (・・;)
(例) 国語		○		
国語				
数学				
英語				
理科				
社会				
体育				
技術・家庭				
情報				
美術				
音楽				
道徳				

2. 次のことは「すき」ですか、「きらい」ですか。
あてはまるところに○をつけよう。

	すき (^o^)/	ふつう (^^)	きらい (>_<)	わからない (・・;)
(例) こまかい作業 (例…プラモデルや手芸、ジグソーパズルなど)				○
こまかい作業 (例…プラモデルや手芸、ジグソーパズルなど)				
音楽 (聞く、歌う、演奏する、曲をつくる)				
スポーツ (自分でする・試合を観戦する)				
分類する (例…音楽CDは歌手別にわけるなど)				
整理整頓 (例…引き出しにはしをきりわけるなど)				
対戦する (例…ゲームやスポーツなど)				
ひとりでする (例…パソコン、ランニングなど)				
チームでする (例…班行動、チームスポーツなど)				
マンガや本 (よむ、かくなど)				
変化がすき (例…でかける、新しい人に会う、など)				

ほかに、あなたのすきなこと、きらいなことがあれば自由に書いてください。

質問のプリント ⑦ 授業中を思い出してみよう。あてはまるものはあるかな？ あてはまるところに○をつけよう。

		あてはまる	どちらともいえない わからない	あてはまらない
きく	自分は「そんなこときいてない」と思うのに相手に「言った」と言われることがある			
	「はなしあい」って苦手だ			
かく	句読点（、。など）をどこにうっていいのかわからない			
	漢字のはねとか点のむきとかよくわからない			
	「作文を書け」といわれてもなにを書けばいいのか思いつかない			
よむ	本や教科書をよむとき声にだしてよむのはきらいだ			
	どこまで読んだかわからなくなることがおおい			
はなす	なにを話しているのか話している途中でわからなくなることがある			
	うまく説明できなかったり自分の言いたいことが言えないことがある			
計算する	数字がきらいだ			
	計算すると気分がおもくなる			
推論する※	国語で「このひとはどんなきもちでしょう」ときかれてもよくわからない			
	「こうしたら、こうなる」など先のことをよそくするのはむずかしい			
感じかた	においに敏感だとおもう			
	大きな音や大きな声が苦手			
	太陽や蛍光灯の光をまぶしく感じることがよくある			
	教室移動や授業変更はすきじゃない			
	しらないうちにけがをしていることがよくある			
その他	困っていることや気になっていることや知っておいて欲しいことなどどんなことでもいいのでおしえてください。			

※ 推論するとは ＝ 筋道をたててかんがえること

ワ-1 日常生活についておしえてください。次の質問であてはまるところに○をつけよう。

① 授業中に…

注意されることば	よくいわれる！	いわれるかも	いわれたことない
・きちんと やりなさい			
・授業に 集中しなさい			
・ひとの話を 最後まできけ			
・あなたに きいてません			
・ちゃんと、前をむけ			

いわれたときの気持ち	そのとおり！	そうかも	ちがう
・授業以外の音や声が気になるんだよ			
・ひとりでいろんなことを想像するのがすき			
・思いついて、言いたくなる			
・あの子のほうが先…あとまわしにされてる			
・まえを むいてるつもりなんだけど、つい…			

長所でもあるんだ!?	そう思う	そうかも	思わない
・好奇心がいっぱい			
・いろんなことによく気がつく			
・アイディアがたくさんわく			
・想像力ゆたか			
・ひとなつっこい			

② 提出物や提出期限で…

注意されることば	よくいわれる！	いわれるかも	いわれたことない
・また、忘れたのか			
・できてないのは お前だけだぞ			
・自分の状況を わかってるのか			
・なんで 提出期限が 守れんのだ			
・なんで なくすんだ			

いわれたときの気持ち	そのとおり！	そうかも	ちがう
・やらなきゃって気持ちはあるんだけど…			
・まにあうはずが、いつのまにか…			
・エンジンがかかるのがおそく、あとでしまったとおもう			
・なんで、ものがなくなるのか わからない			
・やるときは やるんだけど、遅くなったり、なくしたり…			

長所でもあるんだ!?	そう思う	そうかも	思わない
・楽天的			
・短期集中型			
・マイペース			
・のんき			
・ものやお金にこだわらない			

他にきづいたこと

注意されることば	

いわれたときの気持ち	

長所でもあるんだ!?	

質問のプリント ウ-2 日常生活についておしえてください。次の質問であてはまるところに○をつけよう。

③ ノートをとったり、テストのときに…

注意されることば	よくいわれる！	いわれるかも	そうかも	ちがう	いわれたことない	いわれたときの気持ち	よくいわれる！	いわれるかも	そうかも	ちがう	いわれたことない	他にきづいたこと
・問題を よくよみなさい			そのとおり！						そうかも ちがう		そう思わない	
・こまかいところまで やれよ						・自分でも 読みにくい字だと おもうけど…						
・読める字で かきなさい						・だいたいわかれば、こまかいことは いいじゃん						いわれたときの気持ち
・そのノートや テスト勉強 できないでしょ						・テスト勉強って、どうやってするの？						
						・たしかに あとで見ても なんてかいてあるか わかんないや						
						・全部きが かかなくても わかるし						
長所でもあるんだ!?	そう思う	そうかも	そう思わない									長所でもあるんだ!?
・かんがいい												
・頭の回転が はやい												
・おおらか												
・決断力が ある												
・責任感が つよい												

④ みんなで行動するときに…

注意されることば	よくいわれる！	いわれるかも	そうかも	ちがう	いわれたことない	いわれたときの気持ち	よくいわれる！	いわれるかも	そうかも	ちがう	いわれたことない	他にきづいたこと
・まわり みろよ			そのとおり！	そうかも ちがう		・自分でやりたい、人にはまかせられない						
・ひとりで、よくやるね						・気づくと ひとりで夢中になっていることがある						
・要領わるいなー						・自分なりに考えてやってるんだから、わかってほしい						いわれたときの気持ち
・すこしは考えて動けよ						・どうしたら、協力できるのかよくわからない						
・がんこだね						・一緒に なにかをするのは 苦手						
長所でもあるんだ!?	そう思う	そうかも	そう思わない									長所でもあるんだ!?
・きっちりやるので、信頼できる												
・がんばりやさん												
・自分なりの考えを もっている												
・まけずぎらい												
・責任感が つよい												

質問のプリント ワ-3 日常生活についておしえてください。次の質問であてはまるところに○をつけよう。

⑤ やすみ時間に…

注意されることば	よくいわれる！	いわれるかも	いわれたことない
・ひとりでさみしくないの			
・すなおだね（いやみっぽく）			
・ためぐちをきくな			
・たのしのきもち、かんがえなよ			
・無視すんなよ			

いわれたときの気持ち	そのとおり！	そうかも	ちがう
・いわれたくないみたいに言われると傷つく			
・相手がどんなつもりで言っているのかわからない			
・なんでおこってるの？（本当のことをいっただけ）			
・友達はほぼいいけど、どうすればいいのかわからない			
・ためぐちと敬語のつかいわけがわからん			

長所でもあるんだ！？	そう思う	そうかも	思わない
・ことばに裏表がなく、信頼できる			
・すなお、率直			
・ひとりのときを楽しめる			
・誰とでも公平につきあえる			
・まっすぐ			

他にきづいたこと

注意されることば

いわれたときの気持ち

長所でもあるんだ！？

⑥ すきなことで…

注意されることば	よくいわれる！	いわれるかも	いわれたことない
・そこまできいてないよ			
・意味、わかってんの？			
・ひとりでしゃべりすぎ			
・すごいこと、おぼえてるね			
・それ、自慢？			

いわれたときの気持ち	そのとおり！	そうかも	ちがう
・興味がないなら、聞かなければいいのに			
・しってること、話してるだけなのにいじわるされる			
・どこかで、発表してみたい			
・すきなことは全部知っていないと不安			
・同じ趣味の人と、であいたい			

長所でもあるんだ！？	そう思う	そうかも	思わない
・すごく詳しくしっていることがある			
・探求心がある			
・すきなことならがんばれる			
・研究者、博士タイプ			
・こだわりがある			

他にきづいたこと

注意されることば

いわれたときの気持ち

長所でもあるんだ！？

ここまでやってくれてありがとう！おつかれさま

ふりかえりのプリント　**1**　まるつけがおわったら、結果を整理しましょう。色鉛筆を用意してください。

▶**質問のプリント㋐「すき」「きらい」について**

質問のプリントの㋐は、あなたを評価するものではありません。あなたとわたしたちが、これから一緒にやっていくなかで、あなたの「すき」「きらい」そして「とくい」「ふとくい」かをおしえてほしくて、こたえてもらいました。

▶**質問のプリント㋑授業中について**

質問のプリント㋑で「あてはまる」に◯をつけたものが、「きらい」「ふとくい」と関係しているかもしれません。

それは、あなたが学習をしている中で、わからなくなったり、こまってしまうことがあるからです。

学習をする中で基本となるのが、[きくこと][かくこと][よむこと][はなすこと][計算すること][推論すること]、この6つです。小学生・中学生の頃にすきだった教科や、きらいだった教科も、この6つの「すき」「きらい」「とくい」「ふとくい」が影響しているかもしれません。

また、とくいな分野と、ふとくいな分野をしっておくと、これから学習をしていくうえでのヒントがみつかりやすくなります。

とくいな分野を工夫してつかうことで、ふとくいな分野をカバーしていくこともできます。

さて、あなたのとくいな分野はなんでしたか？

[きくこと]

[かくこと]

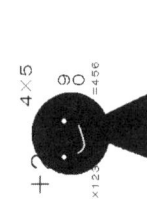

[よむこと]

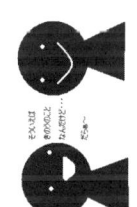

[はなすこと]

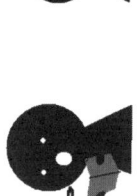

[計算すること]

[推論すること]

ふりかえりのプリント ② ▶質問のプリント❷ 日常生活について

ここでは、❷について、いろぬりをするコーナーです。
下の左側のクローバーは❷-1の①と②、❷-2の③にあたり、❷-2の④、❷-3の⑤と⑥とおなじです。⑦は、その他に書いてくれたところ用です。長所で発見している、自分の長所を発見してください。

〈やりかた〉
(1) まず、[注意されることば] の「よくいわれる」「いわれるかも」にひとつでも○がついたら、その数字があるはっぱの中心に色をぬりましょう。(❷-1の②のところに○があったら、ハート型の②の数字のところに色をぬってね)
(2) つぎに、[長所でもあるんだ]の「そうそう」「そうかも」にひとつでも○がついたら、その数字があるはっぱの外のハートに色をぬりましょう。(○がついている数字のところは、ぜんぶやってね)
(3) さて、はっぱどの色のようにぬれましたか？ [ふりかえりのプリントの見方] と、てらしあわせてみましょう。

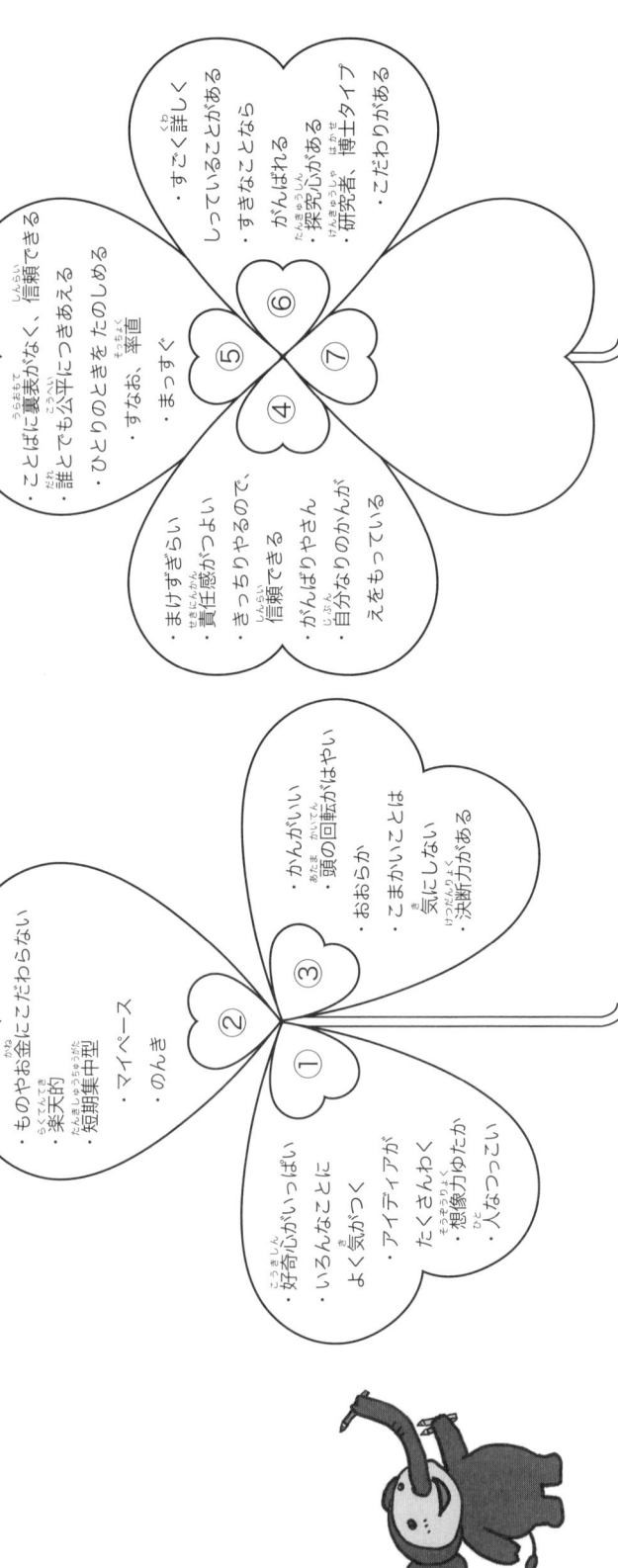

20　　A4サイズでプリント

ふりかえりのプリント ③ ふりかえりのプリントの見方

はっぱの色のぬられかたから、このはっぱがなにをあらわしているのか、みていきましょう。

- **短所と長所…**[短所もうらがえせば長所]という言葉を、きいたことがあるとおもいます。言葉のとおり、みかたをかえれば長所にもなることも、みかたをかえれば、短所だと指摘されることもあるということです。

- **注意されること…**たとえば、「じっとしていなさい」と、よく注意される人は、ちがう場面や場合のときには、きっと「じっとして」いなくてもいい場所なら、「元気だね」って ほめられたりしているんじゃないでしょうか？活発であったり、元気であったり、周囲の状況に敏感に対応できる、とほめられることもあるのです。

- **長所さがし…**ほかの項目も全部そうです。よく注意されることの短所にみえるかもしれないけれど、ほかの場所や場合なら長所にもなります。[注意されること]でこのばあなたの短所にみえるかもしれないけれど、その場ではあなたの長所がかくれているのです。[注意されること]で○がついたところの、[長所でもあるんだ!?]に○を自分でつけてなかったとしても、あなたにはこのような長所がかくれているのです。

- さて、それぞれのはっぱはどのようにぬれましたか？それぞれ下のはっぱにあてはめてみましょう。

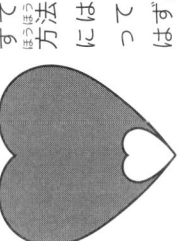

色がない。それもわるくないね。でも、たまにはこんなことで注意されてみるのもいいかも?! でも、たまにはこんなことで注意されてみるのもいいかも。気づいていないだけで、長所もあてはまっているかもしれないよね。

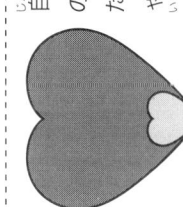

すてきな長所をもっているんだね。それに、その表現方法もわかっているようだね。すばらしい! でも、たまには注意されてみるのも、いいかもよ。「同じだね～」ってくちをとがらせたり、笑いあえたりする人がふえるはず。

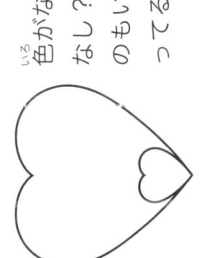

こんな言葉で注意されることがおおいんだね。でも、そとのはっぱもみてみよう! そこに書かれているのは、あなたがもっている長所だともらうよ。ちがうって? そんなことないとおもうな～。たまに○が自分のことを観察しよう!

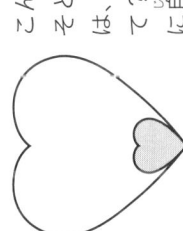

自分の長所をしっているってすばらしい! でも、その出し方や場所によっては、注意されちゃうんだよね。「注意されてばっかり…」なんておちこんじゃったら、時と場所、どのようにえらんだらいいか、一緒にかんがえよう!

さて、どんなことがわかるのかな？

ふりかえりのプリント **4** ふりかえりのプリントの最後に…

● **注意をされたとき**…あなたは [いわれたときの気持ち] できるをつけたり、自分で記入してくれたり、自分で記入してくれるとおもいます。これから、その [いわれたときの気持ち] を相手につたえてみませんか？もしかしたら、注意をしているその人は、そんなあなたの気持ちにきづいていなかったり、誤解したりしているかもしれないのです。

● **どうつたえるの？**…では、どうやったら、その気持ちを相手につたえられるでしょう。じつは、ここが一番むずかしいところだとおもいます。学校には、みんなもしっているように、質問していい場所とか、いろんなきまりごと（ルール）があります。ふだんそれ以上あつまれば、そういうルールができています。それが「社会」です。また、そういうルールがないと、たくさんの人が一緒に行動できなくなってしまいます。そうしたルールを一緒にみつけながら、いつ・どこで・どんな言葉で、どんな方法で（たとえば、手紙とかメールとか、ちょくせつはなすとか）つたえるかも、一緒にかんがえてみませんか？

このシートをやってみての感想があればかいてください。なかったら、すきな絵や言葉をかいてね。

ここは、わたしがコメントをかきます。
あけておいてね。

年　　組　　番　なまえ

こんなことに気をつけたら、いまよりもっと楽しく生活できるかも！

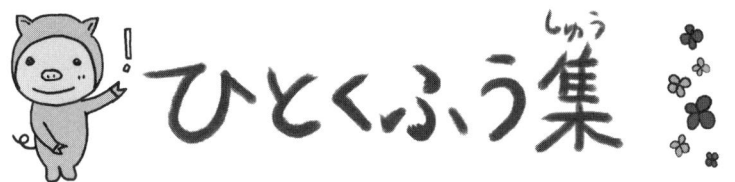

_____さんにアドバイスしたい項目についてはチェック（☑）を入れてあります。

【質問❶にかかわること】

「きく」
□ だれかが あなたに 大事なことを 話す時は、最後に わかったか どうか たしかめて くれるように たのんで おこう。

□ 大切なことは わすれないように 書きのこしておくことにしよう。

□ あれこれ いちどに いわれたときは、ひとつずつ たしかめながら、メモをとろう。

□ メモをとるのが むずかしかったら、紙に 書いて わたしてくれるように たのむのもいいね。

「かく」
□ ノートを とるときは 大きな字で かくようにしよう。

□ 文字が うまく 書けなかったり、時間が かかって こまっているなら、パソコンを つかうという方法も あります。

□ なにを 書けばよいのか 思いつかないときは、まず 先生に「たとえば、どんなことを かいたら いいですか」と聞いてみよう。

「よむ」
□ 小さな文字が 読みにくいなら、教科書などを 拡大コピーしておくなどの工夫をしよう。

「はなす」
□ 一番 つたえたい ことはなにか、よく考えてから 話すようにしよう。

□ 話し方の かたちを きめて、練習してみよう。（たとえば…「わたしは○○と思います。なぜなら〜だからです」など。）

「推論する」
□ 国語の授業で 小説や物語の 勉強をするときは、自分が その登場人物だったら どう思うだろうと おきかえてかんがえてみよう。主人公だけじゃなく、いろんな人に なってみてね。

□ うまくいくと おもったのに、なぜか失敗！ どうして失敗したの？ ふりかえってみよう。

①

A4サイズでプリント

「授業変更」
□時間割の変更が あるかどうかは 朝の HR（朝の会）でたしかめよう。
□聞くだけだと 忘れてしまいそうな 連絡だったら、メモで わたしても らえるように たのんでみよう。

「聴覚」まわりの音や声がきになる…
□勉強するときは、耳栓するのもいいよ。
□壁側や 前の方、後ろの方などに 席を かえてもらおう。
□自由な場面では iPod などで すきな 音楽を きいて リラックスしよう。

「視覚」まぶしいんだけど…
□教室が 明るすぎるときは、他の人に 「まぶしいから カーテンを しめても いい？」と聞いてから カーテンを し めさせて もらおう。
□外で、太陽の光が まぶしいときは、 つばのある 帽子を かぶったり、サン グラスを かけたりしてみよう。

「味覚」苦手な食べ物が、おおいんだ…
□どうしても苦手な材料が はいってい るものは 食べない。食べはじめる前 に 他の人に もらってもらう。給食の 人は、先生に つたえておくといいね。
□お店では、注文のときに 店員さんに 苦手なものを つたえるようにしよう。 （たとえば、マクドナルドだって、「ピ クルス（きゅうりのつけもの）ぬき

で」って、たのむことが できるよ）
□ともだちの家で、苦手な食べものが でてきた。そんなときは、しかたない。 「ごめんなさい。これ苦手です。」って、 つたえよう。がまんして つつきまわ したり、飲み物で ながしこんで食べ たりすると、あいては がっかりする かも。

「触覚」（さわる かんじ）
□突然 さわられるのが いやな人は、体 に手をかける前に 声をかけてくれる よう たのんでおこう。
□指先が 冷たかったり、鳥肌が たって いたりしたら、寒くなくても もう1 枚 服を着よう。
□列に並ぶ時は、前の人との間に うで を のばしたくらいの 距離を とろう。 （ほかに 並び方が きまっているとき は、べつだよ）

「嗅覚」（におい）
□においが 気になる人は、マスクをし たり、においのもとに 近よらないよ うにするなどして、自分をまもろう。

「その他」
□刺激をさけられる方法を さがしてみ よう。まわりの人に相談してみるの もいいね。
□「ちょっとした においでも 気になっ てしまう」「大きな音が 耳に痛い」な

ど 自分が苦手なことを 周りの人にも あらかじめ 知っておいてもらうようにしよう。

【質問ウにかかわること】
「① 授業中に…」
□きが ちりやすい人は 授業に 集中できるように、教室のいちばん前の席や 壁ぎわの席にしてもらおう。

「② 提出物や提出期限で…」
□自分は、「忘れやすい」ということを おもいだそう。
□連絡帳を書くようにしよう。書いたら先生にチェックしてもらおう。
□宿題や 課題を 書きうつすとき、たすけてくれそうな ともだちを つくろう。
□宿題は 黒板に 書いてもらうように 先生にたのんでみよう。
□物を しまう場所を きめておこう。
□自宅で 宿題に とりくむ時間を きめよう。（毎日 20:30～21:00 は宿題タイムとか）
□忘れ物が おおいなら、教科書は 同じものを もうひと組買って 学校に おいておく方法も（お金かかるけど）。
□予定を立てるのが 苦手ならば、カレンダーにスケジュールを 書きこんで いつでも たしかめられるようにしておこう。
□やらなければ いけないことは、ノートや紙にひとつずつ 書きだして、内容を 整理しよう。

「③ ノートをとったりテストのときに…」
□夏休みや冬休みに、宿題が一度にたくさん出たときは、先生に相談してちょっとずつ わけてもらおう。
□三色ボールペンなんかで、色わけして ノートを とるのもいいかも。

「④ みんなで行動するときに…」
□いつもとちがう 予定があるときは、前もって 予定を教えてもらえるよう、ともだちや 先生に たのんでおこう。
□「まわりを 見ろよ」など、注意されたら「いま、なにをすればいいの？」と 聞いてみよう。

「⑤ やすみ時間に…」
□「これって 悪口に なるのかな？」「こういうことって 本人に言って いいのかな？」なんて迷ったときは、たよりになる 友達に「○○くんに こういうことって 言って いいのかな？」「これ言うと 傷つくかな？」と相談してみよう。
□「ここで それ言うなよ」と言われたら、何でだめだったのか 聞いてみよう。
□自分に話しかけてもらうときは、「○○くん」「○○さん」と 先に名前を 呼んでもらうように たのんでおこう。

「⑥ すきなことで…」
□「そこまで きいてないよ」とか、いわれちゃったら、「ごめん。つい夢中になって…」などと、あやまってみよう。
□「すごいことまで、知ってるね」とか、いわれたとしても いやみととらず、「うん。すごく調べたもん」と さらっとかえそう。だって、ほんとに すごいんだから。

【全体的に】
□まわりの人に、自分の苦手なことを 伝えてみる。
□いやなことがあって パニックに なりそうなときや、いきなり なにかが したくなったときは、その場をはなれて 深呼吸してみる。
□完璧に できることのほうが、すくないよ。「やってみよう」って、気もちを大切にしてね。
□失敗を 責めない。「まっ、いいか」って、自分に いってみよう。
□得意なことは…自分の自信の みなもと。これからも、きわめていこうね。
□苦手なことは…便利な道具を つかってみる。(パソコン、携帯電話、録音機、電子辞書、音声互換ソフト、クリアファイル、4色ボールペン、ふせん などなど)
□うまくいかなかった 問題は、そうなるまでの行動を 書きだしてみよう。

「ここで、こうしてたら？」と ふりかえって 考えてみることで、うまくいくポイントが みつかるかも。でも、すぐには うまくいかないから 練習が必要です。

【その他】
「クラスメイトやきょうだいとのトラブルは…」
□やつあたりしない。

おもしろくないことが あったからって、人にあたるのは よくないよ。たたくための クッションを 用意したり、いらない紙を びりびりやぶってみたり、ほかのストレス解消法もつくっておこう！

□閉じこもらない。

一日中、自分の部屋に こもっていれば傷つかないかもしれない。でも、外にでるのが どんどん つらくなっちゃうよ。とりあえず、まわりの人と かかわって、どんな かかわり方がいいか、研究してみよう！

□けんかを えらぼう。

いつも ケンカごしじゃ、うまくいかないよね。どうしても ゆずれないこと、大切にしたいことは なにか。ケンカを しなければ いけないとき、だ

まって やりすごすとき、それを きめておくことは、大切だよ。

□気もちを つたえる。

「ケンカする」ときめたら…まずは、思っていることを 言ってみよう。そのときに、「私は、こう思う」「ぼくにとっては、大事なんだ」とか、自分を主語にして、自分の気持ちをつたえるようにしよう。うまくいけば、ケンカにならずに 話しあいが できるよ。

□自分をみなおす。

「むかつく〜」と 思うと、相手が100％わるいように 思えてくる。でも そうでもないよ。相手も いろいろ考えているはず。自分の 言ったことや、やったことも ふりかえって、反省するところは 反省する。ケンカ相手に、「なんでケンカになるのかな？」って、おちついているときに聞くのもいいね。

□自分を信じる。

いや〜なことを 言ってきたり、きみに ちょっかいかけてきたり、あおってくる子も いるよね。カッとなってケンカしたら、相手の思うつぼ。気にせず 無視していれば、相手は おもしろくなくなって やめてしまうよ。

□誰かと自分をくらべない

まわりの人が 完璧に見えることが あるかもしれない。けど、それはそれ。ほんとに完全な人なんて いない。みんな あなたと同じように、まよったり、自分がいやになったり。

だから、だいじょうぶ。
自分をすきでいてね。

♣ 先生のためのひとくふう集 ♣

～チェックシートの結果を受けてこんなアドバイスはいかがですか？生徒への指導の参考にしてください～

見出しはチェックシートとの関連項目です。

《LD関係》

「聞く」
- □誰かがあなたに大事なことを話す時は、最後にわかったかどうか確認してもらうようにしよう。
- □大切なことはメモに残す習慣をつけよう。
- □たくさんの指示をうけたときは、必ずメモをとろう。
- □大切なこと、たくさんの指示は紙にかいて渡してもらえるよう、前もってお願いしておくのもいいね。

「書く」
- □ノートを取るときは大きな字で書くようにしよう。
- □文字を書くのが苦手ならパソコンで書くという方法もあるよ。
- □何を書けばよいのか思いつかないときは、例えばどんなことを書いたらよいのか、遠慮せずに先生に質問してみよう。

「読む」
- □小さな文字が読みにくいなら、教科書などを拡大コピーするって方法もあるよ。

「話す」
- □一番伝えたいことは何か、落ち着いてよく考えてから話すようにしよう。
- □話し方の型をきめて「（例えば…）わたしは○○と思います。なぜなら〜だからです。」の練習をしてみよう。

「推論する」
- □国語で…自分がその登場人物だったら、どう思うだろう、と置きかえてかんがえてみよう。主人公だけじゃなく、いろんな人になってみてね。
- □予測ができなかった失敗!? どうして失敗したのかふりかえってみよう。

「授業変更」
- □変更があるかどうかは朝のHRで確認しよう。
- □変更はメモで渡してもらえるように頼んでくれてもOK。

《感じ方》

「聴覚」（音がきになる・大きな音が耳に痛い）
- □まわりの音や声が気になるときは、壁側や前の方、後ろの方などに席を変えようか？
- □耳栓をして勉強するのもいいよ。
- □自由な時間は、アイ・ポッドなんかで好きな音楽を聞いてリラックスしよう。

「視覚」（まぶしい）
- □まぶしいときは、つばのある帽子をかぶったり、サングラスをかけたりしてみよう。
- □教室が明るすぎるときは、他の人にことわってカーテンを閉めさせてもらおう。

「味覚」（食感や味のために、食べられないものがある）
- □どうしても苦手な食材がはいっているものは、食べなくていいよ。他の人に「食べて」って、たのむのもいいね。
- □苦手な食べ物は、除いてくれるよう頼んでみよう。頼めないときは、「ごめんなさい。苦手です」って謝っちゃうのも一つの手です。

「嗅覚」
□においが気になる人は、マスクをする・近よらないなどで防衛しよう。

「触覚」
□突然さわられるのがイヤな人は、体に手をかける前に声をかけてくれるよう頼んでみよう。
□列に並ぶ時は、うでを前にのばしたくらいの距離をとろう。
　（ほかに指示がでているときは、べつだよ）
□指先が冷たかったり、鳥肌がたっていたりしたら、寒くないと感じていなくても、もう1枚服を着よう。

「その他」
□刺激を避けられる方法を探してみよう（周囲の人に相談してみよう）。
□においに敏感、大きな音が苦手など、自分が苦手なことを周りの人にも、つたえておこう。

《ADHD傾向》
「① 授業中に…」
□気が散ってしまう人は授業に集中できるように、最前列や壁際の席にしてもらおう。

「② 提出物や提出期限で…」
□「忘れやすい」ということを自覚しよう。
□提出物は、連絡帳に書くようにしよう。不安だったら、チェックするよ。
□宿題や課題を書き写すとき、助けてくれそうな友達をつくろう。
□頼んでくれれば、宿題は黒板に書くよ。
□自宅で宿題に取り組む時間を決めよう。
　（例えば20:30〜21:00は宿題タイムなど）
□忘れ物が多いなら、教科書は予備を買って学校に置いておくのも一つの手です。
□物をしまう場所を決めておこう。
□予定をたてるのが苦手ならば、カレンダーにスケジュールを書き込んで確認するようにしよう。
□やらなければいけないことはチェックリストを使って内容を整理してみよう。

「③ ノートをとったりテストのときに…」
□長期休暇中の課題がたくさんでたときは、言ってくれれば、こまかくわけて、課題をだすよ。
□三色ボールペンで、色分けしてノートをとるのもいいかも。

《自閉傾向》
「④ みんなで行動するときに…」
□いつもとちがう予定があるときは、事前に予定を教えてもらえるよう周囲の人にたのんでみよう。
□「まわりを見ろよ」など注意されたら、「今、何をすればいいの？」と聞いてみよう。

「⑤ やすみ時間に…」
□「これって悪口になるのかな？」「こういうことって本人に言っていいのかな？」なんて迷ったときは、信頼できる友達に「○○くんにこういうことって言っていいのかな？」「これ言うと傷つくかな？」と相談してみよう。
□自分に話しかけてもらうときは、「○○くん」「○○さん」と先に名前を呼んでもらうように頼んでおこう。
□「ここでそれ言うなよ」と言われたら、何でだめだったのか聞いてみよう。

「⑥ 好きなことで…」
□「そこまできいてないよ」とか、いわれちゃったら、「ごめん。つい夢中になって…」など、謝罪の言葉をいってみよう。
□「すごいことまで、しってるね」とか言われたら…いやみととらず、そのままうけとっておこう。だって、ほんとうに、すごいんだから。

《全体的に》
- □ まわりの人に、自分の苦手なことを伝えてみる。
- □ いやなことがあってパニックになりそうなときや、衝動的になにかしたくなったときは、いったんその場を離れて深呼吸してみる。
- □ 完璧にできることのほうが、すくないよ。「やってみよう」って、気持ちを大切にしてね。
- □ 失敗を責めない。「まっ、いいか」って、自分にいってみよう。
- □ 得意なことは…自分の自信のみなもと。これからも、きわめていこうね。
- □ 苦手なことは…便利なツールを活用する。(パソコン、携帯電話、PDA、録音機、電子辞書、音声互換ソフト、クリアファイル、4色ボールペン、付箋などなど)
- □ うまくいかなかった問題は、そこに至るまでの行動を書き出してみよう。「ここで、こうしてたら?」とシミュレーションしてみることで、うまくいくポイントがみつかるかも。でも、すぐにはうまくいかないから練習が必要です。

《その他》
「クラスメイトやきょうだいとのトラブルには…」
- □ やつあたりしない。
  おもしろくないことがあったからって、人にあたるのは…。たたくためのクッションを用意したり、いらない紙をびりびりやぶってみたり、ほかのストレス解消法もつくっておこう!
- □ 閉じこもらない。
  一日中、自分の部屋にこもっていれば傷つかないかもしれない。でも、外にでるのが、だんだんめんどうになっちゃうよ。とりあえず、まわりの人とかかわって、どんなかかわりかたがいいか、研究してみよう!
- □ けんかをえらぼう。
  いつもケンカごしじゃ、うまくいかないよね。どうしても譲れないこと。大切にしたいことはなにか。ケンカをしなければいかないとき、黙ってやりすごすとき、それをきめておくことは、大切だよ。
- □ 気もちをつたえる。
  ケンカするときめたら…まずは、自己主張してみよう。そのときに、「私は、こう思う」「ぼくにとっては、大事なんだ」とか、自分を主語にして、自分の気持ちをつたえるようにしよう。うまくいけば、ケンカにならずに、話し合いができるよ。
- □ 自分をみなおす。
  「むかつく〜」と思うと、相手が100%悪いように思えてくる。でもそうでもないよ。相手もいろいろ考えているはず。自分の言動も、ふりかえって、反省するところは反省する。ケンカ相手に、「なんでケンカになるのかな?」って、おちついているときに、きくのもいいね。
- □ 自分を信じる。
  いや〜なことを言ってきたり、きみにちょっかいかけてきたり、挑発してくる子もいるよね。カッとなって、ケンカしたら、相手の思うつぼ。平然と無視していれば、相手は興味を失ってやめてしまうよ。
- □ 誰かと自分をくらべない
  まわりの人が完璧に見えることがあるかもしれない。けど、それはそれ。ほんとに完全な人なんていない。みんなあなたと同じように、まよったり、自己嫌悪したり。だから、大丈夫。自分を好きでいてね。

発達障害チェックシート

わたし発見
あたらしい自分をみつけよう！

職員用マニュアル
【使用上の注意】

＊実施まえに、かならず読んでください！

作成者：しーとん

1. はじめに

　日々の保健室で、様々な生徒とであいます。なかなか周囲とうまくいかない生徒の様子をみて、「ちょっと発達障害的傾向あるかも」と思うことがあります。しかし、先生方に相談しても、「でも、診断でてないでしょ。そう決めつけるのはね……」「診断でてない子に特別扱いできないよ」と言われてしまうことが。実際、診断をうけている高校生はおおくありません。診断をうけていても学校には連絡がないこともあります。むずかしい……。

　「生徒が元気に学校生活を送れるように援助がしたい！」そんな気持ちをこめて生徒にもはたらきかけてみます。しかし、かえってくるのは、「むかつく～」「しんどー」「めんどくせ～」と言葉すくな。"そんな生徒たちの言葉にならない声をひろえたら……""診断書がなくても生徒の困っていることがわかるようなものがほしい" **教員と生徒の『かけはし』になりたい** " そんな思いからチェックシートの作成をおもいたちました。

2. 使用目的

① 生徒が自分のことをよく知り、長所が認識できること

　　保健室からみていると、自尊心が低い生徒が多いように感じます。"生徒がもっと自分のことを好きになってくれたらな"と思う反面、"この部分が苦手って気がついているのかな？　気づけば、もっと周りの人に助けてもらいやすいのにな"とも思います。シートをすることによって、【好きなこと】【苦手なこと】【長所】をあらためて認識し、**自分のことを好きになってほしい**と願っています。

② 教員が、生徒のことをよく知り、ちょっとした支援ができること

　　私たちは、よく先生方に生徒のことで相談にいきます。「あの子、人の話ぜんぜんきいてないからね」「何回いってもわからないんだよね」といった言葉が、ため息とともに先生の口からでることがあります。"先生も、こまってらっしゃるんだな"と思うと同時に、"あれ？　でも、生徒は自分が話をきけていないこと自体、気づいていないかも"とか、"言われている内容が、わかっていないのかも"とすこし残念に思うこともあります。

　　一方で、「あいつは何度言っても忘れるから、机にメモをはってやってる」とか、「口で説明しただけじゃわからんから、図解いりのプリント用意してるんだ」など先生方のちょっとした配慮をきくこともあります。「すばらしい」とうれしくなり、「私もなにか、お手伝いしたい」とうずうずします。

　　先生方が実践していらっしゃる「ちょっとした配慮」が学校全体にひろがっていくように、また先生方が、「**教員が問題だと考えていることと、生徒が困っていることは、ちがうかもしれない**」って、視線もとりいれてくださるように……そんなお手伝いのきっかけになることを願っています。

3. チェックシートの説明

① ユニバーサルデザインを採用しています

"よみかきが苦手な生徒だけでなく、日本語に堪能ではない外国籍の生徒や、こまかい字がみえにくい弱視の生徒など、**できるだけ多くの生徒が、このシートにとりくめるように**"そんな思いから、ユニバーサルデザインを採用しています。具体的には、ひらがな・ルビ振り、簡易表現の多用・太さの均一したフォントの使用などです。

② 判定シートではありません

生徒に「ちょっとした配慮」をするための工夫は、発達障害にかかわる研究者・実践者などによって相当の蓄積があります。また、学校生活でのつまずく部分は、発達障害をもつ人と共通する部分がおおいです。よって、発達障害のチェックリストをもとにシートは考案しましたが、このシートで発達障害の有無を判定することはできません。また、シートの主旨からも統計処理はしないでください。

③ 文科省の作成したチェックリストとの互換性

現在、おおくの学校現場で教員によって使われているものに、文科省の作成したチェックリスト（"学習障害（LD）、注意欠陥／多動性障害（ADHD）、高機能自閉症等、通常の学級に在籍する特別な教育的支援を必要とする児童生徒に関する全国実態調査" 2002年）があります。質問項目の作成は、このシートを基準にしました。

以下は、文科省のリストと同じ内容を含む項目です。

文科省項目 NO.	チェックシート	文科省項目 NO.	チェックシート
3～7（聞く）	イ．きく	28～32（推論）	イ．推論する
8～12（話す）	イ．はなす	33～41（不注意）	ウ．2・3
13～17（読む）	イ．よむ	42～50（衝動性・多動性）	ウ．1
18～22（書く）	イ．かく	51～77（対人障害）	ウ．4・5・6
23～27（計算）	イ．計算する		イ．感じかた

※ 3～32：LD（学習障害）、33～50：ADHD（注意欠陥多動性障害）、51～77（自閉症）

4. シート構成

使用上の注意、チェックシート、ふりかえりプリント、ひとくふう集の4部からなっています。

① 使用上の注意

いま、よんでくださっているものです。わたしたちの思いがいっぱいつまっています。最後まで、おつきあいください。

② チェックシート

【表紙】手順、注意事項、ユニバーサルデザインの説明からなっています。

【質問のプリント】

ア あなたの「すき」と「きらい」をおしえてください

1. 教科のすききらい……「❷ 授業中の〜」の読み書きの苦手さを見るときの参考に。
2. 趣味等のすききらい……生徒と肯定的な会話をするために。

　どちらも、会話のきっかけになります。また「すきなこと」は、将来の進路や、夢などを肯定的に語ることにも役立ちます。お医者さんの「診察室で、患者さんと前向きな会話がしたい……」という希望からうまれました。

❷ 授業中を思い出してみよう。あてはまるものは あるかな？

　よみかき、感覚過敏などに関する質問です。生徒が、学校生活、とくに学習上でどんなことに困っているか、しるてがかりにしてください。

❸ 日常生活についておしえてください。

　これらは、多動・衝動性・不注意・対人関係などに関係する質問ですが、ある特徴がどんな場面で問題になりやすいかが、理解しやすいように6つの場面を設定しました。それぞれ【注意されることば】【いわれた時のきもち】【長所でもあるんだ!?】の3項目に分かれています。

【注意されることば】について

　文科省のリストは観察者用にできています。たとえば、そのリストにあるように「学習や活動を順序立ててすることが難しい」は、生徒に対する教員の評価です。生徒自身は、自覚的ではない可能性が高いです。

　"だったら、もっと具体的に" "日頃自分にむけられる言葉がけに関してなら、判断しやすいかも" そんな思いつきから、この項目がうまれました。たとえば「できてないのはおまえだけだぞ」、「なんで提出期限がまもれんのだ」とよく注意されるのか、されないのか、それを言われている意識はあるのか、そんな本人の自覚から状況をつかんでいこうというのが、この項目です。

　教員の側が「これ、いつもAさんに言っているのに」と思っても、Aさんが、チェックをつけていないケースもでてくると思います。そんなギャップも今後の指導・支援にいかしてください。

【いわれた時のきもち】について

　「注意されたとき」生徒は、どんな気持ちになっているのでしょう？　たとえば、「ひとりで、さみしくないの？」ときかれて、「べつに」と答えるBくん。でも、ほんとうはどう思っているの？「積極的に誘ってほしい？」「ほっておいてほしいの？」教員の側も真意がしりたいし、実はBくん本人もうまく言語化できなくて、なんだかもやもやする気持ちをかかえているのかもしれません。生徒の気持ちをしるために、そして生徒が自分の状態を言葉にするために、この項目があります。もちろん、気持ちをしるために、これらの項目だけでは圧倒的に不十分です。この項目をきっかけに、会話をはじめてくだされば……そんな願いを

もった項目です。

【長所でもあるんだ!?】について
　授業中、周囲のものに気が散って集中できないCさん。でも、文化祭にむけての話し合い中ならその好奇心、多方面への関心が、すてきなアイディアとなってとびだす。授業中じっとしていられないDくん。でも、体育大会では活発に動きまわってクラスの盛り上げ役。そんな生徒、先生方も心当たりがあるのではないでしょうか？　同じ特徴が、時と場所によって短所になったり、長所になったり。でも、ふつう学校では、「短所」として、叱られているケースのほうがおおいかもしれません。生徒の自己肯定感もしりすぼみ……。残念です。生徒には自分を好きでいてもらいたい。だから、同じ特徴が「長所」にもなるんだと、まず生徒にわかってもらいたいです。そして、先生方にも「みかたをかえる」経験をしていただき、生徒をほめてもらいたい、そんな願いをもった項目です。

③ ふりかえりのプリント
　　質問プリントがおわったら、いよいよ結果を生徒にフィードバックします。できたら、色鉛筆の用意をしてください。色塗りは、心をおちつかせたり、気持ちを解放するのにやくだちます。

【P1】　質問プリント ア「すき・きらい」と イ「授業中」についての説明です。
【P2】　質問プリント ウ「日常生活」について、自分が○印をつけたところを見て、色鉛筆でクローバーをぬっていきます。"注意されることば"は内側のハート、"長所でもあるんだ"は外側のハートに色をつけていきます。
【P3】　P2の色ぬりの結果から、どんなことがわかるかが書かれています。
【P4】　私たちからのメッセージ的な総括です。先生方もぜひご一読ください。
　　　　左下の欄には、感想等があれば書いてもらいます。
　　　　右下のコメント欄には、教員が記入します。一言、肯定的な言葉を書いてください。もし、乱雑にやってあっても「最後までやってあって、すごい」とか、ほとんどやっていなかったり、白紙であっても「1時間よく、つきあってくれたね」とか……スモールステップで考えて、ほめてください。
　　　　ひとくふう集を参考にしてくださっても、うれしいです！

　　　＊スモールステップとは：ほめる技法です。できてほしい事柄までの段階を小さくして、ほめる場面をふやします。たとえば、課題は期限内に提出できることが望ましいですが、それができない生徒に、いきなり「毎回できるように」を目標にするのはムリですし、生徒も「どうせできない」と努力を放棄しがちです。そこで、「①提出する内容と期日をおぼえている」「②期日をすぎても提出できる」「③前日に確認すれば、期日に提出できる」「④個別にいわれなくても提出できる」といった細

かいステップにわけます。その都度、できたらほめる。できなくても、とりくんだことをほめて、最終目標に近づけていくという方法です。高校生相手に、ちょっとしたことをほめるのは、ほめる側もほめられる側もすこし気恥ずかしいかもしれません。そこで！ 先生方もスモールステップで、まずは、「いきなり叱らない」→「肯定する」→「ほめる」なんて、ためしてみては、いかがでしょうか？ まずは、となりの席の先生とチャレンジしてみてください。職場がたのしくなるかも（笑）。

④ ひとくふう集

いろいろな本からひろいあつめた、ひとくふう集です。ちょっとした配慮のアイディア満載です。それぞれの学校の事情でつかえないものもあると思いますが、参考にしてください。

生徒用は、各生徒に該当するとおもわれるところに、チェックをいれてわたしてください。

ただし……シートは、生徒が「自分の状態を自覚する」「気持ちを表現して、わかってもらえたと安心感をえる」「長所であることにも気づき、自己肯定感をたかめる」という順で、すすんでいくように配置してあります。人は、現状をうけいれる土台ができてはじめて、他者からのアドバイスがうけいれられるのではないかと考えるからです。ですから、ひとくふう集の中で、生徒自身が実行する必要があるような項目は、あせらず、のんびり、生徒とつきあっていくなかで、すこしずつアドバイスしていただけたら……と思っています。

一方、教員用は、生徒へのコメント欄にぬきがきしたり、今後の生徒との話しあいの中で、アドバイスとしてつかっていただけるようにと考えました。また、教員の側でできることについては、ぜひ、すぐに実行していってください。学校の中で、特定の生徒への支援は［特別扱い］と言われがちですが、［必要な配慮］であると考え、広めてくださるとうれしいです。

5. 実施方法

① 対象：全生徒
② 方法：クラスで一斉にやってくださっても、個別によんで、となりに座ってやってくださっても大丈夫です。
③ 必要なもの：鉛筆かボールペン、できたら色鉛筆（各自２本あるとよい）、シート
④ 手順：シート配布の前に、目的（やってもらいたい先生の気持ち）を簡単に説明してください。

配布後は、表紙の表・裏を必ずよませてください。音読してくださるとうれしいです。
⑤ 使用時間：50分ぐらい（シートに30分、ふりかえりに20分ぐらい。個人差大ですが）
⑥ 注意：時間制限はありませんが、事前に必ず「何時まで」と指示してください。
（終了時間がわからないと、気になってできなくなってしまう生徒がいます）

ゆっくりでも、さいごまでやりたい生徒には、また別に時間をとってください。
無理に最後までやらせないでください。白紙で出す子もいると思います。
("白紙でだしたい"という気持ちをくみ、ほかのアプローチをこころみてください)

⑦ 実施の雰囲気：私たちからの要望は、「生徒の質問などには、丁寧にこたえてほしい」「リラックスした雰囲気でやってほしい」「見せたくない子の気持ちを大事にしてほしい」の3つです。
その他は……先生が、やりやすいように。わいわい・がやがやしながら？ おちついた雰囲気で？ まじめに？

⑧ 実施後：かならず、ひとことはコメントをかいてくださいね。また……このシートは結果ではなく、生徒との関係づくりのはじまりととらえてください。このあと、シートをはさんで、好きな教科の話でわいたり、好きなことから将来の職業や進路の夢を語ったり、困っていることを話し合ったり……。いろんな場面でつかってくださることを願っています‼

⑨ 保管：個人情報です。取り扱いにご留意ください。
保護者や部活動顧問など関係者などにみせるときは、生徒に一言ことわってください。

6．さいごに　〜わたしたちのおもい〜

このチェックシートは、定時制高校に勤務する養護教諭7名が、何十回もの勉強会をかさねて作成しました。勉強会は、毎回「各自が生徒の事例をもちよる」「『障害学』の知見から学ぶ」「作成指針を再考する」など、課題を設定していました。7名の足並みがつねにそろっていたわけでもありません。それでも、なんとか「わたしたち教員が生徒の必要としている配慮に気づき、日々の授業や生活が円滑にすすむよう、支援したい」「生徒と教員のかけ橋になりたい」という思いから、ここまできました。

生徒たちのことは、つねに私たちの話題の中心。「生徒でさ、他の子と話してるのに、いきなりぜんぜん違う話をしだしたり、質問したりする子がいるんだ。だから"そんな話、してないでしょ"とか、"ちょっと待ってて！"とか注意してるんだけど……」「いるいる〜」そんな会話をくりかえすうちに、「そんな注意ばかりうけてたら生徒だって、気がめいるかも」「もうちょっと、言い方考えたほうがいいよね」と、考えがかわってきました。

個々の事例をくわしく話しあうことで気がついたのは、私たちが生徒にだしている指示のあいまいさや、「これくらいわかるだろう」という見込み指導のありかたでした。ですから、このチェックシートの作成過程は、自己省察の過程——自分たちの未熟さとの葛藤——でもありました。

いきづまると、生徒に意見をもとめ、さらに、特別支援学校・中学・高校の教員、精神科医・心理士・親の会の方々にも意見をもとめました。とくに親の会の方たちの厳しい意見は、私たちをおちこませもしましたが、励みにもなりました。

保護者の方たちは、学校との関係において、深く傷ついているようでした。もしかしたら、生徒以上に。それも当然かもしれません。彼らの子どもたちは、「特別支援教育」が普及し

ていない学校において、「問題児」扱いされてきた可能性が高いです。さらに子どもたちはそうした視線に対抗する行動様式をみにつけ、ふつうの意味で「かわいい」生徒ではなくなっていることが容易に推測できます。おそらく、保護者の方たちは、何度となく学校によびだされているでしょう。自分たちが一生懸命育てている子どもが、学校においてつねに問題児扱いされている。こうした状況におかれれば、保護者の方が被害的な感情をいだいていても、不思議ではありません。

　こうした保護者の方たちに安心していただくためにも、なにより生徒たち自身のために、「ちょっとの配慮」をこころがけてみませんか？　彼らは「できないことが多い」のではなく、「○○すれば、できる」ことをたくさんもった生徒たちなのです。彼らは「人間関係がうまくつくれない」のではなく、ちょっとしたスキルをみにつければ、社会生活がいとなめる生徒たちなのです。その「ちょっとの配慮」を、わたしたち教員でみつけていきましょう。

　生徒が、自分の特徴をしる。その特徴によって、人間関係から疎外される傾向をしる。それを回避するスキルをみにつける。この過程で、生徒たちは、「周囲の人に配慮してもらうことの安心感」「周囲の人に援助してもらうことでおこる親密感」などを経験していくのではないでしょうか？　そして、これはきっと一方通行ではないはず。そうした生徒とつきあう中で、周囲の教員も生徒も、また相互援助の安心感やここちよさをえていくとおもいます。

　学校が、生徒にとっても、教員にとっても、保護者にとっても、ほっとできて、居場所がみつけられる場所であることを、こころより願っています。

　先生方も、このシートをつかってみての感想や意見など、ぜひぜひおよせください。ご一緒に、よりよいシートのあり方をさぐっていきませんか。

2009年6月30日
しーとん一同

<参考文献>　先生方もよんでくださったらな〜と思う本を中心にあげてみました。

◇阿部利彦『発達障がいを持つ子の「いいところ」応援計画』ぶどう社、2006年
◇グニラ・ガーランド（熊谷高幸ほか訳）『自閉症者が語る人間関係と性』東京書籍、2007年
◇品川裕香『心からのごめんなさいへ——一人ひとりの個性に合わせた教育を導入した少年院の挑戦』中央法規、2005年
◇出版UD協会『出版のユニバーサルデザインを考える——だれでも読める・楽しめる読書環境をめざして』読書工房、2006年
◇柘植雅義ほか『自立をめざす生徒の学習・メンタル・進路指導——中学・高校におけるLD・ADHD・高機能自閉症等の指導』東洋館出版、2007年
◇中邑賢龍『発達障害の子どもの「ユニークさ」を伸ばすテクノロジー』中央法規、2007年
◇ニキリンコ『スルーできない脳——自閉は情報の便秘です』生活書院、2007年
◇服巻智子編『当事者が語る異文化としてのアスペルガー』クリエイツかもがわ、2008年
◇R・ラヴォイ（竹田契一監修）『LD・ADHD・高機能自閉症のある子の友だちづくり——ソーシャルスキルを育む教育・生活サポートガイド』明石書店、2007年

第2部

発達障害 チェックシートをつくりたい！

【制作編】

1. ほんとは いらない チェックシート

　先生に しかられる子、しゅくだいが だせない子、学校を よくやすむ子って、じつは なにをしていいか わからなかったり、学校が たのしくなかったりして、こまっている子なんじゃないかな？　その子たちのなかには、「はったつしょうがい」と よばれる じょうたいに にている子も たくさんいるんじゃないかな？　そんなことに ある日 きがつきました。

　でも……いま ある「はったつしょうがい」を みつけるための チェックシートは、「わるいところ さがし」みたいで つかいたくない。だったら、こまっていることが ちゃんと わかって、いいところも みつけられる チェックシートを 自分たちで つくってみよう！　これは、そんなことを おもった「ほけんしつの先生」たちの とりくみの しょうかいです。

　もちろん「ほんとうは、チェックシートなんて いらない」そう おもいます。であった ひとりひとりの生徒たちと じっくり つきあって、おたがいに しりあって いきたい。でも、学校には たくさんの生徒が やってきます。なるべくはやく 先生たちが 生徒の こまっていることに きがつけるように、生徒のみなさんも、自分の にがてなことが わかって たすけを もとめやすく なるように。

　そんな ねがいをこめて、チェックシートを つくっていきます。

＊「はったつしょうがい（発達障害）」とは……
　「ふつう」の人と、そだつ はやさや じゅんばんが ちがう人のことです。なかなか できるように ならないことがあったり、まわりの子が できないことが、すぐ できてしまったり。だから、まわりの人に「ちょっと かわってる」って、いわれやすいかもしれません。

1. ほんとはいらないチェックシート

① はじまりは「発達障害の子って、いるよね」

　あれは2007年の冬の研修会。「発達障害の子、学校にいるよね。どうしてる？」とひとりの養護教諭が誰にともなくいったのです。「いるー！　むずかしいよね」「そうそう。職員室で注意されてる生徒なんかみてると、『反抗してるんじゃなくて、なにを注意されているのかわかってないだけじゃないかな』とかおもうことあるよ」「もう入試のかわりに発達障害チェックとかしたいくらい」「そう？　発達障害ね……うちには一人もいないよ」と言う養護教諭もいましたが、熱がはいった定時制高校に勤務する養護教諭たちの声にかきけされます。「うちもー。勉強会しよかーって職員室ではなしてるんだ」「勉強会いいなー。私もこの春、自記入式のチェックシートを生徒にしてもらおうと探してみたんだけど、そういうのみつからなかったんだ。勉強して自分でつくっちゃおうかとおもったよ」と私も口をひらきました。
　「えっ？　それ、やってみたい」「あっ！　うちの地区、こんどの夏の学校保健研究大会の発表があたっとるじゃんね。それ、みんなでやって、発表できんかねー」「いいかも。うちの学校にもLDって診断うけてる子がきてて、勉強したいっておもってたんです」「ほんとに？　みなさんが協力してくれるなら私、がんばります！」かくして、発達障害チェックシート勉強会がたちあがりました。メンバーは定時制高校に勤務する養護教諭7名です（後日、世話役の深津先生が、ちゃーんと若手養護教諭にねまわししてくれていたことが発覚！　どーりで（笑））。

② 既存のチェックシートのなにが問題？

　私の目標は、生徒がやって楽しいチェックシートの作成です。いま、発達障害関係のチェックシートは数おおくでまわっています。そのほとんどが教師や保護者が、対象となるこどもを観察して記入するものです。もっともポピュラーなのは、2002年に文科省が行った「通常の学級に在籍する特別な教育的支援を必要とする児童生徒に関する全国実態調査」のために作成されたものでしょう。質問は全部で77項目、3つの分野にわかれています。「LD」「ADHD」「自閉症」傾向を把握するための分類だとおもわれます。
　この本の資料編の【資料1】（p.167）をみてください。どれでも設問をえらんでよんでみてください。そして、これにあてはまりそうな子を想像してみてください。「障害がある」というより、「なんだかたいへんそう」という負担感がおおきくなってきませんか？　すでに診断されている生徒が「自分の特性」としてこのシートをみたら、自己否定的になってしまいそうだとおもいませんか？　こうしたことを回避するために、不得意なことが客観視できたら、得意なことも発見できるようなチェックシートをつくりたいなって、おもったのです。

③ まきこみ大作戦のツール？

　ほんとうは、わたしたちが生徒ひとりひとりと出会い、対話して、見守っていく時間的・精神的ゆとりがあったら、チェックシートなんていらないのだろうとおもいます。個々のこどもと接するなかで、必要な配慮の工夫をしていけることこそ大切です。でも、これってむ

ずかしい。経験と知識と体力と余裕と……必要なものがいっぱい。だから、ちょっとチェックシートで、「らく」してみたい（笑）。

それに、同僚の先生には、「発達障害？　そんなの関係ない」「診断書があるなら考える」「みりゃ、わかる」と関心をむけない人もいますよね。でも、そうした先生が担任かもしれないんです。もちろん「発達障害について勉強してください！」というのは正論ですが、反感をかってあとでやりにくくなると困ります。「彼女にはできない理由があるんです」と説明してみるのも「あんなん、ただの怠けにきまっとるだろう。甘いなー」なんて反論する人もいそうです。それもそのはず。目の前にいるのは、発達障害的な要素をもっているにもかかわらず、高校生になるまで放置されてきた生徒たち。かれらのおおくがこれまで「問題児」あつかいされ、それに対抗する行動様式を学んでいます。「ふつう」の意味で、「かわいい」生徒ではまずありません。好意的にうけとめない人もそりゃいるはず……。

こんなとき！　自記入式のチェックシートはつよーい味方になってくれるのではないでしょうか。なぜなら、発達障害に関心はなくても、個々の生徒に関心をもたない先生ってほとんどいません。生徒自身が記入したものを無視することができる教員なんてそうそういないんです！　たぶん……（笑）。

だから、生徒が自分で書いたシートなら、先生方も興味をしめしてくれるかもしれません。それにモノがあれば、話しかけるのも簡単になります。「先生、彼の記入したシート、みてください。いつも提出物がおくれるのって、こんな傾向のためかもしれませんね」「こまかい字はみんないっしょにみえるってとこに〇がついてます。拡大コピーとか、かんがえましょうか」などなど。まずは、周囲をまきこむってことが、結果的には発達障害的な傾向をもつ生徒たちの居場所づくりになるのではないでしょうか。

④ どんなシートに？

「で、どんなシートをつくるつもり？」って思っていらっしゃるでしょうか。たとえば、なまえは「得意・不得意チェックシート」とか「自分、再発見！」というようなニュートラルなものにしたいと思っています。シートは、左側をA群、右側をB群とし、A群に不得意な項目、B群には得意な項目を、内容を対応させてならべるんです。

教員はA群をみて、発達障害的要素を把握できる。B群をつかって、生徒や保護者との会話のきっかけをつくれる。生徒は、自分のいいところが発見できる。あらためて不得意なところが視覚的にわかる。左右の項目を対象におくことで、「不得意なこと」と「得意なこと」の要素は共通していることを生徒が視覚的に理解できたらいい。「多動」は「活発」、「注意力散漫」は「好奇心旺盛」、「局所的な関心」は「研究的態度」というように、短所はけっしてつねに短所ではなく、表出方法や表出場所がかわれば、そのまま長所になることを実感してもらう。たとえば、授業中、板書をうつすときに「注意力散漫」と叱られるその傾向は、創作場面では「好奇心旺盛なアイデアマン」としてほめられているのと、おなじ傾向なんだよとか。そうしたら、結果的に「空気をよむ」ポイントの学習になったり、認知転換の練習にもつながっていくじゃない！　なんて、想像（妄想!?）はひろがります。

生徒に効果的な学習支援ができたらなー。そのための基礎資料がほしいなー。生徒にとって、やっぱり「授業がわかる」ってうれしいとおもうし。養護教諭が生徒の学習を直接てつだう場面はもちろんすくないけど、そんなわたしたちだからこそ、みえてくるポイントってあるはず。自分でできないからこそ、はがゆくて一生懸命かんがえてみたりする。そんななかからうまれたヒントを先生たちと共有したいな。それで、生徒がすこしでも「授業に参加した！」って気になれて、自己評価が高まって、そうやって自信をふかめていけば、「ちょっとかわった」性癖を自分でもうけいれやすくなるかも。きっと助言をうけいれる土壌もできる。そうすれば、集団の中に自分の居場所をどうくみこんでいくか、どんなバランスが適切かを学んでいきやすくもなる……。だんだん「風がふくとおけやがもうかる」的なはなしになってきましたが（笑）、夢はひろがるいっぽう。さてさて、実際の勉強会がどんなスタートをきったかは、次回をおたのしみに！

（すぎむら　なおみ）

2. 文部科学省のチェックシートと じっくり むきあってみたら……

「はったつしょうがいをもつ子の めだつところは、わるいところ」という かんがえかたは、なんだか おかしいと おもった わたしたち。「みかたを かえれば、わるいところだって、いいところに なるはず」そんな きもちで、はったつしょうがいの チェックシートとして、いちばん つかわれている 文部科学省が つくった シートの質問を みていきました。

すると、「じっとしていない子」という文は「元気で うごくのが すきな子」という文に、「ひとつのことばかり していて、ほかのことが できない子」という文は「ひとつのことに いっしょうけんめい とりくめる子」という文に、いいかえることが できました。このしごとを すすめていくうちに、わたしたちは、どんどん はったつしょうがいの子が すきになってきました。

また わたしたちは、ふたつのことにも きがつきました。ひとつは、文部科学省がつくったシートは、「はったつしょうがいか どうか、みわけるためのものである」こと、もうひとつは、「はったつしょうがいの子が こまっているか どうかを きめるのは、先生たちである」ということです。

そこで わたしたちは、生徒たちが「こまったな」「にがてだな」と おもっているところを みつけられるようなシートを つくりたいと おもうように なりました。

＊「文部科学省（もんぶかがくしょう）」とは……
　学校のことを きめるとき いちばん つよい ちからを もっている 役所のこと。

2. 文部科学省のチェックシートとじっくりむきあってみたら……

① 第1回勉強会いよいよスタート！

　第1回の勉強会ではまず、各自のこの会にかけるおもいや、各校での気になる生徒の様子、対応にこまっていること、疑問などを話しあいました。意見をだしあう中で、話題は文部科学省作成のチェックシート（2002年に「通常の学級に在籍する特別な教育的支援を必要とする児童生徒に関する全国調査」のために文科省が作成した、全77項目からなるもの）に移っていきます。このシートについては「チェックがつけばつくほど、短所をみつけだしているようで気がめいってしまう」と言った意見がだされました（このあたりは前回のべたとおり）。私たちはこの「発達障害の特徴＝欠点」というとらえかたに疑問をもちました。発達障害の特徴とされる部分だって考え方をかえれば長所となり得ることもあるのに……。

　ならば、このチェックシートの項目の見方を変えて、長所に言い換えるとどうなるだろう。そこででた宿題が「文科省のチェックシートを読み込み、ひとつひとつの項目を長所に書き換えてくる」というものでした。例えば、46「じっとしていない。何かに駆り立てられるように活動する」の項目は、見方を変えれば「活発な子」と言い換えられますし、74「特定の物に執着がある」は「すきな物をとても大切にできる子」といった具合です。なるほど、これなら生徒自身も気づかなかった長所を見つけてあげられるかも！　しかし、これが意外にも難しかったのです……。

② 文部科学省のチェックシートって誰のため？

　課題に取り組んだところ、メンバー全員が大混乱でした。しかし、宿題のために文科省のチェックシートを穴があくほど読み込んだ結果、メンバーからは新たな気づきが生まれます。主な意見は以下のとおりです。

　　・観察用の項目がおおくふくまれていた（外からの評価が主）。
　　・学校場面で問題とされる言動が抽出されている。
　　・他者評価用である（生徒本人が項目をみて該当すると考えるとは想定できない）。
　　・はっきりしない表現のものがおおい（形容詞がおおく、主観的な判断をせまられる）。
　　・「この項目でなにを問いたいのだろう」とかんがえはじめると、裏読みがおおくなり、
　　　わからなくなる。

　また、ある学校で学級担任の先生にこのシートを見てもらったところ、「うちの生徒たちにまともにこのチェック入れたら結構な数の子が発達障害ってことになってしまうよ。発達障害ってわかったところで、どう対応すればいいかまでは指示されていないし、チェックしただけで終わりだね」と、こんな感想が。そうなのです。「チェックしただけで終わり」は私たちの目指すところではないのです。

③ そうか！　これはスクリーニング用だったんだ！

　このように、文科省のチェックシートを丁寧に見ていくことで、あらためて気づいたことは、文科省のチェックシートはあくまでも「スクリーニング用」、つまり、「発達障害傾向」のある生徒を見つけるためのシートだということでした。スクリーニングはもちろん必要で

す。しかし、もう一度、巻末資料で示した質問項目をみてください。ここで困っているのは、誰なのでしょうか。「指示に従えない」「席をはなれてしまう」「常識が乏しい」これは、観察する側、つまり教師や保護者が困っていることではないでしょうか。生徒本人は、「指示に従えない」ことに困っているでしょうか。それ以前に、「指示がわからないこと」「指示をいつ出されたのか気付けないこと」に困っていないでしょうか。「常識が乏しい」ことが悩みなのではなく、「常識とは何かがわからない」ことに悩んでいるのかもしれません。このように考えをめぐらせる中で、文科省のチェックシートと私たちがつくりたいチェックシートは根本的に用途が違うということにようやく気付いたのです。

④ そうだ！ 生徒に焦点をあてよう！

さて、私たちが目指すシートは「発達障害のスクリーニング」ではなく、「生徒が困っていること」に焦点をあてて作っていくことが必要であることがわかりました。しかし、生徒は実際、なににつまづき、なにに困っているのでしょう。一生懸命考えても私たちは想像することしかできません。それには、「発達障害のある子」という漠然とした対象ではなく、まずは各自がかかわったことのある生徒が、何に困っているのか、個別具体的に考えてみよう、ということになったのです。そこで、つぎの宿題は、「メンバー各自がかかわったことのある生徒の発達障害的特徴のある行動事例の持ちより」となりました。どんな検討がされたかは次回をお楽しみに！

（さくま けいこ）

3. 事例検討から 項目づくり
（生徒との やりとりで、ほんとうに あったことをもとに 質問を かんがえる）

　「生徒は どんなことに こまっているのだろう」それが、わたしたちの しりたいこと。

　ひとりの生徒 もりたさんのことを おもいうかべて みます。「う〜ん。先生の いっている『ちゃんと』とか『しっかり』って言葉が なにを さしているのか、わかってないかも」「もしかしたら、先生が『もりたさんは これが にがて』と おもっていることと、もりたさんが こまったり 不安になったり していることは、ちがうかも」と おもえてきました。

　じゃあ、もりたさんに「にがてなことは なに？」って きくよりも、「先生に よく 注意されることは なんですか？」って きいたほうが わかりやすいかも。そして「先生に 注意されたときの きもち」を きいてみる。そうすることで、もりたさんは、「わかってもらえた〜」って きもちになれるんじゃないかな。そのあとで、「いつも 注意されてるけど、それは『じゅぎょう中』って ときじゃなければ、長所に なるんだよ」って つたえたら、自分に 自信がもてるかもしれない。

　そんな きもちで、チェックシートの質問を つくっていきました。

3. 事例検討から項目づくり

① 現場に目をむける

　文科省のチェックリストのことばを肯定的表現にしようと奮闘するなかで、「生徒がこまっていることをしりたい！」との思いをつよくした私たち。そこで、目の前の生徒を生徒理解の出発点にしようと各自が事例をもちよることになりました。

　モリタくんがすぐさま思い浮かびます。発達障害と診断はされていないけれど気になっている子。彼はなにをするにもマイペースでこだわりがあり、周囲の状況に柔軟に対応することができないところがありました。

　モリタくんはよく給食におくれてきます。ある日、あまりにもおそかったので「どうしたの？」と聞くと、「廊下のクモの巣、いつもはなにもかかってないのに、今日は蝶がかかってたんですよね。まだ生きてて……」と、なごりおしそうに廊下の方に目をやりながらこたえました。ある教員が「他のヤツとはちがうところにくいつくから、授業の前後に職員室にききにくればなんでもこたえてやるっていったら、すごい量のメモをもってきた」と、みせてくれたこともあります。その内容はきいたこともない昆虫の生態や車の部品らしき名前などに関するもので、その教員の授業内容とは無関係な、モリタくんのいまの関心事であろうことについての質問がかきつらねてありました。

　彼に関わった教員からは「要領がわるい」「何をすべきかわかっていない」「自分のことしか考えてないんじゃないか」との声がきかれます。また、「授業に関係ないことするな」「ちゃんと聞いてたか？」「早くしろよ」などしかられている彼をよくみかけました。

　彼ががんばっていることはみていてわかります。とても丁寧にノートをとる、だれよりも詳しくしっている分野がある、フリースローは高確率できめる……。しかし、集団の中では「困ったヤツ」といわれてしまうのです。

②「ちゃんと」「きちんと」「しっかり」って？

　勉強会の日、私はモリタくんの事例をだしました。みんながもちよったさまざまな事例と同様、「いるいる、そういう子！」と共感する声があがりました。「やっぱり、いるんだ……。これをまとめてるあいだじゅう、彼がしかられている姿ばかり浮かんできて気分がおちこんだよ。これをかいてはじめて、彼はなんでおこられているのかも、どうしていいのかもわからないんじゃないかって気がついた。いままで私も『怒られてもしかたないなぁ』って思ってたよ」とこぼすと、「あー、それあるよ。私も『要領わるい』と思ってた子を事例にしたけど、かいてるうちに『することが丁寧』って見方をすればよかったって反省しちゃったもん」とかえしてくれたメンバーもいました。

　「そうだよね。保健室カードに名前かいてる生徒に『名前ぐらいちゃんとかこうよ』みたいな注意しちゃうことおおいけど、あれ『ゆっくり丁寧にかいて』とか『もうすこし濃くかいて』とか、具体的にいうといいよね」「そういえば『しっかり』とか『きちんと』とか、教員ってけっこう曖昧な指示をだしてるよねー」「教員の方も反省することいっぱいだね」

　私たちのはなしあいは、「生徒の困惑」から「教員としての自省」へと展開していきました。

③ チェックシートのあらたな案

　事例をもとにリアルな生徒像を話しあったことにより、リアルな教員像もうかびあがってきました。そこで、当初想定していた［A群　苦手なこと］と［B群　実は長所］を次の3群にわけることにしました。まず［A群］を、「苦手なこと」から「（教員や保護者、クラスメイトから）注意されてきた言葉」として［あ群］に変更。これは【不注意】【多動】【こだわり】などの項目に細分します。それらに対応する特徴が、見方や場面がかわれば長所になることをアピールしたい気持ちに変更はないので、［B群］はそのまま［う群］に移行。そして［あ群］と［う群］の橋わたしとして、［い群］を新設しました。これは「注意された時にどんな気持ちがしたか」「どんな条件があればできるのか」など、生徒の気持ちをきく欄です。

　「苦手なこと」に○をつけるためには、自覚が必要です。しかし、生徒は「わけもわからずしかられている」だけであり、「苦手」と意識している可能性はひくいと思われます。だからこそいままでいわれてきた言葉に注目させたいのです。また、こちらが「よくいわれている」と思う子が○をつけていない場合、その子が「気づいていない」可能性や、「○をつけたくない」気持ちをくみとるてがかりになります。さらに、いわれた時の"ほんとうの気持ち"をしることができれば、生徒がなにに困りがちなのかを具体的に推測しやすくなります。

　おまけに、教員も生徒が○をつけたものをみて、「この言葉、よくつかってるな」とふりかえり、いわれる側の生徒の気持ちにも思いをはせてくれるかもしれません。

　生徒がわかりやすいように日常のことばをつかいたい。自分の長所に気づいてほしいし、自分で「これ、わたしの長所」と○をつけてほしいから、○をつけやすい表現にしたい。あきずにできる質問量にまとめたい……など「欲ばりな野心」をもって勉強会をかさねていきました。

　ついに"試作チェックシート"ができ上がります。実際に生徒にやってもらっての生徒の反応や感想、私たちの心境の変化については、次回をお楽しみに！

（かがみ　ともみ）

4. 試作1号 ── とりあえず 生徒に やってもらいました
(まだ 完成ではないけれど できたシートを 生徒に やってもらいました)

「生徒たちが、どんなことで こまっているのかなんて、おとなたちだけで はなしあっていたって わかるわけない」「生徒たちにとって どんな いいかたが わかりやすいか、どんな漢字が むずかしいかなんて 生徒じゃないのに わかるわけない」わたしは こころのなかで そう おもっていました。そこで、「生徒に チェックシートを やってもらって、意見を きいてみようよ！」と みんなに 声をかけました。

　学校では たくさんの生徒が てつだってくれて、「自分のことが ふりかえれて よかった」「自分で 長所に ○をつけるのは、はずかしい」など いろんなことを おしえてくれました。でも わたしは、生徒から チェックシートについて きかれるたびに、だんだん 心配に なってきました。「あれっ？ わたしの やりかたって これで よかったのかなぁ？」「こまっていることを しって、それから どうするんだっけ？」わたしは、自分の言葉で 説明できないことに きがついて しまいました。

　「わたしって いままで『はったつしょうがい』かどうか みきわめるためのシートを つくっていると おもっていたけど、まちがってたの⁉」「ひそかに このシートで 生徒たちが『自分の長所を みつけてくれると いい』って わたしは おもってきたけど、じつは そっちが そもそもの 目的だったの⁉」

　わたしは わけが わからなくなってしまいました。

4. 試作 1 号 ── とりあえず生徒にやってもらいました

① 私の"もやもや"

　前回もかいたように、私たちは"生徒の立場でかんがえる"ことを最優先にしてきました。「こういうときは絶対こんな注意をうけてるよ！」「そういわれたらこんな気持ちになるんじゃない？」気がつけば、膨大な項目数に……。「これじゃ、おおすぎるよね」。こんどは、項目をけずる、表現をわかりやすくするという作業にはいりました。しかし、「こっちの方がわかりやすくない？」「やっぱり、これはのこしたい」と作業は一進一退です。話しあいは表現だけではおわりません。表記についても、「ひらがなを多用して」「すべての漢字にルビをふりたい」「フォントは何にする？」など、細部にわたって検討していきます。

　私はいまひとつ、のりきれません（ちょっとまってよ～。言葉ひとつずつ検討するなんて、意味なくない？　わからん子にはその場で教師が説明したらいいじゃん？　ほとんどひらがなにするって……高校生、ばかにされたと思わんかな～。私だって読みにくいしぃ……）。

　毎週の勉強会はもちろん、そのあいだに宿題はでるし、メールで意見交換までしていました。勉強会への参加が徐々につらくなってきます（相手は高校生でしょ。いくら発達障害っていっても、そこまでこだわる必要あるの？　私がしらないだけ？　でも、私たちの対象って、"おとなが理解しづらい行動特性をもった生徒"じゃなかったの？　発達障害の生徒の気持ちをしったかぶって話しあってないかな？　私たち"おとな"だけでもりあがるのって、自己満足だとおもうけど……）。

　「実際に生徒にやってもらって意見をきいたらどうかな？」気づくと、私はメンバーにそう提案していました。これで"もやもや"がはれるかも……私にはそんな期待もありました。

② つたえられない理由

　その頃、私は「発達障害について勉強不足」という思いがあり、メンバーに自分の"もやもや"をつたえる勇気はありませんでした。発達障害と診断された生徒とかかわったことがないという事実も、気持ちのブレーキとなっていました。もちろん、文科省のチェックリストにあてはまるだろう生徒は、勤務先にもいます。でも、だからといって「発達障害」ときめつけてはいけないとも思っていました。それより私の関心は、定時制で多数派である、家庭環境や人間関係でつらい経験をしてきた、自己肯定感のひくい生徒にありました。

　当時、"発達障害判別シート"を作成していると思いこんでいた私は、「一教員にはムリ」「私的には定時の子が長所を発見できる"逆転の発想シート"が目的なんだよね」と考えていました。だからこそ、「おおくの生徒の意見をひきだせれば、こたえもみつかるはず」と、意気込んでいたのです。

③ いざ、チェックシート実施へ

　「いまさぁ、ちがう学校の保健の先生たちと研究してるんだわぁ。アンケートってゆうか、○つけるだけなんだけど、性格テストみたいなかんじ。ちょっとやってみない？　私の宿題なんだぁ」とてあたりしだい声をかけると、意外にも 10 人もの生徒が「おもしろそう」「私もやってみたい」と協力してくれることになりました。

やってもらったシートは、【ア．先生にいわれてきた言葉】【イ．そのときの気持ち】【ウ．それって……長所⁉】の３群にわかれています（図１参照）。

こたえてもらう前に、私が生徒につたえたチェックシート実施の際の注意事項は３つ。これは最初からメンバーと話しあって、きまっていました。

① 「こたえたくない」という選択もあり
② 途中でいやになったら、そこでやめてよい
③ 質問項目をみて、いやな気分になったらとばしてもよい

図１

言われたことがあるものに○をつけてください。	自分はどのように思っていましたか？	キーワード	それって……長所⁉
「答えたくない」選択あり途中でやめてもいい	（ ）ウソをつくのは、きもちがわるい （ ）なんで自分ばっかり注意されるんだろうと思う （ ）面と向かって話すより、メールやブログのほうが気持ちを伝えられる	スクリーニング	
（ ）「きちんとやりなさい」 （ ）「授業に集中しなさい」 （ ）「おおざっぱ」	（ ）注意されると、こんなことくらいで……と思う （ ）ノートを書くのは苦手。パソコンは得意。 （ ）授業以外の音・声がとても	集中	（ ）こうきしんおうせい （ ）おおらかな性格 （ ）常識にとらわ

「なにか気がついたり思ったことがあったら、どんな小さなことでもいいからおしえてね」と、私はつけくわえました。生徒がおしえてくれたのは、たとえば、こんなことです。

◎自分の気持ちにあてはまるものがない。
◎"その他"の項目がほしい（私たちは、自由記述は生徒の負担になるのではとかんがえ、選択肢しか用意していませんでした）。
◎自分の自己肯定感がひくいわけではないけど、『それって……長所⁉』の部分に自分では○をつけにくい。結果として長所をおしえてくれた方がいい。
◎自分自身の過去のふりかえりとしてつかえておもしろい。

ほかにも「ルビがうざい」「ひらがな、おおすぎ」など……（そうなんだと思うと同時に、やっぱりおとなの自己満足なのかと思いました）。残念ながら、期待していた「えーっ、だめなとことおもってたけど、長所なんだ〜」という"うれしい驚き"の声をきくことはできませんでした。

④ 報告書を作成したら……

たしかに、生徒の意見はたくさんあつまりました。しかし、みんなの苦労の末にできた第１回目の試作です。「生徒に『なにがわかるの？』ときかれて、とっさに『長所』をさしちゃったけど、あれでよかったの？」「発達障害の生徒がいないのにひきうけて、期待にこたえる結果がえられたの？」あらためて不安うずまく中、なんとか報告をかきあげメールで配信しました。するとメンバーのひとりからこんな返事が……。「おつかれさま。たくさんの生徒にやってくれてありがとう。日頃のコミュニケーションのたまものだね。ところで、チーム全員への質問です。『わたしたちはなんのために、シートをつくってるの？』次回の勉強会の日までにかんがえておいて、一度自分の言葉ではなしあってみようよ」

（みぬかれてるよ……）私は正直に自分の"もやもや"を話すしかないと心をきめました。でも、他のメンバーはどうこたえるの？　そのあたりは、次回あきらかに⁉

（かとう　えりこ）

5. "善悪" じゃなくて、"損得" で かんがえろ？
（「いいか、わるいか」ではなく、「とくか、そんか」で かんがえよう）

「チェックシートを つかうことで とくをする子が でたら どうしよう。いっしょうけんめい つくったシートなのに、そんな ずるい つかいかたは されたくない！」と おもっていました。そんなときは、自分の かかわっている生徒のひとり、まつもとさんが うかんできます。まつもとさんは いつも けんかごしで、ともだちが できません。でも、自分のことは 反省しません。いつも 人のせいにして おこっています。「まつもとさんが このシートを やったら『やっぱり、先生の いいかたが わるいんだ！』って 先生たちを せめるかも」そんな不安を なかまに はなしてみました。でも、「とくしても いいんじゃない？」と 返事が かえってきました。わたしは「そんなの、おかしい！」と ますます はらがたってきます。でも「もしかしたら、わたしの ほうが おかしいかも」と いろいろ しらべてみることにしました。

はったつしょうがいの人たちの 意見を たくさん インターネットでみたり、本でよんだり するうちに、かんがえかたが かわってきました。

「まつもとさんは ずるいんじゃなくて ほかのやりかたを しらないだけかも しれない。ほんとうは こまっているのかも しれない。それなのに、人に ずるいと おもわれるところが そんなんだ！」と いうふうに。

それからは、「わたしたちの つくったチェックシートを つかって、そんをしている子が とくをする やりかたを みつけてくれると いいな」と ねがうように なりました。わたしも その おてつだいが できるように、これからも 勉強します！

5. "善悪"じゃなくて、"損得"でかんがえろ？

① 得する子がでたら？

　今回の勉強会の宿題は、"なんのためにシートをつくっているのか考える"です（がーん‼ 聞かれたくなかった質問だー。困ったなー）と思いつつも、自分の考えをまとめてみました。
- 生徒と教員では、困っていることにずれがあることを理解するため
- 今まで生徒にしてきた注意は、浸透していたのか。生徒に浸透する注意の仕方を把握するため
- 教員が聞きたいことだけを聞くシートでは、生徒はやる気にならないだろうから、生徒の気持ちをくめるようなシートをつくるため

　（うーん……こんなところかな〜。でも……）それより私には、ずっとひっかかっていることがありました。「シートを使うことによって、得する子がでたらどうするの？」ということです。

　当時、私には気になる生徒がいました。マツモトくんは見た感じは、落ち着いた、みんなをまとめてくれそうな生徒です。しかし被害的な感情が強く、攻撃的な言動が多々みられるため仲間づくりがうまくいきません。たとえば、偶然彼にボールがあたり、ボールをぶつけた生徒が謝っているのに、「狙っただろう！」「暴力行為だ！」と大騒ぎをします。彼の機嫌が悪いときに話しかけた生徒は、「話しかけんな！　デブ！」と突然怒られたりします。クラスメイトはそんなマツモトくんから徐々に距離をとりはじめます。それが腹立たしいのか、またささいなことでケンカをふっかけます。担任をはじめいろんな先生に注意をされるのですが、本人は「なんでオレが怒られなきゃならんのだ！」「オレにあわせん相手が悪い！」と逆ギレするだけ。「仲間がほしいんだろうけど、あれじゃむりだ」職員室ではそんな声がよくきかれました。

　（もしマツモトくんがこのシートをやったら……）と不安でした。（きっと"注意されてきた言葉"ほとんどに○をつけて、自分を被害者にする。そして「やっぱり先生の言い方が悪いんじゃないか！」と攻撃するんだ）その様子が目にうかびます。（きっとほかにもいるよ。「私ってかわいそう」って、同情をあつめようとする生徒……。まだ、シートの実施方法も、全体か個別かも決まってないけど、生徒をよくしらない教員が単純に全員にやらせてだまされちゃったりしたら）と危機感がつのります。ついには（せっかく私たちが熱心につくっているシートなのに、そんな"ずるい"使われ方はしたくない！）と、怒りを感じるようになりました。そこで勉強会の当日、私はそのことをメンバーに話しました。当然、共感がえられると思って。ところが、かえってきた言葉は……。

②「得しちゃ、だめなの？」

　（そっ、そんな〜）そのメンバーは続けます。「その子、きっとそうやってしか、これまで生きてこれなかったんだと思う。たぶんマツモトさんにとっては、クラスの子の態度も教員の注意もすべてが、自分をばかにするための言動としか思えないんじゃないかな。だから被害的になるし、『ばかにされるまえにこっちから相手をばかにしてやる！』と攻撃的になる。そんなマツモトさんを怖がって、いうことをきく子もいるだろうから、それで攻撃的態度を学

習しちゃった可能性もあるよね。発達障害の子や虐待されてきた子は、なんらかそんな経験をしてきてるとおもう。だから、教員にとって"かわいくない"生徒なんだよ」

（それを自業自得っていうんじゃないんですか？）と私の気持ちは反発します。

「まず、生徒のことを"善悪"でみるのをやめたらどうかな。周囲からみたら悪いと思えることも、本人にとっては正しい行動なんだと思う。たとえば"嘘をつく"のも悪いことだよね。でも、本人はその嘘によって、人に認められたり、気にかけてもらいたいんだとしたら？　その気持ちは否定していいものじゃない。実際に嘘とばれるまでは、関心をもってもらえたりして"得"してるんだよ。だけど"嘘"とばれた時点で、信用をおとす。結果的にその子は"損"をすることになるよね。だったらその事実を伝えればいいんじゃないかな。"嘘はいけない"って注意するのはかんたんだけど、その子が"嘘で得する"とかんじていたり、"嘘"以外の関わり方を思いつかない場合、行動はかわらない。まずはその子の気持ちに耳をかたむけて、『だったら、損をしていると思うよ』ってこちらの気持ちをつたえて、そこから"得をする他の方法を一緒に考える"ってのが、私たちのめざす方向だとおもう」

誰も、なんとも言いません。（えっ？　いまので、みんな納得しちゃったの？　私は、ぜんぜんだよ）そう思ったとたん、急激にこの勉強会への参加意欲をなくしました。でも一方で（私の勉強不足かも）という気持ちもありました。だから私なりに、いろいろしらべてみることにしました。

③ "異文化接触"だったのか！

いくつものホームページをみる中、こんな言葉に出会いました。

「ルールからはみだしてしまった者はただ非常識だと片付けられてしまうけれど、そうとしか生きられない人もいる」「本人に見えている世界がその人にとってノーマルで普通であたりまえだってこと。あなたが自分の見ている世界のことを正常で標準の世界だと思っているのと同じくらいに。そしてあなたと僕たちを隔てる明確な線は見えないってこと」

これらを読んで、やっとあのときのメンバーの言葉がわかったような気がしました。マツモトくんの生育歴を考えればあの態度は"普通"なのかも。それが"一般"の人には攻撃的、つまり"非常識"な態度にうつり、叱られる。でもマツモトくんはほかの方法を知らないから困ってパニックになったりする。それはたしかに"善悪"の問題じゃない。"非常識"と人に思われることが"損"なんだ！　だからこそ、そんなマツモトくんみたいな少数派の人たちが"得"する方法もマスターできるよう、それを手助けできるよう、私たちはチェックシートをつくってるんだ！

④ やっぱり、メンバーの一員でいたい！

こたえをもとめて行った学会や研修会では、「自分が困っていることばかりならべる愛のない先生は困ります」という言葉が胸にささります（マツモトくんが何かに困っているかもなんて想像もせずに、彼への対応に困って、むかついてた私のことだ……）。「こども自身が何に困っているかを知ることが大切です」という言葉に胸がおどります（まさに、私たちがや

ろうとしていることじゃん!)。

　今でも（私って発達障害のことわかってるのかなぁ？　まだまだだなぁ）と思うことはたびたびあります。けれど、みんなと同じようにできることがすべてじゃない。これからも完成にむけて多くの試練（!?）がまっていますが、私は私にできることをやりながらメンバーの一員として、みんなと進んでいきたいと思います。

　さて、次回はメンバーの一人が保健研究大会で、この勉強会でえたものを発表したときのもようをおつたえします。お楽しみに〜♪

（いながき　あんな）

6. 研究発表でみつけた シートをつくる理由
(どんなシートを つくっているか みんなに つたえることに なりました)

　これまでの 7人の「ほけんの先生」たちとの 勉強会で えたことを、たくさんの先生たちの まえで はなす日が ちかづいてきました。なにを どう はなせばいいのか なやみます。そこで 勉強会に はいる きっかけに なった 生徒の さなえさんのことを ふりかえってみることにしました。

　そこで きづいたのは、勉強会を はじめてから わたしの さなえさんへの かかわりかたが、かわったと いうことです。どう かわったのかというと、「さなえさんの 欠点だと おもっていたところ（先生たちが よく注意したり、しかったりするところ）を、ほめたり みとめたり することが できるように なった」「さなえさんには むりだと おもっていたことを、できることに かえるくふうを するようになった」と いうことです。このように かわったのは、勉強会で、「みかたを かえること」「おおげさなことではなく、ちいさなくふうが 大切」という ふたつのことを まなんだからです。

　わたしの かかわりかたが かわったことで、さなえさんは まえより いろんなことに とりくんでくれるように なりました。えがおも ふえました。わたしは、この ふたつのきづきを 先生たちに つたえることにしました。

6. 研究発表でみつけたシートをつくる理由

① 自分の話を自分の言葉で？

　さて、いよいよチームの最初の目的のひとつ、県の保健研究大会での発表がちかづいてきました。あるメンバーに「そんなにかまえないで、自分の話をかいて」といわれ、「はい」と返事はしたものの、内心は「自分の話って……そんな個人的なことより、これまでシートをつくるためにさんざん悩んだんだから、その作成にそそいだすべてをみてもらいたいな。みんなの代表として発表するんだし。試作シートの一部もおひろめしちゃおう！」と意気込んでいました。

　ところが、下書きをよんだメンバーたちの反応は「ちょっと、もりこみすぎだよね……」と、いまひとつ。「この勉強会への参加動機なんだったかおぼえてる？」唐突な質問に、私はしどろもどろ。「えっと、発達障害の生徒のことをちゃんとわかって、手助けしたい、かな？」「うん、その話をかこうよ。いままでの勉強会でつかんだことあるよね。勉強会をしたからこそ、生徒との接し方がかわったとか、なにか発見したとか。それを会場の養護教諭仲間と共有しようよ」　なんだか、釈然としない気持ちのまま、私はかきなおしを約束しました。しかし、つぎの原稿も「これって、本とかメンバーとか、だれかの言葉のよせあつめにしかみえないな」とダメだし……。「自分の経験を自分の言葉でかくってむずかしい？」「それって、研究っぽくないんじゃ……それに個人的なことなんて、みんなききたいかな？」「そう？　じゃ、典型的な発達障害のこどもへの支援方法を、客観的な言葉でかいてある研究、それは、やくだってる？」「なんとなく頭ではわかっても、目の前にいる生徒とうまく結びつけることができなくて……。だから、もっと発達障害のこと勉強したいって……。あ、そっか！」私はやっと、個人的なことを具体的に、という課題にむきあう気持ちになりました。「初心にもどろう。そして、勉強会に参加したきっかけになったサナエのことをふりかえってみよう」と。

② 初心にもどって

　転勤してからも、ときどきサナエのことが頭をよぎっていました。"まただれかに「なんでできないの？」とか「やること遅い」とかいわれてないかな" "作業に時間はかかるけど、それはひとつひとつを丁寧にやるからなんだよな。まかせておけば安心って見方をしてくれる先生がいるといいな"。"「要領わるいってよくいわれるし、自分でもそう思う」ってよくいってたけど、周囲からずっとそんなふうにみられて傷ついてたんだろうな。「自分に自信がもてない」っていう自己評価のひくさも、そこからきてるんじゃないかな。もっとサナエのこと肯定的にみてもらいたい" など。こんなふうに、サナエへのおもいは、いつももどかしさと心配がセットになっていました。

　サナエとのであいから私の転勤まで、順をおううちに「あっ！」とおおきな気づきがありました。私だって、最初はサナエのこと「要領わるー」ってあきれてみてたじゃない。勉強会のおかげで、それが「仕事を丁寧にする子」って見方にかわったんだった。周りの子がよく「何かんがえてるかわからん」ってサナエのこといってたけど、私も「コミュニケーションがとれない子」っておもってた。サナエから手紙もらって、"こんなにいろんなことかんがえてるんだ。手紙だったら自分のことうまく表現できるじゃん"なんておもったこともあっ

たのに……。勉強会で、やっと「コミュニケーションは会話でとるもの」って私のおもいこみに気がついて、ってことは、他にも私みたいにおもってる人がいるかも……。コミュニケーションが苦手っておもわれてる生徒でも、苦手なのは会話だけで、つたえる方法をメールや手紙にかえれば、十分コミュニケーションがとれるってことをつたえたい。そういえば、サナエがよみかきでつまずいてるのを知ってるくせに、給食だよりかいてもらうとき、いつもちいさな字の献立をわたしてた。勉強会で「拡大コピーしてわたしてみたら」ってメンバーにいわれて……。おおきな字の献立みたとき、サナエうれしそうだったな。あれから、作業もはやくなったんだよね。

　勉強会でメンバーがいった「定時制の職員室みわたしてみると、先生たち、生徒につたえるためにいろんな工夫してるよね」って一言。これも目からウロコだったなー。「特別支援って、なにすればいいのかわからん」なんて先生たちいってたけど、プリントにルビふるとか、連絡事項はかならず紙にかいてわたすとか、いろんな工夫してて……。それって十分、特別支援だよね。おおげさなことじゃなくて、見方をかえたり、すこしの工夫をすることがまずは大切なんだ！

③ 自分の言葉がみつかった！

　これに気づくと、私はパソコンにむかいました。サナエの短所と思っていたところを"見方をかえる"ことで長所によみがえる。サナエの苦手なことも、こちらが"ひと工夫する"ことでできることにかえていく。そんな中で、自然にサナエへの言葉かけが肯定的なものになっていき、彼女の笑顔にであうことがおおくなった、そんな内容です。キーワードは"見方をかえる"と"ひと工夫"。自分の言葉で、自分の経験を、自分で説明できる、私の研究発表です。発表の演題は「"見方を変える"から始める特別支援」にしました。

　研究発表当日、会場は予想以上に人があつまっていました。指導の先生から「個々の生徒のいい側面をみて、それを認める。つまずく点に配慮して支援する。この研究内容は、発達障害の生徒だけでなく、すべての生徒に該当することです。こうした態度を教員は忘れてはいけないと改めてかんがえさせられる、いい発表でした」という講評をいただきました。メンバーのひとりが、とびあがってよろこんでいます。「これが、シートをつくっている目的だよ！発達障害をとおして、すべての生徒とのむきあいかたをふりかえるのが！」とくに私がうれしかったのは、おおくの養護教諭仲間からの感想です。「私にもできるかもっておもった」「特別支援教育ってよくわからなかったけど、みぢかな工夫でいいんだなって、やる気になった」など。自分の言葉が、誰かの一歩をあとおしした！　これはすばらしい経験です。

　"なんのためのシート？"この質問に、いまは自分の言葉で返事ができます。「教員にとっても、生徒にとっても、なんらかの気づきとなり、両者のかけ橋となるためのもの」だと。「やっぱり試作品は完成品にしなきゃね」。この日は、チーム全員が前向きでした。

　ところが、このあと私たちを再び暗雲がおおいます。発達障害の"親の会"に試作をみてもらったのですが、その反応が……。その詳細は次回に！

（おがわ　しほ）

7. 試作2号──完成品のつもりが……
(「できあがり」のつもりで、シートを あたらしく つくってみたけれど)

　チェックシートが できあがりました。「できるだけ みやすく、わかりやすいものに したい」と、おおきな紙に、おおきな字で、なるべく かんたんな ことばを えらんで つくりました。自分で えらんだ こたえを たしかめられるように「ふりかえりのプリント」も つくりました。「ふりかえりのプリント」は、たのしみながら やってもらいたかったので、紙をおったり 色をぬったり という しかけも つくりました。すてきな表紙も できあがり、題も「自分のこと すきですか？わたし 発見！あたらしい 自分を みつけよう」に きまりました。

　おおよろこびの わたしたちは、さっそく 生徒たちに シートを やってもらいました。ほとんどの 生徒が、「たのしかったよ」「いいんじゃない」と つたえてくれました。

　「シートは これで できあがり！」と、わたしは このとき おもっていました。しかし、このシートは　つくりなおしを することに なってしまったのです。

7. 試作2号──完成品のつもりが……

① 試作2号の作成過程

　研究発表がおわり、その手ごたえから前むきな気持ちがでてきた私たち。いよいよ、シートを親の会の方に評価してもらうこととなりました。

　その報告のまえに……ちょっと話が前後しますが、シートの紹介をさせてください。

　シートは、表紙・チェックシート・フィードバック用紙の3つからなっています。メインであるチェックシートは、メンバー有志のあいだのコンペティションからうまれました。えらばれたのは、A3をタテながにつかったものです。表面が「練習」「すきな科目・きらいな科目」「LD関係」の質問になっていて、裏面が私たちの力のいれどころ、「注意されてきた言葉」「そのときの気持ち／こうすればできるかも」「それって、長所!?」の3群からなる、ADHDや自閉傾向に関連する質問です。決定ポイントは、発案者の「発達障害の子が混乱しないように、用紙は1枚がいいと思ったんだ。なるべく字や文字間隔も大きくできるよう、用紙はA3にした」「各群をわかりやすく対比できるように、タテ3列にならべてみた」というアイデア。「これなら生徒もゲーム感覚でやれそう。いいんじゃない！」。メンバー全員一致で決定。チェックシート本体がきまったところで、次は表紙とフィードバック用紙の作成にとりかかりました。

② フィードバック用紙へのおもい

　私は、フィードバック用紙の作成に立候補しました。（したしみやすいように、名前は「ふりかえりのプリント」なんて、どうかな。文字ばっかりじゃなくて、イラストもいれたいなぁ）、（そうだ、視覚的にわかりやすいように、レーダーチャートとか色ぬりをとりいれよう）、（紙をめくると裏に結果が！　なんてのも生徒は楽しみながらやれるかな）など、フィードバック用紙はつくっていて、毎日ワクワクたのしかったです。

　もっとも悩んだのは、このシートが「よい子わるい子」判別シートにならないようにすることでした。チェック項目で「注意されている言葉」にマルのおおい子が「やっぱり、私ってだめじゃん」っておもわないように……。「注意されることは、実はあなたの特徴。場面や場合によっては重宝されたり、ほめられてるはず！」って、見方をかえて長所によみかえてみる。逆に、マルのあんまりつかない子が「オレなんてやっぱり、注目されんのだ……」、なんてならないように「肯定的にうけとめられてるんだよ。もっと自己アピールしてもOK」って、メッセージをつたえて……。

　こんなふうに「ふりかえりのプリント」作成の過程が、まさにわたしの"見方をかえる"実践となっていました。（図1、2参照）。

図1　図2

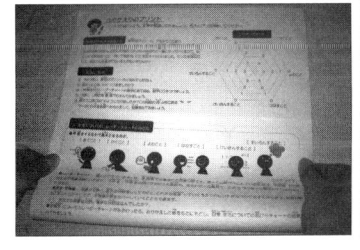

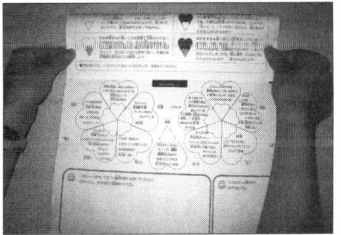

③ やった！シート完成！

「ふりかえりのプリント」おひろめの日は、シートと表紙の作成担当者も完成品を持参。表紙には「すすめかた」や「注意事項」があって、題は『じぶんのことすきですか？　わたし発見！　新しい自分をみつけよう！』となっていました（図3参照）。「うわ～、この表紙もフィードバック用紙も完璧じゃん♪」。やっと形になったシートに、メンバー全員おおよろこびでした。

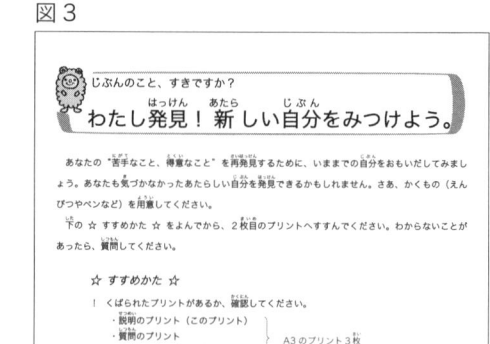

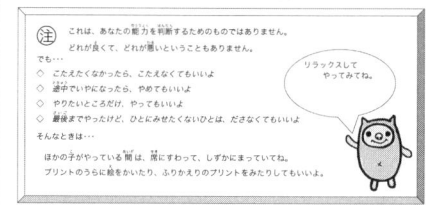

こまかい修正をほどこし、さっそくシートを生徒にやってもらいました。色ぬりしながら「私って長所おおいじゃん」「けっこう楽しかったよ」という反応に、私は大満足。ほかのメンバーからの実施報告も、かなり感触のよいものでした。

ただひとり「あれ……ちょっと生徒には、きびしいかも。これで完成ってわけにはいかないとおもう。でも、だからといって、どこをどうしたらいいかはおもいつかない」とつぶやいているメンバーがいましたが、それはおおきな動きにはつながりませんでした。というのも、この直後、メンバー7人のうち4人もが全日制に転勤になったのです。（すこし問題はあるかもしれないけど、シートはこれで完成）と、私の気持ちの中で、シートの作成は一段落ついたものになっていました。

ところがそんなおり、前回紹介した研究発表があり、その手ごたえから（ほんとに、これでおわりでいいのかな……）という気持ちがメンバーの中にわいてきたのです。

さらに、「勉強会にもお金がかかる。これ以上、自己負担増やすのもねぇ。お金があったら、親の会とかドクターにも話がきけるのに」といっていたメンバーからメールがとどきました。「私たちのシート作りに助成金がもらえることになりました！　これで、心おきなくお金がつかえます」。なんと、"第44回明治安田こころの健康財団研究助成"の対象にえらばれたのです（よーし、もう一度、シートとむきあおう！）。

こうして、発達障害に関係する親の会に連絡をとり、当事者と保護者の意見をきくことになりました。

（おがわ　しほ）

8 保護者のおもい・私たちのおもい
（おかあさんたちの ねがいや きもちと わたしたちの ねがいや きもち）

　できあがった シートを、おかあさんたちに みてもらいました。おかあさんたちは、シートの よくないと おもうところを たくさん おしえてくれました。たとえば、「ふりかえりのプリントの『しかけ』が、むずかしすぎる」「質問の数が おおすぎる」「言葉づかいが、らんぼう」などです。いちばん きにしていたのは、「シートをやった子が、いやなことを おもいだして、つらいきもちに なるんじゃないか」と いうことでした。

　シートは、それぞれの生徒たちの「いいところを みつけたい」「こまっていることを しりたい」と おもって つくりました。でも おかあさんたちが いうように、シートを やることで 生徒たちを こまらせたり きずつけたり してしまったら どうしよう……。

　おかあさんたちの「こどもを きずつけて ほしくない」というきもちと、わたしたちの「生徒の いいところを みつけたい!」というねがいは、とても ちかいように おもうのです。でも、そのきもちの あらわしかたは むずかしい……。シートを はじめから つくりなおしたほうが いいのでしょうか。

　また あたらしい なやみごとが できてしまいました。

8. 保護者のおもい・私たちのおもい

①「親の会」の役員さんにあうことに

　ある日、「『親の会』の人たちの意見、かなり厳しいんだよ〜。一度あって、まず彼らの気持ちをききとることが重要だと思うんだ。で、3人ぐらいで行きたいんだけど、一緒にいってくれない？」と、メンバーからメールが。

　彼女は、研究助成がきまって以来、発達障害の専門医や心理士、養護学校教員、いろんな人にインタビューをもうしこむとともに、試作2号（図1参照）をおくったそうです。その反応が概して好意的だったため、いよいよ発達障害に関する「親の会」2カ所に、当事者による試作の実施と当事者・保護者への意見の聞き取りを依頼することに。ところがかえってきたのは、「こんなものはとうてい自分のこどもにさせるわけにはいきません。実施依頼はお断りします。これは、役員全体の意見です」。それでも、「発達障害を理解し、学習支援をこころみてくださる気持ちはうれしいです」と、どちらの会からも会員（保護者）の感想を集約しておくってくれたのだそうです。その意見をまとめると、こんな感じです。

② 批判はシート全体に

　【シートの形態】用紙が大きくてあつかいにくい、「ふりかえりのプリント」が複雑すぎる。
　【言葉・内容】ひらがなの多用は、バカにされている気分になる。内容が多すぎる。"注意されてきた言葉"と"長所"の関係がよく分からない。
　【実施方法】おおまかな傾向をみる集団用と、そのあと具体的なことを聞きとる個別用をつくってはどうか。フィードバックは教員がやって、こどもにかえしてはどうか。

　保護者の方々が、もっとも危惧していたのは、「注意されてきたこと」の欄でした。「言葉づかいが乱暴すぎ」「フラッシュバックをおこしたら、どう責任をとるのだ」「わざわざ自分の苦手なところを再確認したい人がいると思うのか」などの意見もありました。

　「なるべく日常的な言葉をつかいたかったのになー……フラッシュバックって……生徒たちはそんなに、やわかな？」など、おもうことはいっぱいありましたが、「だめだめ、こんな気持ちじゃ意見をききにいく意味がない。私たちのおもいはひとまずおいといて、保護者のおもいをきくことに集中しよう！」とおもいなおしました。

　当日、でむかえてくれたのは、3人の役員さんでした。「厳しい意見をいいますけど、よろしくおねがいします」。私たちは、ごくりとつばをのみました。

　話しあいのあとで、「よかったよね、いろいろきけて。シートへの批判は、厳しかったけど……」「それにしても、お母さんたち明るくて、すごい前向きだよね。悲観的なことなんて全然いわなかった」「でもさ、『注意されてきたこと』にあんなに反応するってね……。親って子を守りたいんだね」「うん。それと、学校との関係では、こどもより、むしろ保護者のほうが傷ついてきたってこともあるかも」「そうだねー。とにかく、今日もらった意見をふまえて、チェック項目や用紙の形態について再検討しなきゃね」などメンバーたちとふりかえりの時間をもちました。

図1 試作2号（2ページめ）

ウ．日常生活についてききます　　ふだん、「ひとからいわれるなぁ」、「自分にあてはまるかな」とおもうものに○をつけよう。
あてはまることばがない場合は、その他（カッコ）に自由にかいてください。

集中力	＊授業中や式典のときに （　）きちんとやりなさい （　）授業に集中しなさい （　）まえをむけ	（　）授業以外の音・声がとても気になる （　）ひとりでいろんなことを想像して、たのしむのがすき （　）やりかたがわからなくなると、すぐになげだしたくなる （　）気になることがあると、たしかめたくなる （　）自分の課題ができたら、なにをしていいのかわからない （　）その他（　　　　　　　　　　　）	（　）好奇心旺盛 （　）いろんなことをよくみている （　）あきらめがよい （　）発想がユニーク （　）探求心がある （　）行動力がある
計画	＊提出物や約束ごとについて （　）自分の状況をわかっとるのか （　）できてないのは、お前だけだぞ （　）なんで提出期限がまもれんのだ	（　）やりたくないことは、なかなかすすまない （　）エンジンがかかるのがおそく、あとで「しまった」とおもう （　）できはかなりいいんだけど、おくれちゃうんだよね （　）計画のたてかたをおしえてほしい （　）課題はひとつずつ、順番にだしてくれるとやりやすい （　）その他（　　　　　　　　　　　）	（　）マイペース （　）短期集中型 （　）アイディアがたくさんでてくる （　）楽天的
整とん	＊プリントや教科書、学習用具を （　）またなくしたのか （　）また、わすれたのか （　）ちゃんとかたづけろ	（　）なんでなくなったのか、よくわからない （　）そんなのもらったっけ？とおもう （　）自分では、どこになにがあるかわかってる （　）メモしたり、どこかにかいておけばわすれない （　）その他（　　　　　　　　　　　）	（　）こまかいことは気にしない （　）のんき （　）おおらか （　）ものやおかねに執着しない
注意力	＊授業中や指導をうけているときに （　）問題をよくよみなさい （　）こまかいところまでやれよ （　）ちゃんときなさい	（　）全体がわかれば、こまかいことはいいじゃん （　）黒板の文字や内容をノートにかきうつすのが苦手 （　）いわれると、文字や絵にしてくれるとわかりやすい （　）「どこがちがうか」がわからないから、おしえてほしい （　）その他（　　　　　　　　　　　）	（　）こまかいことにはこだわらない （　）カンがいい （　）想像力ゆたか （　）頭の回転がはやい （　）おうよう
反応	＊はなそうとすると、話をしてると （　）ちょっとまってて （　）ひとの話を最後まできけ （　）あなたにきいてません	（　）おもいついたことは、すぐにいいたい （　）あの子のほうが優先なんだ……、あとまわしにされてる （　）「まて」っていうくせに、あとでちゃんときいてくれない （　）話にはいっちゃだめなら、そういってよ （　）その他（　　　　　　　　　　　）	（　）ひらめきがある （　）決断力がある （　）アピール力がある （　）さきをよむ （　）ひとなつっこい
きょうみ	＊自分の得意なことをはなすと （　）意味わかってるの？ （　）そこまできいてない （　）すごいことおぼえてるね	（　）興味がないなら、きかなければいいのに （　）しってることを話したいだけなのに、意地悪がいわれる （　）どこかで発表したいな、できるといいな （　）その他（　　　　　　　　　　　）	（　）すごくくわしくしってる事がある （　）興味があることは、ものすごく勉強している （　）すきなことならがんばれる
会話	＊ひとと話をすると （　）ためぐちをきくな （　）ひとのきもちをかんがえなよー （　）すなおだね	（　）なんで人や場所によって、はなしかたをかえなきゃだめなの？ （　）なんでおこってるの？（本当のことをいっただけ） （　）なにがいけなかったのか説明してくれればいいのに （　）ためぐちと敬語のつかいわけかたをおしえてほしい （　）その他（　　　　　　　　　　　）	（　）ことばに裏表がない （　）すなお （　）必要以上にひとにこびたりしない （　）こわがらずになんでもいえる （　）外見・肩がきでひとを判断しない
対人	＊学校の中で （　）ともだち、つくれよ （　）ひとりでさみしくないのか （　）いつもひとりだね	（　）「ひとり」がいけないみたいにいわれると傷つく （　）自分からこえをかけるのは苦手、どうすればいいのかな （　）「こっちにおいでよ」とかさそってもらうのはうれしい （　）誰かと一緒にいないとたえられないひとにはなりたくない （　）気をつかわなくてすむひとなら友達になりたい （　）その他（　　　　　　　　　　　）	（　）純粋 （　）ひとにながされない （　）自分のかんがえでうごくことができる
協力	＊グループや班で行動するとき （　）まわりをみろ （　）協力しろ （　）ひとりでよくやるね	（　）自分でやりたい、ひとにはまかせられない （　）班やグループにわかれなきゃいけないときが苦手 （　）気づくと、没頭していることがある （　）できない・わからないなんていいたくないし、たのみかたがわからない （　）その他（　　　　　　　　　　　）	（　）責任感がつよい （　）がんばり屋 （　）ひとりのときをたのしめる （　）積極的に行動できる （　）マイペース （　）まけずぎらい
こだわり	＊仕事や作業をしているときに （　）要領わるいな～ （　）がんこだね （　）すこしはかんがえてうごけよ	（　）要領よくやりたいけど、どうしていいのかわからない （　）予定どおりにすすまないとこまる （　）自分できめた順番（場所）が間ちがいなくていい （　）自分なりにかんがえてやってるんだから、わかってほしい （　）その他（　　　　　　　　　　　）	（　）自分なりのかんがえをもっている （　）人の意見に左右されない （　）きっちりやるので信頼できる （　）真剣、一生懸命にとりくむ （　）きめられた習慣をまもる
移動	＊登下校や移動教室で （　）また遅刻か （　）どこにいくかわかっとるのか？ （　）はやくかえれ	（　）場所を移動するのはすきじゃない （　）時間には間にあうつもりだったのに～ （　）はやくついたら、どうしていいかわからない （　）居場所がないよ～ （　）なれた場所はいいけど、あたらしい場所は苦手 （　）その他（　　　　　　　　　　　）	（　）変化をもとめない （　）ナイーブ、繊細 （　）感受性がゆたか （　）きまりごとがすき （　）日常をたのしめる
キー	☹	😐	☺

第2部　発達障害シートをつくりたい【制作編】

③ 理想的なチェックシートって？

　その後、「全国LD親の会」が2007年に発行した『LD等の発達障害のある高校生の実態調査報告書』を開いてみました。ここには、保護者を対象とした調査の中に「養護教諭は発達障害の知識があると思いますか？」という問いがあります。回答結果は「知識がある19.0％、知識がない8.7％、わからない59.4％」となっています。"知識がない、わからない"とおもう理由には「知識はあるかもしれないが、本人に対する共感がない」「養護教諭と話をしたことがない」「会ったことがない」などがあげられていました。そして「本人をよけいに混乱させてしまう」という回答も……。よかれとおもってやったこのシートが、結果として生徒を傷つけたり、混乱させてしまうことになったら……これまで勉強会の中でも、このことについては話題になっていました。「生徒に試作シートやってもらったら、いつの間にかその子ぐったりしててさ……多分、注意されてきた言葉の羅列に反応しちゃったんだとおもう」というメンバーの報告もありました。

　「こどもが傷つくことはなるべく排除してほしい」という保護者の言葉が頭の中でまわっています。「生徒のいいところをみつけたい！」シートはそんなおもいをこめて、作成しました。保護者と私たちのおもい、それはけっして相反するものではないはずです。でも「このままじゃ、つかえない!?」「ふりだしにもどって、一から作りなおしたほうがいいのかな？　それとも、実施方法やフォローの仕方を考えればこのままでも大丈夫？」「なんのためのシート？」という問いから、今度は「理想的なチェックシートって？」また新たな課題が……。

　次回は「シート作りなおし!?　どうする私たち！」です。

（おがわ　しほ）

9. 改訂版に むけて
(シートの つくりなおしの ために)

「おかあさんたちの『こどもを きずつけて ほしくない』というきもちを大切にしたい。でも、どこを かえたら いいの？」わたしたちは とても なやんで しまいました。そんなとき、ひとりの なかまが こういいました。「『わるいところは いいところ』って つたえようとする わたしたちの おもいは、かえては いけないよ」と。その言葉で わたしたちは 最初に はなしあった「わたしたちの ねがい」を、もういちど ふりかえることに しました。

- まずは、自分の にがてなことを しってほしい。
- そして、にがてなことを できることに かえるヒントを みつけてほしい。
- 生徒が、自信をもって いろんなことに チャレンジできるように おうえんしたい。

シートの質問のなかで、この目標とは、ちがうものが あったら かんがえなおすことに しました。

9. 改訂版にむけて

① かえるのは、どこ？

　さて、保護者の「こどもを傷つけてほしくない」という言葉は、前回の小川さんと同様、私の中でもやはりぐるぐるまわりつづけました（"注意されてきたこと"の欄、なんとかしなきゃ）。その思いは、もうひとり同行したメンバーも同じだったようで、さまざまなアイディアを、提案してくれました。でも、メンバーのみんなはのりきうす。彼女がため息をつきます。私もなにか意見をいいたいのは、やまやまですが、なにも思い浮かびません。それに（そんなに、かえちゃっていいのかな）っておもいもありました。でも、うまく言葉にできません。そのとき、「ねぇ、やっぱり自分の苦手なことをちゃんと聞いとかないと、あとの長所へのよみかえが、いきてこないんじゃないかな。私は、やっぱり最初のがいいとおもう」と断言したメンバーが。その日の勉強会は、それでおひらきになりました。（どうなるの？　どうすりゃいい？）不安な気持ちになってきたところに、メールがとどきました。

　「みんなのおかげで目がさめました。私たちの方針はかえちゃいけないよね。その気持ちはもう忘れたくない。でも保護者の方の気持ちもくみたい。だから、保護者あてにこんな手紙をかいてみました。ほんとはださないんだけど、みんなよんでね」。

　その手紙を、抜粋します。

② かえない理由

【これ以上、こどもたちを傷つけないで】

　きっと学校との関係においては、保護者の方たちも、心をいためていらっしゃる出来事がおおいのだと思います。しかし学校も、理想的な場とはいいがたいです。生徒同士、教員と生徒、それぞれ助け合いもしますが、傷つけあってもいます。発達障害傾向のある生徒はとくに、そんな「学校」という枠ぐみの中で「逸脱者」とレッテルをはられ、劣等感を刻みこまれやすい状況にいます。だからこそ、私たちは、なんとかその生徒たちに「集団の中での対処方法を、スキルとしてでいいからみにつけて、自分の居場所をみつけてほしい」とねがっています。

【苦手なことを知りたい子がいるのか】

　保護者の方が「この子はこれが苦手ですから」と代弁しつづけることは不可能です。また、家庭でみせる顔と学校でみせる顔は、違うこともおおいです。社会で生きていくうえではやはり、本人が自分のことを把握している必要があります。その把握は「こんな欠点がある」と確認するためではなく、自分の特徴の一つとしてうけいれ、それとつきあっていくスキルをさぐるために必要ではないでしょうか。たとえば、率直にものごとをいいすぎるBくんがいるとします。彼が「自分は率直すぎて、人を不愉快にさせることがおおい」と知らなければ、同じことをくりかえし「不愉快な人」と遠ざけられるだけかもしれません。知っていてもスキルをもっていなければ、いっそう「欠点」としてめだち、自分を責めてしまうかもしれません。しかし、スキルがあれば、たとえば、気心のしれた周囲の人に「これって、いっていいと思う？」と聞いたり、「いっちゃったときのフォローをたのむ」と援助を求めたり

できます。そうすれば、状況はかわります。苦手なこととのつきあい方をしる、誰かに援助を求めることができる、これって発達障害かどうかに関係なく、人とかかわるうえでとても大切なスキルだと思います。

【フラッシュバックをおこしそう】
　たしかに、私たちもそれを危惧しています。しかし、試作に協力してくれた生徒の多くが「ほんと、みんなよく、こんなこというよなー」「いちいち気にしとれんてな〜」とあまり深刻にうけとめていない様子がみられました。
　「暴力的な」これらの言葉は現実にとびかっていて、そして残念なことに、生徒はそれに「慣れて」います。そして、その生徒もつねに「被害者」というわけではないのです。「あっ、これオレよくいってる……」自分の言動をふりかえり、自らの加害性を検討する子もいました。私たちは、教師が自らの加害性にきづくことばかりねがっていたので、これはうれしい驚きでした。
　さらに、生徒たちは長所よりむしろ、"注意されてきたこと"をもとに、「そんないわれとったの？」「うちは、これよくいわれたよ」ともりあがっていました。苦手なことや叱られたときのイヤな気持ちを共有することがかえって自己開示につながり、あたらしい人間関係をはぐくむことができるんだと、そんな生徒たちの反応をみて、私たちはおおいに勇気づけられたのです。

【シートをするのをイヤがる生徒には？】
　彼らはすでに学校や教師に期待していないのかもしれません。そうした拒否的な生徒には、シートを介さない別なアプローチをとりたいとかんがえています。シートへの態度も、私たちにとっては重要な情報です。つかずはなれず、見守っていきたいとかんがえています。

　（そうなんだよね〜）私は、この手紙に養護教諭としても、子をもつ親としても、深く共感しました。他のメンバーも同じ思いだったと思います。しかし、志気はたかまりません。

③ でも、どうしたら……
　私にとっては、しーとんは大事なんです。なんとかしたいけど……。（そうだ！）私は、彼女にメールをおくりました。「まえに、シートをほめてくれたドクターがいるっていってたじゃん。その人に、みんなで話きけんかな」。するとすぐに返信が。「ありがとう！　連絡とってみました。『うちの医局でも、はやく使いたいから完成させてほしーなーって、若いドクターがいっているのよ。じゃー、こんどの勉強会に参加するね』だって」。メンバーにそれを伝えると、「すごーい」「まえにほめてくれてた先生だよね」「ジーパンじゃ失礼かなー」にわかに活気づきました。よかった〜。みんながんばろうね。
　さて次回はそのドクターのお話です。

（ふかつ　ひろこ）

10　いよいよ 専門家のかたに……
（お医者さんに はなしを ききました）

　かべに ぶちあたった わたしたち。お医者さんに「わたしたちのシートを どうおもいますか?」と きいてみることに しました。お医者さんの おかげで、これから かんがえなければ いけないところが はっきりしました。
　お医者さんが シートに もとめることは 3つありました。
(1)かんじゃさんとの 会話を たのしむためにも かんじゃさんの すきな ことを しりたい
(2)まぶしいとか うるさいといった かんじかたを シートで たずねてほしい
(3)めだたないけど、こまっている子のことを しりたい
　これらの ねがいが シートに もりこめるように これから かんがえていきます。
　また、これから 生徒と つきあっていくヒントも 2つ もらえました。
　1つは、「ほめかた」。やりとげられるような目標を きめて、たくさん ほめるという 方法です。
　2つめは、「言葉にすることの 大切さ」。だれかが パニックを おこしているときに 必要なのは、おちついて 声をかけることや、その人のきもちを 言葉にして かえすことです。気もちを言葉にすると、人は安心できます。
　わたしたちも、お医者さんに たくさん ほめてもらいました。それで やる気と 元気が でてきました。やっぱり、ほめられるって いいですね。

10. いよいよ専門家のかたに……

① お医者さんにも意見をうかがう

（しーとんの勉強会にきてくれるって、どんな先生？　総合病院の医長って、えらい人だよね？）私たちは、ドッキドキ。あらわれたのは、いまどきのおしゃれな女性。みんなで「よろしくおねがいします」と緊張してあいさつすると、「敬語じゃなくてもいいよー。わたしも学校の先生たちと話すことってなかなかないから、楽しみだったんだー」と気さくに言ってくださいました（なごむわ～。なんでも話せそう！）。

Q1. シート、どうでしょうか？
A1. 基本的に、すごくいいとおもう。まぁフィードバックシートはこりすぎかなっておもったし、質問もおおくて集中力つづくかなって不安はあるけど。でも、長所を強調してるところがすごくいい。発達障害には、もちろん長所・短所があって、ふつう保護者は、「なんとか、ここをなおしたい」って、わるいところをみがちなのよ。だから患者さんも、どうしても自分を肯定的にみれなくなっちゃう。そこの意識がかわってくれるといいなって、私たちも、いつも話してることなんだよね。
（あー、教員も「なおしたい」って気持ち、強いかも）

Q2. 先日、私たちも保護者の方に話をうかがって、本人より被害感情がつよいかも……って感じました
A2. おかあさんたちは、「守ってあげなきゃ」って意識が強いからね～。どんな親子関係もそうだけど、とくに「この子には、障害がある」って思うと、親は子ばなれするタイミングをみうしないやすい。年齢と、そのときの状況におうじて、段階的に手をはなしていくのが、とても重要なんだけど。でも、それを自分でコントロールするのは、難しいとおもう。そのアドバイザーとして医者を使うぐらいに考えてくれるとうれしいかな。とくに障害をもつ子は、スモールステップですすめる必要があるから、それも難しいし。
（うん。私も生徒にどの程度まで手をだすべきか、迷ったりするもなー）

Q3. スモールステップって、なんですか？
A3. 発達障害の子は、自己肯定感がひくい傾向にある。だから、とにかく「ほめてもらう」という経験をたくさんつむことが必要だと思うの。そのために、ステップはちいさく、達成しやすいものを設定する。もし達成できなくても、「とりくめた」って事実をとりあげてほめて、次の段階はもっとちいさくする。うーん、たとえば、「朝、登校時間にまにあわない」って患者さんがいるとするでしょ。それをいきなり「遅刻しない」なんて目標にするのは、むずかしい。だから、まずは「毎朝、同じ時間に起きる」ぐらいのところから、はじめる。できたらほめるし、できなくてもめざまし時計をセットしたなんて行為が認められれば、そのことをほめるとか……。とにかく「やってみるのはいいことだ」って患者さんが心からおもえるような支援体制をつくるのが目標なの。

（これは定時制の子たちにもぴったりかも。挫折体験がおおい子、たくさんいるもん）

Q4. 診断がついていないけど、気になる子にはどうしたら？
A4. 病院での診断名を重視される学校の先生もいるけど、大事なのは名前がつくことじゃなくて、その子の困難にどうよりそえるかだとおもう。「自閉？　だったら、絵カード」とか、なまじ診断名があると、マニュアル対応して安心しちゃう先生がいるのもね……。同じ障害でも、ひとりひとり、まったくちがうんだから。私たちも医者としてとりあえず診断名はつけるけど、それは統計に利用するくらい。あとは、あくまで個々の患者さんとどうつきあうか。先生たちも同じじゃないかな。でも、先生たちもどう対応していいかわかんないこともおおいと思う。だからこそ、いいとりくみは、周囲が積極的にほめることが必要。誰だって、認められるとおちつくし、余裕ができて、いい対応につながると思うんだよね。そういう意味でも、先生ひとりが、かかえこんだり、まかされてるって状態は、危険かな。発達障害にかぎらないかもしれないけど、先生たちでチームをつくって対応してほしい。

(あー、これが私たちのいう『連携』のことだよね)

Q5. では、このシートに期待するものはありますか？
A5. 好きなことを知りたいな。よく、「長所をのばす」とか「長所を将来の職業につなげる」なんていうけど、診察室で患者さんに「好きなことなに？」なんてきいたって、言葉でかえってこないのよ。このシートでなにが好きなのかわかれば、話題にしやすいし、「それをいかすためにはこんな職業どうかな？」なんて、将来の話もできるようになるかも。やっぱり、将来の希望が話しあえると、自己肯定感たかまるし、私もたのしい。あと、感覚過敏についても知りたい。これ、医師にもつかみにくいの。でも、「音が大きすぎ」とか「電気がまぶしすぎる」とか、苦痛をかんじている子はおおいはず。たいてい、おおげさとか、驚きすぎって片づけられるだろうけど。これも、わかると「耳栓は？」「サングラスは？」とかアドバイスしやすくなるとおもうんだ。

(うん。この２つは、シートにもりこもう！　でも、どうやって？　いまでも、質問おおすぎ〜。あとで、みんなでかんがえよ)

Q6. シートが改善されれば、病院でも使えるとおもいますか？
A6. うん。使いたい。たとえば、このシートに、ひとりでいることをどう思うかみたいな質問あったでしょ。ほんとは、誰かに声をかけてほしいのか、ひとりで本をよんでいたいのかとか、これも言葉にできる患者さんはすくなくて、私たちも推測しているだけのことがおおいの。選択肢から選ぶなら、患者さんも「あー、こんな気持ちだ」と自分を理解できるかもしれない。理解できれば、状況に応じて「いまは、ひとりがいい」とか「一緒にいよ」とか、言葉にして気持ちをつたえる第一歩になるかも。気持ちを言葉にするって、大事なのよ。病室でも患者さんがパニックになってあばれたりする

ことはよくある。そのときは、心理士さんや看護師さんみんなで、その気持ちを推察して言葉にするの。「怒っちゃったんだね」「おどろいたんだ」「くやしかったのかな？」とか、いっぱい。患者さんのなかで、その言葉とパニックをおこした自分の気持ちとがかさなってくると、おさまるのよ。そうしたことを何回もくりかえして、患者さんは気持ちを言葉にするってことを、学ぶ。いま自分におこっていることを、言葉にできてはじめて、客観的に状況がつかめる。「感情を言葉にできる」それって、ある意味、いちばん大事。

(そうなんだ～。となんだか、圧倒されました。教員って、パニックをおこしている生徒を、静かにさせようとどなりつけてこなかったかな？ パニックの生徒には、よりそって、状況を説明することが必要なんだ……。私にできる？ でも、やってみなくちゃ)

② お医者さんに質問される

「ところで、このシートって、どうつかうの？」こんどは、逆に質問されました。「このシートで、受動型の困っている子を発見できるといいなって……。受動型の子って、ふだん問題にならないから、見落とされちゃって、援助が受けられないケースがおおい。きっとぼんやり系のADHDの子なんて、いっぱいみおとされてて、病院にもこない」とつづけられました。たしかに学校にも、めだたなくて、「この子、小・中でどうしてたんだろ」っておもう子がいます。シートを個人むけにするか集団むけにするか、やはり、悩みどころです。

そのほかにも話題はつきず、結局2時間以上しゃべりっぱなしでした。先生、ありがとうございます！まだまだ、考えることはいっぱいですが、先生のおかげで、元気になれました。やっぱり、ほめられるってステキ♪ 改訂にむけて、がんばるぞ！

(いながき あんな)

11. リンゴを 洋なしに!?

　いろんな人から、「ひらがなが おおくて しかも 全部の漢字に ふりがなが ついているシートなんて、ばかに されていると かんじる子も おおいかも。いろんなタイプを つくって 本人が えらべるようにしたらどう?」と いわれました。でも、わたしたちは それに 反対でした。みんなの まえで えらぶときに、「漢字が たくさんのなんて わからない」と かなしくなる人が でるのは、いやだったのです。よみかきが にがてな人も、外国からきて 日本語を ならいはじめたばかりの人も、ちいさい文字や いくつかの色の くみあわせが みえにくい人も、みんなが「これなら わかる!」と おもえるようなシートに したかったからです。だから、字のおおきさ、つかう言葉、色、紙のおおきさ、いろんなことに きをつけて シートを つくってきました(こうした みんなが、つかいやすいための かたちを「ユニバーサルデザイン」と いいます)。

　でも、「できた!」と おもうと、またまた「ここが わかりにくいかも……」と おもうところが でてきます。でも さいごまで メンバーで 力をあわせて がんばっていきたいです。

11. リンゴを洋なしに!?

① "もやもや" のその後

　さて、ドクターにほめてもらって、前向きになったわたしたち。本格的なシートの完成をめざして、その後も勉強会をかさねました。

　この第2部の4章で、私は自分の"もやもや"（わかりやすい言葉の選択、フォント、行間、文字間隔、ひらがな、ルビふりへの"こだわり"に対する反発など）について、書きました。その"もやもや"の大部分はこれまでの勉強会でずいぶんはれてきたのですが、いまもって「ひらがな　ルビふり　わかちがき」を主張するメンバーのきもちが、しっくりきません。

　親の会の方たちも、前回のドクターも「ひらがな・ルビふりはばかにされているとかんじる子がおおいとおもう。いろんなバージョンつくって、えらべるようにしてはどうか」と提案されていました。でも、そのメンバーはそれにふれません。

　「ねぇ、数種類のシートを用意するって案はどうする？　めんどう？」と私は、きりだしてみました。すると、返事は「あー、それしたくないんだ。シートの主旨的にも」

　（うわー。今までの資料よみなおして勉強してきたつもりだったのに……）と私は一瞬絶句しました。「……なんで？」

　「学校って、基本的に成績で生徒を分類して、序列づけしてるよね。シートぐらいはそこから離れたいなと……」

　「シートがちがうと、序列づけになるの？」

　「場合によるけど。何種類かつくるって発想は、特定のよみかき能力に照準をあわせて障壁をなくそうってわけだから、個別的配慮としてはすごくいいとおもうんだ。私たちが、よくしってる生徒に『これ、やってみて』って選んでわたすのが前提なら、いろんなバージョンつくっておくとか、生徒と相談しながら、それにあったバージョンをパソコンでうちだせるようにするとかいいとおもうし、そうすべきだとおもう。でも、このシートはあまりしらない生徒ともしりあうきっかけにしようとしてるんだから、特定の障害がフォローできないって難点があっても"なるべくおおくの人が、使いやすいように"ユニバーサルデザインにこだわりたい。それに、みんなでやるとなると、いろんなバージョンは、かえってその障害の程度をきわだたせてしまうんじゃないかなっておもう。

　たとえば、全部ひらがなのシートと、簡単な漢字まじりのシートと、漢字が多用してあるシートを用意したとするよね。それを選択させるって行為が、『障害』の程度に序列をつけさせ、自分も他の人もその序列にしたがって分類させてしまうことにならないかなって。

　だって、みんなの前でえらぶとしたら、えらぶ時点で、『私、ひらがなしか読めない……私「ふつう」じゃないんだ……』って感じさせてしまうかも。漢字まじりシートを選んだとき、自分は『ましなほう』って、優越感をもっちゃったら？　そんな分類されるのがいやで、よめなくても漢字が多用してあるシートを選んで、白紙でだしてしまうこともかんがえられる。そんな思いはしてほしくないんだ。私たちの目的のひとつは、シートにとりくむことで、自己肯定感をたかめることなんだから。

　それに、シートの作成動機は、発達障害的傾向をもつ生徒を支援するためってかかげてはいるけど、外国からきて日本語の読み書きが苦手な子や、弱視で小さい字や文字の太さが均

一でない文字をよみとれない子への支援もできたらしたい。だから、できるだけみんなに読みやすいように、おおくの生徒がしっていそうな字で、わかりやすい言葉で、みやすくっていうのは、はずせないポイントなの。これだって、ほんとは問題あるんだけどね」

「あー、たとえば、ばかにされたと感じる子がでるとか？」

「それも、はいるかな。『みんな』を優先すると『ひとりの』ニーズが、みたされなくなることがあるのが問題。ほんとは、このシートだって『登校できて、字がよめる子』限定なわけだから、ユニバーサルデザインとはいいきれない部分もあるんだけど。でも、最初からいきなり、よくばってもね……。まあ、ばかにされたと感じる子に対しては、表紙の裏にユニバーサルデザインを採用していますって、説明をつけることで、すこしは回避できるとおもう」（だったら納得できるかも）

② ユニバーサルデザインにむけて

　再スタート地点にたどりついた気分のわたしは、自分の担当するページの再構成をはじめました。こんどはなんの"もやもや"ももたず、"こだわり"を実行します。行間と文字間隔はつめすぎず、文字は太さが均一なゴシックに統一し、漢字をひらがなに書きかえ、のこす漢字すべてにルビをふりました。──余談ですが、この頃からほけんだよりにもルビをふるようになりました。(*^^*)

　ひらがなが おおくなったぶん、よみにくいと かんじた 部分には こんなふうに わかちがきを 駆使したりして（笑）。

③ リンゴを洋なしに!?

　いよいよ本格的な完成にむけて、それぞれでつくっていたシートのフォントやレイアウトを統一させていこうと、課題をもちよった勉強会の日、またまた「それって必要？」と思わせることが……。

　表紙担当のメンバーがもってきてくれたのは、リンゴの木の絵をバックに、タイトルを白抜きしたカラープリントの表紙。おもわず「めっちゃかわいい!!」と口にすると、別のメンバーが「うん。かわいいんだけど、リンゴじゃなくて他のくだものにしない？　たとえば、プラムとか洋なしとか……」（え～、なんで？　カラープリントは費用がかかるとはおもうけど、リンゴを洋なしに？）

　そのメンバーはつづけました。「緑の葉っぱに赤いリンゴは、色盲[1]の子にとってつらいとおもうんだよね。ピンクのプラムとか、いっそ緑の濃淡で洋なしなんかにすると、みにくい子がへるんじゃないかな」

　なるほど!!　こうして、わたしたちはまた一歩、シートづくりの意志統一にちかづきました。"もやもや"することのうらには、いつも必ず予想外の発見があります。

1　その他に、色弱、色覚障害、色覚異常などの呼称があるが、「みえない色がある」という意味で、色盲が客観的表記だと考え、色盲を使用している。

以前は、ただ"もやもや"しているだけだったのに、その思いを打ちあけることができるようになった私。どんなささいな事でも受けとめてくれ、きやすく口にできる関係を築いてくれたメンバーたちに感謝の気持ちでいっぱいです。
　つぎは、フィードバック用紙の改訂に、使用上の注意とひとくふう集の作成がまっています。あとすこし、みんなでがんばろうね♪

（かとう えりこ）

12. ひとくふう集を つくりました！

　「こまった〜」「できない！」と おもっている生徒が、「これで だいじょうぶ」「できるかも！」と おもえるように「ひとくふう集」を つくることに なりました。「ひとくふう集」には、「大切なことは、メモにのこす きまりにしよう」「自分に はなしかけるときは、さきに なまえを よんでもらえるよう まわりの人に たのんでおこう」など、わたしたちが、生徒たちと かんがえてきたことや、本にのっていた アイデアが、いっぱい かいて あります。

　じつは これを つくるときに、わたしたちも アイデアが あまり でてこなくて「こまった〜。これ以上、できない！」なんて、かなしくなっていました。でも なかまの「そういうときは 本で しらべようよ」という言葉で、「あっ！ それなら できる」と 元気を とりもどすことが できたんですよ。みなさんにも、こんな きもちを あじわって もらいたいです。そんな おもいで いま はたらいている学校でも、「ひとくふう集」を つかっています！

12. ひとくふう集をつくりました！

① 作成の意図

さて、「シート本体」「ふりかえりのプリント」につづく支援ツールとして、わたしたちは"ひとくふう集"を作成することにしました。

シート本体で生徒は、①"注意される言葉"から、まず自分の状況を把握する。②"いわれたときの気持ち"で、そのときの自分の気持ちを言葉にして整理する。③"それって長所!?"で、「よく注意されてへこんでいるかもしれないけれど、場面がかわれば、それって長所だよ」と自分をみなおす。教員は、④ふりかえりのプリントではげまし、生徒の気持ちが前向きになったところで、⑤それぞれの生徒の特徴にあった個別のアドバイスをかえす。この⑤にあたるものが"ひとくふう集"です。ささいなことでつまずいてしまう生徒たちですが、ほんのすこしのアドバイスで、学校生活がスムーズに進むっておおい気がするのです。

例えば……「自分はそんなこときいていない」と思うのに、相手に「言った」といわれることがおおい生徒がいたとします。このくいちがいはどこから生まれたものなのでしょう。双方の言い分の溝をうめる手段って本当にないのでしょうか？

「言った」側の人：本人が聞いていたかどうかちゃんと確認したでしょうか。また、聞いていたとしても、内容をちゃんと理解してくれたのでしょうか。

「聞いた」側の人：何かほかに気になることに意識がむいている場合、話しかけられていることに気づかなかった可能性もあります。また、一度にたくさんのことを言われて覚えきれなかったのかもしれません。

そこでうまれたのが「大切なことはメモにのこす習慣をつけよう」「大切な内容は、最後にポイントを確認してくれるよう周囲の人にたのんでみよう」「自分に話しかける時は、先に名前をよんでもらえるよう、周囲の人に頼んでおこう」などのアドバイスです。

こうしたアドバイスを、シート本体の順にあわせて、一覧表にする。各生徒に、該当する欄にマルをつけてかえせば、生徒にとってはきっと生活のヒント集になるはず。シートをつかって生徒をもっと理解したいと考えてくださっている先生方にとっては「できないんじゃない。こんなくふうでできることにかえられるんだ」と支援のつよい味方になるはず。

こうして、私たちは、シートの項目を分担してそれぞれの状況に応じたアドバイスをもちよることになりました。

②「これ以上考えてもでてきません」!?

しかし……勉強会当日、あつまったアドバイスは、思ったほどおおくありませんでした。「むずかしかった〜」「日頃、もっといろんな方法で支援してると思ってたのに……これ以上ムリ！」口々に、悲鳴があがります。

すると、アドバイスのもちよりを提案してくれたメンバーから、意外な返事が……。「アドバイスをもちよるっていうのは、それぞれで考えるのもそうだけど、当事者に話をきくとか、当事者や発達障害の専門家が書いている本やサイトで調べてきってって意味だったんだけど……？」「えっ!? そうだったんだ！ 自分ならどうするかって考えてしぼりだすことしか

頭になかった……」「情報収集するって意味だったんだ〜。うん。考えたからってでてくるわけでもないし、『思い浮かばないなぁ〜』って悩んでました」

がぜんやる気がでてきた私は、"ひとくふう集"のまとめ役をかってでました。たくさんの書籍をめくると、アイディアはいっぱいひろえます。先生方や保護者のみなさんの、さまざまな工夫に圧倒されつつ、もりだくさんの"ひとくふう集"ができあがりました。

さらに、私たちはこの体験により、発達障害の子たちの「できる」「できない」も同じ。ちょっとしたヒントや手助けがあれば、「できないこと」が「できること」になるということを、身を持って感じることができたのでした。

③ 勤務先で……

そんなある日、1年のあるクラスの担任の先生が、保健室をおとずれました。「うちのクラスで毎週金曜日欠席する子がいるんだ。たぶん前の日のホームルームの時間が原因だとおもうんだけど。クラスでなにか決めさせたり、班別で学習させたりすると、あきらかに顔こわばらせるし、必ずっていうほどつぎの日休むんだって……。あれじゃ〜社会にでてから、困るよね。お母さんからも相談されてるんだけど、どうしよう」と、こんな話をきくことに。「そうだったんですか。なにが苦手なんでしょう」。先生にきいていくと、どうやら集団行動とさわがしいことが、とくに苦手なようです。

「もしかしたら、ひとりで静かにすごせる場所があったら、おちつけるかもしれませんね」「そんなとこ、学校にある？」「保健室にきてもらってもいいですけど……1年生の教室からはとおいし、2、3年の常連さんでいっぱいなときもあるから、抵抗あるかな。先生、図書室はどう？」「あっ！ 図書室ね。それ、いいかも」

後日、その先生から、「ばっちり〜！ 最近は昼やすみは図書室にいくことにしたみたい。欠席しなくなったよ」「よかったです！」

"ひとくふう集"がさっそく役にたちました！

シート作成にかかわって以来、私の先生方にたいする対応も、すこし変化しています。先生方が「まったく、あの子は……」なんて「ぐち」をこぼしてくれたら、「先生も、たいへんですね」と、よりそって話をきいていく。先生が、ひととおり話し終えて「で、どうしよう」って言ってくれたら、はじめて「こんなのどうでしょう」と提案する。まさに、シートと同じ手順です。そして、これが意外にもすんなり「あっ、そうか〜」と目からウロコ的表情で、うけいれてくれる先生がおおくなったような……？

まだまだ、この"ひとくふう集"は未完成です。このシートをぜひ、つかってください。そして、みなさんの、「こんなアドバイスをしてみたよ」とか「こんなエピソードがあったよ」などの感想をおしえてください。それをもとに、また"ひとくふう集"も成長していってくれたらうれしいです。

さて、次回はいよいよ"使用上の注意"に関する部分です。シート制作にかかわる話は、次回でおしまい。おたのしみに！

（さくま けいこ）

13.「職員用マニュアル」にこめた"おもい"
（先生たちようの シートの つかいかた説明書を つくりました）

　さて 最後に このチェックシートの つかいかたを 先生たちに 説明するための プリントを つくります。いろんな説明書をみて かきはじめましたが、なんだか しっくりきません。

　もともと、「生徒と 先生が なかよくなれる おてつだいをしたい」そんなきもちで チェックシートを つくり はじめました。でも つくっているあいだに、わたし自身も かわりました。生徒にたいして、おこることが すくなくなりました。生徒が こまっていそうなとき、「こんなの どうかな？」って 声をかける 回数がふえました。すると、生徒のみなさんが えがおで こたえてくれます。おかげで「ほけんの先生になって よかった～」と おもうことが ふえました。

　そんなことを おもいだした わたしは、このきもちを「シートを つかってみよう」と おもってくれる先生たちに つたえたいと かんがえました。「わたしみたいに、『学校の先生になって よかった』って おもえる なかまを ふやそう」。そんなきもちで、つかいかたの説明を かきました。

　このチェックシートを つかうことで、「こまっている生徒」と「こまっている先生」が、えがおで いっぱいに なりますよう。

13.「職員用マニュアル」にこめた"おもい"

① いよいよ最終段階

　さて、最後の重要な作業、実施者にむけた【職員用マニュアル——使用上の注意】の作成にはいりました。「ここまで、長かったなぁ」と終わりを感じるとともに、「いや、支援はこれからはじまっていくんだ」と始動への期待もふくらみます。

　しかし——やってみるとはいったものの——「マニュアルってどうやってつくるの？」「どんな内容が必要？」と疑問だらけ。てあたりしだい自宅にあった家電製品の使用マニュアルをみたり、インターネットで調べたり……。そこでわかったのは、マニュアルとは"使い方を共有するためのガイド"であること、よってその内容は"誰にでも利用できるようわかりやすく、具体的に説明すること"がポイントということでした。「よし、これだ」と作成目的、シート説明、実施方法と3つの柱をたてました。ところがそのとおりに書いてみても、なんだかピンときません。

　「やり方を説明するだけでは伝わらないことが！」「使い方だけの問題じゃない。どんな目的でつかってほしいのか、シートを実施したその後どうするのか、そんなことにもおもいをはせてほしい」そこで、マニュアルに私たちの"おもい"をプラスすることにしました。

②"おもい"が重い!?

　いよいよ勉強会でおひろめです。しかし「言いたいことはわかるけど……」「うん、なんか上から目線なんだよね……。責められてる気がしてくる」「『特別支援』をしたいけどどうしていいかわかんない人とか、職場で『特別扱い』なんていわれてやる気をそがれている人が『やってみよう！』って気になれるようなのにしてほしいな」

　たしかに……。自分の"おもい"をつめこみすぎて、力が入りすぎていたみたい。むむ、おもいを伝えるって難しい。でもそうか。私はこの勉強会をつうじて、つねにメンバーからやる気とあたらしい気づき、原動力となるパワーをもらってたんだ。ひとりではなかなか踏み出せないことにも挑戦できたのはみんなのおかげ。うん、生徒の笑顔をおもいうかべつつ、仲間ふやしのつもりで書きなおそう！

③ 生徒の笑顔と仲間づくり

　生徒の笑顔——私たちがであってきた生徒たち——「やることおそすぎ」とか「はやとちりなんだよ」なんて評価をうけてきた子たち。この勉強会のおかげで、私たちは、その子たちを「やることがていねい」「頭の回転がはやい」って見方をかえる方法を学びました。拡大コピーをわたしたり、手順の表示方法や話す順番を工夫したりすることで、かれらの苦手をできることにかえられる、そんな工夫も集めてきました。わたしたち7人の足並みがいつもそろっていたわけではないけれど、それでもここまで続いたのも、私たちのそんな「みかた」や「くふう」ひとつで、彼らの表情があかるくなったり、あたらしいとりくみに意欲をみせるようになったりという変化を間近でみてこられたからです。養護教諭になってよかった！っておもえる瞬間が、ふえました。だから、みなさんにもこの気持ちを共有してもらいたいのです。

生徒たちが、いや、まず私たちが、「苦手なこと」を避けるのではなく、「何か」や「誰か」に手伝ってもらいながらぶつかっていきたい。「できない」のではなく、「○○すれば、できる」って気持ちをわすれないでいたい。
　学校では、「診断書でてないんでしょ。発達障害ってきめつけちゃいかんよ」っていわれるかもしれません。「たしかに、わかりません。でも、生徒は現実にこまっています」とこのシートをはさんで、話しあってくださったら……。「診断でてない子に『特別扱い』できないよ」という声に対しては、「でも、『必要扱い』だとはおもいませんか？　視力のひくい子にメガネが必要なように、彼らにもちょっとした『てだすけ』が必要なんです」ときりかえし、ひとくふう集をはさんで、できる支援を考えてもらえたら……。そして、そんなとりくみを報告しあえたら……こんなうれしいことはありません。

④ 生徒だって「特別支援」！

　以前、勤務していた定時制高校には、給食がありました。給食では、各自がトレイを持って並び、調理員さんからおかずなどを受け取っていきます。その時、調埋員さんはよく生徒たちに声をかけてくださいます。注意力散漫で自分がしていることに気をとられ、まわりがみえなくなってしまうムラオカくんにも、「今日はムラオカくんの好きなカレーだよ。大盛り？　ふつう盛りにしとく？」と。ムラオカくんは後ろに並んでいる友達との話に夢中で反応しません。すると「おい、調理員さんがお前に話しかけてるぞ」「おばちゃん、こいつには、まずおっきな声で名前呼んでやって〜」「いつも大盛りかふつうか聞いてくれるんだから、前を向いて準備しときなよ」「ちゃんと、ありがとうございますって言うんだよ」などなど、まわりの生徒が声をかけます。「失敗」がおこらないよう先回りするわけでもなく、かといって「失敗」を責めたり叱ったりするわけではなく、今ここで、さらにこの次はどうしたらいいのかという具体的なアドバイス。これって、まさに「特別支援」！？　ちょっと「世話やき」っぽい？「過干渉」？　でも、こうした一歩ふみこんだ関係づくりが、結果的に生徒のお互いの社会性を育てているのだとおもいます。生徒にできて、私たちにできないことはない!?
　とりあえず、生徒にシートをやってもらって、もしそれがムリなら「ひとくふう集」だけでもぱらっとめくって、先生方の学校でどのように応用できるか、ぜひためしてみていただけませんか？「ひとくふう」は、決して「特別扱い」なんかじゃない。これは「必要扱い」だと自信をもって。
　まずは、先生方が、このシートをつかって「特別支援の成功体験」をふやしてください。先生たちのたのしそうな支援姿勢が、きっと生徒の気持ちをあかるくすると信じています！

（かがみ　ともみ）

14 すべてのこどもに、居場所を 保障するために
（すべての こどもたちが、安心して いられる場所を 学校に つくるために）

　学校の先生たちのなかには こまっている生徒を たすけることを「とくべつ あつかい」だと かんがえる人も います。でも、こまっていることを てだすけするのですから、ほんとうは「ひつよう あつかい」ですよね。
　学校では、先生が「こまっている子は だれか」「どんな てだすけを するか」を きめることが あります。もちろん、それが 必要なときも ありますが、生徒のほうが「こまってます」って 声をあげて、先生や クラスメイトが その声に こたえることも 大切では ないでしょうか。
　このかんがえかたを、わたしたちは「障害学」から まなびました。「しょうがいがく」とは、しょうがいをもつ人たちが うみだした学問です。「この社会は しょうがいのない人が 便利なように できている！」と きづいた しょうがいをもつ人たちが いました。そして、それを うったえつづけました。それが「しょうがいがく」の はじまりです。
　「しょうがいがく」は しょうがいをもつ人を 主役に いろんなことを かんがえます。わたしたちの つくったシートも、これを つかう「生徒が 主役」に なれるよう くふうしてきました。このシートで すべての生徒が 学校に いばしょを みつけることが できるようにと、ねがいを こめて。

14. すべてのこどもに、居場所を保障するために

①「特別扱い」はできません!?
　さて、最終回です。みなさま、これまで読んでくださってありがとうございます！とくに、「コピーしてときどき読みかえしてます」「シートをおくってほしい」などの連絡をくださった方、とても励みになりました！
　でも、もっともおおかったのは、実は「他の先生たちに、そんな『特別扱い』できるわけないって、いわれちゃった」「そうそう『診断書があれば考えるけど』とかね。どうしたらいい？」などの相談の声でした。まさに私たちの出発点とおなじ悩み。前回のように「これは、『必要扱い』です」ってきりかえすのは重要ですが、最後に「障害学」の観点から理論的にもおってみたいとおもいます。

② 診断書の提出
　先日、こんな話をききました。ハマサキさんは、読み書き障害をかかえる大学生です。ですから、学習面でいつも「特別扱い」を必要としてきました。そんなとき、必ず求められるのが「診断書の提出」です。ある日、学校をかわるたび、申請場所がかわるたびの診断書は経済的負担が大きいとぼやいていたら……その場にいた全盲の学生と肢体不自由の学生が口をそろえて「そんなこと一度もないよ」と。ハマサキさん「だまされた〜」ととてもショックだったそうです。
　でも……ありえる話ですよね。私たちは外見にとらわれやすいです。発達障害や精神疾患など外観上「ふつう」の人には、とくに「診断書」を請求してしまうのかもしれません。不正があってはいけないからと……。でも、不正って？　本人が困ってるって言っているのに、なぜその「障害」をとりのぞく手伝いを私たちはしぶってしまうのでしょうか。その人だけ「特別扱い」するわけには、いかないから？　では、私たちは、いま「特別扱い」されていないのでしょうか……。

③「配慮の平等」
　全盲の社会学者・石川准は、こんなことをいっています。「『配慮を必要としない多くの人々と、特別な配慮を必要とする少数の人々がいる』という強固な固定観念がある。しかし、『すでに配慮されている人々と、いまだ配慮されていない人々がいる』というのが正しい見方である」(『見えないものと見えるもの──社交とアシストの障害学』医学書院、2004年 p.242)。だから、「配慮の平等」という観点から、社会をかんがえるべきではないのかと提案するのです。えっ、私たち「ふつう」の人が、配慮されている？
　はい。私たちの仕事のひとつ、環境衛生検査も実は「ふつう」の生徒への配慮です。たとえば、照度には基準値があります。これは「ふつう」の生徒にとって見やすい明るさに設定されています。つまり、弱視の人にとってはくらすぎたり、感覚過敏の人にはまぶしすぎたり……。でも、ふだん、そんなこと考えずに検査していますよね。
　そう、私たちの社会は疑うきっかけさえつかめないほど「ふつう」の「健常者」への配慮にみちた構造になっているのです。これが、障害当事者たちの気づきでした。

④「障害学」にまなぶ

　それまで、障害者とは「不自由があってかわいそうな人」「助けてあげなくちゃいけない人」でしたし、だからこそ与えられた援助を拒否したり批判したりはできない存在でした。ところが、1960年代後半、こうした状況を「おかしい！」と発言する障害当事者たちがあらわれはじめました。「かわいそうな存在なんかじゃない！　私たちが不自由なのは、身体の一部の『機能障害』のせいじゃない。「健常者」中心の社会のあり方に問題があるんだ」と声をあげたのです。1960年代後半以降、こうしたかんがえをもつ人が運動をはじめます。これが、「障害学」のはじまりです。

　「障害学」のコンセプトは、じつは私たちの日常にもすこしずつ組み込まれはじめています。たとえば、階段のわきにスロープをもうける施設がめにつくようになりました。点字つきのパッケージもふえてきています。だったら、学校でも、弱視の子に卓上スタンドをもちこむことや、感覚過敏の生徒が教室内でサングラスを使用することを許可してもいいのではないでしょうか？　とっぴすぎますか？

　しかし、学校教育も「障害学」の影響をうけはじめています。たとえば、LDという言葉は一般的に、医学では learning　disorders（「正常」に学べないこと）の略として、文科省の定義では learning disabilities（学びのハンディキャップ）の略として使用されています。しかし、アメリカの教育学者たちは、「われわれの教え方で学べない子がいるのであれば、彼らの学び方で教えるべきである」とかんがえます。そこでLDを「learning differences（学び方の相異）」（上野一彦・竹田契一ほか監修『S.E.N.S養成セミナー　特別支援教育の理論と実践Ⅰ概論・アセスメント』金剛出版、2007年、p.30）とかんがえようと提案しています。LD概念の普及につとめた心理学者・上野一彦氏は、自身のブログでもよくこの考え方を紹介しています。

⑤ 学校にも「当事者」の視点を！

　「障害学」は、従来の「支援者主導型」の支援を批判してきました。この考え方のもとでは、誰かを「障害者」と認定し、必要な支援を決めるのは医療者です。その指示をうけて保護者や介護者、教員などが支援します。「障害者」はそれに従って「健常者なみ」をめざし、めざすよう強制されます。この対抗概念として「障害学」は「当事者主導型」を提案しています。日常生活、学習場面においてなにが「障害」となっているのか、困っていることはなにか、それを語るのは「当事者」です。その「障害」「困難」をのりこえるために必要なことを周囲の人――教員や保護者、介護者――とともに考えていきます。その支援方法のアドバイザーとして医療者がひかえている。まさに、序列に基づくピラミッド型の支援から、対等な関係性に基づくネットワーク型の支援への転換を「障害学」は提案しているのです。

　学校生活でつまずいている、まだ配慮されていないこどもたちのために、この「障害学」の知見を足がかりに、たちあがってみませんか？　それは、私たちみんなが生活しやすい環境づくりに貢献することでもあるとおもいます。

　学校が、すべてのこどもたちにとって、居場所がみつけられる場となりますよう。私たちのつくったこのシートが、そのきっかけの一つになることを願っています。

（すぎむら　なおみ）

第3部

同化と異化の共存という課題

【理論編】

1.「発達障害(はったつしょうがい)」チェックシートを あつめてみたら

　たちばな・なみさんは、「むすこの めいくんは、『はったつしょうがい』です」と お医者(いしゃ)さんに いわれました。

　「はったつしょうがい」とは、「ふつう」の人(ひと)たちと、そだつ はやさや じゅんじょが、すこし ちがう人(ひと)たちのことを いいます。あることが できるようになるのが みんなより おそかったり、でも べつのことでは、みんなより はやく できるように なったり……。だから「ちょっと、かわってる」と みられやすい人(ひと)たちのことです。

　お医者(いしゃ)さんに「くわしい ようすを しりたいので、やってきてください」と わたされたチェックシート（どんなことが にがてかを さがすために、いろんな にがてが かいてある表(ひょう)のこと）をみて、たちばなさんは、「わるいところ さがしみたい」と きずつきます。たちばなさんの そんなはなしを きいて、「はったつしょうがい」のチェックシートを たくさん あつめてみました。たしかに、どれもこれも、「わるいところ さがし」っぽい……。こうしたシートに、生徒(せいと)を あてはめて かんがえるのは いやだ。そこで保健室(ほけんしつ)で はたらいている わたしたちは、「わるいところ ばっかりじゃない。いいところも いっぱいあるよ」そんなメッセージを つたえられるような、あたらしいチェックシートを つくることにしました。

1.「発達障害」チェックシートを あつめてみたら

① みぢかだった発達障害

　知人のタチバナ・ナミさんからメールがきた。「うちのメイ、やっぱり自閉[1]なんだって。このまえ、診断がでたんだ。で……病院で保護者と担任の先生でやってみてって、評価シートもらってきたの。さっき、やっとやる気になってはじめたんだけど、もう、すごくおちこんできた。なんかメイのわるいとこばっかり、さがしてる気分になるんだよ」という内容だった。私は、「やっぱり～」と深くうなづいてしまった。

　ちょうどその頃、私もまた勤務先で、生徒たちを「発達障害[2]」という枠組みでとらえはじめていた。きっかけは、ひとりの生徒だった。彼は入試の面接で、志望動機を「通学路に坂がないからです」と答えた。私たち教員は、入試の片づけをしながら「ユニークな回答だったな～」「笑いをこらえるの苦労したよね」と、笑っていた。入学後、私は彼に「あのときの回答、おもしろかったよね」と話しかけた。彼は、憮然としていた。まるで怒っているかのように。「えっ？」私は、虚を突かれた気分だった。（彼にとって、あれジョークじゃなかったの!?）それ以来、彼に注目していた。その行動は本にのっている「アスペルガー」兆候そのままであった。「彼だけじゃないかも」そうした視線で、校内全体をみわたしてみると、発達障害的傾向をもつ生徒がたくさんいる。そうなると、同僚の教員に叱られている生徒をみているのが、前より更につらくなった。「あの子、反抗してるんじゃなくて、意味がわかってないんじゃないかな」「提出物を忘れたんじゃなくて、やり方がわからないんじゃないかな」などなど。なんとか同僚に、私の発見をつたえたい。そこで、てあたり次第、発達障害関係のチェックシートをあつめはじめた。しかし……使いたいものがない。そんな中での、タチバナさんからのメールだった。

　「よし、いっそ自分でつくっちゃおう！」そんな気持ちを周囲の養護教諭仲間に話していると、「こんどの夏の研究発表、定時部として、それだそうよ」と提案があった。こうして、発達障害チェックシートをつくるための勉強会「しーとん」がたちあがった。

---

[1] 「社会性」「想像力」「コミュニケーション能力」の３つに困難がある場合、自閉症と診断される。現在では、自閉症スペクトラムという考え方が一般的である。自閉症の種類として、知能のおくれがみられないものを高機能自閉症、その中でも言葉のおくれがみられないものをアスペルガー、３つの困難がそろっていないケースを広汎性発達障害（非定型型自閉症）とよび、強度は違うが自閉症の連続体とする見方である。しかし、スペクトラム内のこうした名称とその特徴のくみあわせについては、医学関係者の間でも合意があるわけではない（内山登紀夫他編『高機能自閉症・アスペルガー入門——正しい理解と対応のために』中央法規、2002年、p.7）。本書では、とくに名称を定めない場合は、「自閉症スペクトラム」の意味で「自閉症」「自閉傾向」という言葉を使用する。

[2] 発達障害とは、通常、LD、ADHD、高機能自閉症によって代表される。しかし、ある個人にみられる特徴は、これらの特徴がさまざまに組みあっていることが多く、専門家にもその判断は容易ではないとされている。また、併症しやすいものとして「行為障害」「うつ病」「トゥレット症候群」「不安障害」「反抗挑戦性障害」「反社会性人格障害」など、さまざまな疾患名があげられている（えじそんくらぶ奈良「ポップコーン」編『親と医師、教師が語るAD/HDの子育て・医療・教育』クリエイツかもがわ、2002年、pp.92-105）。よって本書では、これらの総称として「発達障害」という表記を用いる。

② 既存のチェックシートのなにが問題か

　私の目標は、生徒がやって楽しいチェックシートの作成である。現在、発達障害関係のチェックシートは数おおくでまわっている。そのほとんどが教師や保護者が対象となるこどもを観察して記入するものだ。多くの小・中学校で使用されているものは、2002年に文科省が行った「通常の学級に在籍する特別な教育的支援を必要とする児童生徒に関する全国実態調査[3]」のために作成されたものである。質問は全部で77項目あり、それらが以下のように、大きく3つに分類されている。

　　(1)学習面（「聞く」「話す」「読む」「書く」「計算する」「推論する」）
　　(2)行動面（「不注意」「多動性−衝動性」）
　　(3)行動面（「対人関係やこだわり等」）

　(1)の学習障害的傾向については、「米国の研究者における学習障害（LD）に関するチェックリスト（LDDI）、及び、日本の研究者におけるチェックリスト（LDI）（現在標準化中[4]）を参考にして作成」し、(2)のADHD的傾向に関しては、「米国の研究者によって作成された、ADHDに関するチェックリスト（ADHD-RS）を参考にして作成」し、(3)の高機能自閉症的傾向については、「スウェーデンの研究者によって作成された、高機能自閉症に関するスクリーニング質問紙（ASSQ）を参考にして作成」されたという。

　その他、米国でADHDの権威として知られるコープランドのチェックリスト[5]や、ASQ（自閉症スクリーニング質問紙）[6]などもある。診断用ではあるが、DSM-ⅣやICD-10もある種のチェックシートであり、それらは思春期用に改変されているものもある[7]。また、実際に文字の読み書きを通してスクリーニングするものもある[8]。これ以外にも、インターネットでたとえば「発達障害　スクリーニング」や「アスペルガー　チェック」などと入力して検索すれば、類似のチェックシートはたくさんでてくる。

　これ以上紹介はしないが、こうしたチェックシートを集め、眺めているとあることに気がつく。以下、それぞれのチェックシートから、一部を抜き書きしてみる（数字は、チェックシートの中の番号）。

---

[3]　文部科学省ホームページ http://www.mext.go.jp/b_menu/public/2002/021004c.htm（2007年12月26日現在）参照。なお、現在、さまざまな場面で引用される「特別支援教育の対象は全児童・生徒の6％」という数字は、この調査によるものである。

[4]　LDI (Learning Disabilities Inventory) の略。ホームページ上ではこのような記載になっているが、上野一彦他『LDI──LD判断のための調査票』（日本文化科学社、2005年）のことだと考えられる。

[5]　E.D.コープランド編　田中康雄監修『教師のためのLD・ADHD教育支援マニュアル』明石書店、2004年

[6]　大六一志「自閉症スクリーニング質問紙（ASQ）日本語版の開発」『国立特殊教育総合研究所分室一般研究報告書』2004年、pp.19-34

[7]　DSM-Ⅳはアメリカの精神疾患診断基準であり、ICD-10はWHOが作成した国際疾患分類である。思春期用は田中康雄が「成人におけるADHDの診断の鍵と限界吟味」（『精神科治療学』19巻4号2004年、pp.457-464）において訳出している。

[8]　上野彰他『小学生の読み書きスクリーニング検査──発達性読み書き障害（発達性dyslexia）検出のために』インテルナ出版、2006年

文科省のチェックシート：
　36「指示に従わず、また仕事を最後まで続けない」
　37「学習や活動を順序立ててすることが難しい」
　38「集中して努力しなければならない課題（学校の勉強や宿題等）を避ける」
前述のコープランドのチェックリスト：
　Ⅳ－2「口答えをする」
　Ⅳ－3「社会の一般的な行動規範を無視する」
　Ⅳ－4「『忘れた』という言い訳をする（わざと）」
　Ⅳ－5「頻繁に注目の的になりたがる」
ASQ：
　21.「あなたに食べ物以外の物でもわけてくれましたか？」
　22.「自分の好きな遊びにあなたを誘いましたか？」
　23.「あなたが悲しんだり痛がったりしていると慰めてくれましたか？」

　上記のような文科省やコープランドのチェックシートを、これにあてはまると思うこどもを思い浮かべながらチェックしていったとしたらどうであろうか。よほど発達障害という概念に理解がない限り、その子を「障害がある」と思うよりは、「やっぱり問題な生徒だ」「イヤな子だな」と思ってしまうのではないだろうか。ASQの項目は、他の2つと違って肯定的表現をもちいているが、こどもに自閉傾向があればノーと答えざるをえない。こうした質問が39並んでいるのである。これらにノーとチェックし続けるうちに暗澹たる気持ちになってしまう可能性は高い。発達障害を疑われるこども自身がこれらの項目をみたらどうであろう。自己否定的な気持ちになるのは避けられないのではないか。
　アスペルガーのこどもをもつ母親の書いているブログにもチェックシートがあった。彼女がこどもを理解してもらいたい一心でつくったと思われる「＜アスペルガー＞グレーゾーンのこどものチェック[9]」の一部が下記である。

　　1.自分勝手（学校やクラスのルールを守れない、好きなことだけ熱中する、やりたくない課題はやらない〈徹底的にいや〉、普段と違う日程やルールに合わせない）
　　2.かんしゃくやパニック（やりたいことができないとき、やりたくないことをさせられるとき、自分の言い分が通じないとき、叱られたとき、見通しが立たないとき）
　　3.会話が成り立たない（指示を理解できない、友達とのトラブルがおおい）

　以下、6まで続くが、これに該当する生徒が教室にいると想像すると負担感をもたないだろうか。母親が、こうした否定的側面を強調することで「こどものことをわかって！」と学校

9　「前を向いて歩こう」http://plaza.rakuten.co.jp/pakiranomori/　（2007年12月26日現在）

に訴えているのだ。もちろん、「障害者」は「かわいそう」で「下位」の存在でないと、「配慮」されにくい[10]という現状を母親が知ったうえでの戦略的な項目作りかもしれない。しかし、彼女はブログの中で、「いままでに読んだ本や息子の態度を参考に」と書いている。彼女自身もまた、上記のようなチェックシートをみたり、本を読んだりするうちに、こどもの否定的な側面をもって「障害」と認知するというパターンにはまってしまっている可能性は高い。だとすれば、もし肯定的なチェックシートが存在したならば、彼女はことなる表現のチェックシートを作成したかもしれないのだ。

こうしたことを回避するために、不得意なことが客観視できたら、得意なことも発見できるようなチェックシートをつくりたいと考えたのである。

③ 必要悪としてのチェックシート

発達障害を対象とする特別支援教育のテキスト[11]には、個々のこどもの「行動観察」がもっとも重要だと書かれている。小学校教員の岡崎勝[12]は「現在のように、多種多様な障害名が、並列ではなく、交錯しているような現状では、はっきりいうと『だからなんなんだ！』と言いたい気分だ」と言い、「ADHDであろうとなんであろうと、『手のかかる子』には、注意を向け、じっくりとつきあうようにするという原則がある」と結論づける。個々のこどもを観察し、相手の顔をみながら配慮する。これが教員に必要な資質であることはまちがいないであろう。本来的に、チェックシートは不必要なものだ。しかし、個々の生徒の特性を経験的／直感的に把握し、教育場面で活用できる教員は数少ないのではないだろうか。前述の岡崎がそう言い切る背景には、発達障害に対する知識も含めた勉強の蓄積と、そもそも教室から排除される生徒をうまない、どんな生徒も集団内でおりあいをつけ居場所をみつけられるよう導くというはっきりした「教育哲学」がある[13]。

教員の中には、「発達障害？　そんなの関係ない」「診断書があるなら考える」「みりゃ、わかる」と関心をむけないものも存在する。彼らに対して、既存のチェックシートを渡すのはどうであろうか。「やはり問題生徒だ」との確信を深めさせるだけではないか。また、同僚がチェックし「診断書はなくても、チェックシートでこんな傾向がみられた」と報告しても、恣意的な情報だとうけとめられるだけかもしれない。むろん、こうした教員に「発達障害の勉強をしてください」と本を手渡す方法もある。障害者基本法などをつきつけ正論を戦わす方法もある。しかし、これらは彼らの反発を招くだけにおわる危険性がたかい。しかも、目

10　ハーラン・レイン（長瀬修訳『善意の仮面――聴能主義とろう文化の闘い』現代書館、2007 年、p.31）は、「障害者は障害者であることを期待されている。自らの役割を認め、私たちが造り上げる表象に従うことを求められている。その見返りに、娼婦、麻薬中毒者、不良という悪の部類ではなく、病人の部類に入れてもらえる。病人や損傷を持つ者なら私たちに寛容さを要求することができる。そして私たちからの『合理的配慮』、私たちの共感、私たちの助けすらも要求できる」と書く。

11　特別支援教育士資格認定協会編『S.E.N.S 養成セミナー　特別支援教育の理論と実践Ⅰ概論・アセスメント』金剛出版、2007 年、pp.90-92

12　岡崎勝「ADHD とどう向き合うか――教員の立場から」『そだちの科学』6 号、2006 年、pp.56-61

13　岡崎の著作はおおい。ジャパンマシニスト社発行の『おそい・はやい』（通称「お・は」）の編集人もつとめている。

前にいるのは、発達障害的な要素をもっているにもかかわらず、高校生になるまで放置されてきた生徒である。彼らの多くがこれまで「問題児」扱いされ、それに対抗する行動様式を学んでいる。「ふつう」の意味で「かわいい」生徒では、まずない。

こうした場面で、自記入式のチェックシートがあれば「先生のクラスのＡくん、こんなことが苦手みたいです。だから遅刻がおおいのかもしれませんね」と話しかけることができるのではないか。発達障害の子に特有な遅刻のメカニズム（自閉傾向のこどもは空間移動に負担を感じることがおおいため、遅刻してきて遅くまで居残るというパターンになりやすい）を説明する、さらには、他の得意項目とてらしあわせて「でも、一つのところにいるのは苦痛じゃないのですから、文化祭のときに店番とか頼むとしっかりやってくれるかもしれませんね」と有能な部分のアピールができるような環境を準備することも可能ではないか。そうした期待をチェックシートにはこめている。なぜなら、「発達障害」に関心はなくとも、個々の生徒に関心をもたない教師はほとんどおらず、よって生徒自身が記入したものを無視することができる教師は皆無にちかいからである。正攻法で攻めずに、個々の教員がうけいれやすい文脈にそって生徒の特徴を説明していく。それが結果的に「発達障害」の理解につながり、個々の生徒との相互理解をうながすための「戦略」となるのではないだろうか。

④「自分、再発見！」

チェックシートの名称は、よって「得意・不得意チェックシート」とか「自分、再発見！」というようなニュートラルなものにしたい。たとえば、左側をＡ群、右側をＢ群とし、Ａ群に不得意な項目、Ｂ群には得意な項目を、内容を対応させて並べる。教員はＡ群から発達障害的要素を把握できる。Ｂ群を用いて、生徒や保護者との会話のきっかけをつくれる。また、左右の項目を対象におくことで、「不得意なこと」と「得意なこと」は共通していることを視覚的に理解させたい。たとえば、「多動」は「活発」、「注意力散漫」は「好奇心旺盛」、「局所的な関心」は「研究的態度」というように、短所は決して短所のままではなく、うけとめかたや場面がかわれば、長所であることを実感してもらいたい。たとえば、授業中に板書をうつすときに「注意力散漫」と叱られるその傾向は、創作場面では「好奇心旺盛なアイデアマン」として賞賛されるものと同じものであることに気づいてもらうのだ。これは、結果的にTPOの学習にも、認知転換の学習にもつながっていくであろう。このチェックシートの目的は、むろん効果的な学習支援をおこなうための基礎資料として活用することにあるが、その学習支援の実践のなかで、生徒が自己評価をたかめつつ、その「ちょっとかわった」性癖を集団の中にどうくみこんでいくか、どんなバランスが適切かを学んでいくことが重要な課題であると考えている。

⑤ なかまの反応

こうしたことを、今後のタイムスケジュールや必読書の紹介とともに、チーム「しーとん」に送付した。「おもしろそう」「やりましょう」という返事とともに、「でも、この『発達障害チェックではない』ってとこが気になる」「やっぱり個々の障害への対応マニュアルも必要

では」といった質問もかえってきた。(チェックシートで分類することで、かえって個々の生徒を見失う可能性がでてくる。マニュアルがあると安心なだけに、個々人への対応の工夫がおろそかになっても……)などの思いが去来した。この質問にどうこたえをだすかが、このチェックシートを作成するにあたりもっとも重要な点となる。十分な議論をつくし、納得したうえで先にすすみたい。それには、まず個々の養護教諭が「発達障害」をどう捉えるか、自らのスタンスを明確にし、把握することが必要であろうと考えた。そのためには比較対象物があったほうが考えやすいのではないか。そうした思いから、チェックシートの素案を検討するまえに、私の発達障害観をまず提示し、そこから議論を深めようと思いたった。

　タチバナさんには、こんな返事をかいた。「やっぱり、そうだよね。私もそう思って、いろいろさがしてみたけど、いまのところ『不適応さがし』じゃない評価シートって、みあたらなかった。だから、有志の養護教諭仲間で、一緒にあたらしいシートづくりにチャレンジしてみることに！　まっててね」

2.「発達障害」を かんがえる わくぐみ
（「はったつしょうがい」を どうやって かんがえたら いいのでしょう）

　「しょうがい」（からだの どこかに、「かわったところ」が あること）を もっているからといって、「ふつう」の人より だめな人、みたいに あつかわれるのは かなしい。「だったら、『ふつう』になれるように、がんばれば いい」って？　たしかに、こうした かんがえかたをする人は、いまも おおいかもしれません。でも「そんなの おかしい」と、かんがえた人たちも います。「しょうがい」をもたない人は、がんばったり、がんばらなかったり できます。でも、「しょうがい」をもつ人たちは、いつも すごく がんばらないと、世の中で、おいてきぼりに されてしまいます。それは、ちょっと しんどすぎる。そんなに がんばらなくても、「ふつう」に 生活できるような 世の中にするのが、わたしたち みんなの 責任じゃないかと かんがえたのです。そんな人たちが、「障害学」という もののみかたを うみだしました。

　わたしたちのつくる チェックシートは、この「障害学」から まなんでいきます。「はったつしょうがい」とされる人の おおくが、「おちつきが ない」「ひとの きもちが わからない」「字が きたない」などの とくちょうが 欠点だと おもわれています。でも、「おちつきが ない」のは、「元気で、よく うごく」ってことです。「ひとの きもちが わからない」ってことは、「かってに ひとの きもちを きめつけない」ってことに つながります。そう かんがえたら、かれらのことが すきに なりませんか？「字が きたない」のは、みんなが「てがきをする」ことに きまっているから めだって しまうのです。パソコンの キーボードを たたくのは、とくいかも しれません。

　こんなふうに 欠点を「いや、あれは いいところだよ」と みなおしたり、「この方法だと にがてかもしれないけど、こっちの方法なら かんたんにできる」なんて ほかの方法を みつけたりする きっかけになるようなシートを つくっていきたいのです。

2.「発達障害」を考えるわくぐみ

① 障害異質観

　タチバナ・ナミさんから「泣けた」というメールがきた。「自分では、これまで障害差別なんてしていないとおもっていたし、自分の子に障害があっても全然ＯＫっておもってきたけど、メイが『自閉症の一種です』ってお医者さんに言われて、ショックだったんだ。で、ショックうけてる自分に、またショックうけて……。今日、職場で『最近、元気ないけど大丈夫？』ってきかれて、泣いちゃったんだよね。『メイが、自閉ってわかったんだけど、それがわかってショックうけてる自分もいやなの』って。みんな『そんなの当然だよ』『ねぇ、犯罪とかにまきこまれたりするんでしょ[1]。おどろいてあたりまえ』『ばか、なにいってんの。いいじゃん、かっこいいよ。だって天才はアスペルガーってうわさ、よくあるじゃん。アインシュタインとか。将来有望だよ』とか、口々にいうの。みんな、なぐさめようとしてくれてるのは、わかるんだけど……なんか違うんだよ。私が、求めていた言葉じゃなかった。すごくいやな気持ちになった。かえす言葉をさがしてたとき、こういってくれた人がいたんだよ。『そうなんだ。これから、たいへんかもしれないけど、大丈夫。メイちゃん、タチバナさんがおかあさんで、よかったよね。自閉の子には、最高のシチュエーションかも』って。すごく、うれしかった。ほんとに、声あげて泣いちゃった」という内容であった。

　私は、この話に考えこんでしまった。周囲の人たちの心配や励ましの表出方法は、私たち教員も選択しがちなものに思えたからである。この「犯罪」や「天才」にむすびつける、「ショックを当然視する」といった思考は、「ふつう」からのきりはなしが根底にないとうまれないのではないだろうか。その言葉が善意からのものであれ、根底には「障害異質観」とでもよべる感覚をもっているのであろう。タチバナさんが傷ついたのは、メイくんを「異質なもの」と判断されてしまったことに対してだと推測できる。ゆえに、その後の「たいへんだろうけど、大丈夫」という「ありうること」として受容されたことに対し、安堵したのではないか。

　日本で、「多動児（のちの ADHD）」という言葉が、マスコミに登場したのは 1990 年代後半、「学級崩壊」の原因としてであっただろう[2]。こうした報道は、「多動児」を有責とみなし排除するという構図に結びつけられやすかった。そのためか、「多動児を障害として理解せよ」といった論調の新聞記事などがみられるようになる[3]。2002 年には、「障害者基本計画」の基本方針として「学習障害、注意欠陥／多動性障害、自閉症などについて教育的支援を行うなど教育・療育に特別のニーズのあるこどもについて適切に対応する」ことが閣議決定される。以後、文科省は、「特別支援教育」の普及、とくに発達障害への対応の強化を教員に求めるようになった。これは、発達障害児をもつ保護者や彼らに関わる医療者の強い要望の成果とも

---

[1]　近年、ある事件の犯人が実は「アスペルガー」であったとする記事が散見されるようになった。確かに「アスペルガー」ゆえにいじめをうける、その見返りに犯罪をおかすというケースも存在するではあろうが、アスペルガーゆえに犯罪者になるわけでは、当然ない。犯罪者が「発達障害」とされたさまざまな事件の背景を丁寧におい、マスコミ的理解を打破しようとするものに高岡健『「発達障害」は少年事件を引き起こさない』（明石書店、2009 年）がある。
[2]　石川憲彦「学級崩壊と ADHD」高岡健編『学校の崩壊――学校という＜異空間＞の病理』批評社、2002 年
[3]　たとえば、日本経済新聞 1999 年 3 月 28 日付け記事「学習障害や注意欠陥の子ども、学級崩壊の引き金に」がある。

言えるかもしれない。自分のこどもが不適応をおこしていることの原因を「育て方」や「その子の特質」ではなく「障害」として認めてほしい、「問題をおこす子」は「問題をかかえた子」[4]、「わがまま」ではなく「傷を持つ」子[5]と認知転換してほしい、そのうえで適切な配慮をしてほしい、というのが、保護者や医療者の学校に対する要望である。

この「問題のあるこども」としての「多動児」から、「障害をもつこども」としての「発達障害」へのパラダイムシフトは、学校における当該児を排除／叱責の対象から除外することに貢献したが、「特別扱い」が必要な「異質な存在」としての居場所を提供してしまった観がある。「ふつう」のこどもとして叱責されることと、「異質な存在」として配慮されることの、はたしてどちらが当該児にとって幸せなことなのであろうか。いや、そもそも「多動児」が「多動児」として際だってしまう原因は、現代社会が「多動」をうけいれにくい社会になっていることにあるという事実[6]を考慮すると、「発達障害」とは、ほんとうに「障害」なのだろうかという疑念が生じる。しかし、この問いが成立するためには、「障害」と規定されるものの存在が必要である。では、この「障害」とはなんであろうか。

②「障害」のかんがえ方

「障害」は従来、健常者とくに医療者によって個人的な問題とみなされ、障害者は本人あるいはその家族によって「人並み」になることを努力すべき存在と位置づけられてきた。基本的に、障害者は弱音をはいたり、提供される援助に異議申し立てをしたりすることは許されてこなかった。1960年代後半以降、「青い芝の会」にみられるような障害当事者運動がおこる。具体的には、「介護者は保護者としてではなく手足として動いてほしい」という主張や、施設入所を否定し、自立生活支援を要求する運動にみられるような「障害者の主体性を尊重しろ」というものである。

1980年代には、イギリスやアメリカなどで「障害学（Disability Studies）」が誕生する。「障害」とは、ある「機能障害（impairment）」をもつものが、そのために「活動能力低下（disability）」におちいり、「社会的に不利（handicap）」な立場におかれた状態であると一般的には考えられている。よって、「機能障害」に対し、「治療」や「援助」をうけて、活動能力を向上させ「社会的不利」を払拭すべく努力することが、障害者に求められてきた。これを「個人モデル」（「医療モデル」）と名付け、異議申し立てをおこなったのが「障害学」である。問題は、「機能障害」の有無にはなく、ある個人が「活動能力低下」におちいってし

---

[4] 河合隼雄『心理療法序説』岩波書店、1992年
[5] 大河原美以『怒りをコントロールできない子の理解と援助』金子書房、2004年
[6] たとえば、ある精神科医はADHDのことをこうのべる。「社会がもっとおおらかで、きちんとすることが求められない時代にあっては、こうした症状はほとんど問題にされず、その人の人柄の一部として受け入れられたに違いない。管理社会になり、成果主義が横行する時代になってこれらが『障害』として析出してきたのだと考えられる」（市橋秀夫「成人におけるADD, ADHD――私の治療手技」『精神科治療』19（5）、2004年、pp.547-552）。また、他の精神科医は、自閉症をこのように述べている。「自閉症概念は学問的存在基盤を喪失しながら、ある一群のこども達を一まとめにして、自閉症というラベルを付与し、析出する構造が社会的に存在するが故に、生きながらえているのである」（小澤勲『自閉症とは何か』洋泉社、2007年、p.557）。

まうような状態を放置している社会、さらにその状態を「社会的に不利」な立場におとしこんでいる社会——行政だけでなく、社会の構成員全体——にあると提起した[7]。これを「社会モデル」とよぶ。しかし、このモデルもやはり「正常」を強いるものではないかという批判がおこり、「ありのままを認め、受け入れてもらいたい」「障害者には障害者の文化があるのだ[8]」という「障害の文化」(「文化モデル」)を主張するものが出現した。むろん「社会モデル」「文化モデル」が、「障害」の捉え方の理想というわけではない[9]。しかし、障害を「個人の責任」「障害者は『健常者』にちかづくべき人」という従来の認識に対して、「社会の責任」や、「障害者」と「健常者」の「対等性」をうちだした功績はおおきい。

以下、「個人モデル」「社会モデル」の具体例を紹介しよう。たとえば、イギリス障害学の指導者的存在であるオリバーは、1986年の国勢調査の設問項目が「個人モデル」に依拠しており、それがいかに抑圧的かを指摘し、「社会モデル」において書くべき模範を示している。以下、2つ例示する[10]。

　　国「他の人が話すのを理解できないのは、あなたの聴覚に問題があるからですか？」
　　オ「他の人が話すのを理解できないのは、他の人があなたとコミュニケーションをとる
　　　　能力をもたないからですか？」

　　国「あなたは、日常生活に支障をきたす傷跡や欠点や障害がありますか？」
　　オ「あなたの傷跡や欠点や障害に対する人々の反応が、あなたの日常生活を制約してい
　　　　ますか？」

次は、障害者自身の言葉を紹介する。脳性マヒ者であり「青い芝の会」の代表者であった横塚晃一[11]が1972年労働組合側に施設が必要かと問われたときに書いた文章であり、「社会モデル」を思い起こさせる。

　　「施設は本来、人間の生活形態としては不自然なものだ。にも拘わらず、施設がないと困

7　たとえば、盲ろうの福島智は、『渡辺荘の宇宙人——指点字で交信する日々』(素朴社、1995年)のなかで、全盲の状態から盲ろうへと移行した当時、指点字というコミュニケーションスタイルを発見するまでとその後では世界観がおおきく異なったこと、外出スキル(自身の処し方や外出介助をしてくれる友人やボランティアの集め方など)の有無が精神状態に大きく関わることなどをかいている。ここからも、どのような「社会的に不利」な立場におかれるかは、ただ単に「機能障害」の状態だけではきまらないことがわかる。

8　手話を中心に独自のコミュニケーションをとる「ろう文化」の主張が有名だが、自閉症者たちのメーリングリストにも独自の文化があるという報告もある(ニキリンコ「所属変更あるいは汚名返上としての中途診断」石川准、倉本智明編『障害学の主張』明石書店、2002年、p.192)。

9　「社会モデル」に対する議論を、とくに「機能障害」を丁寧におうものに、杉野昭博『障害学——理論形成と射程』東京大学出版会、2007年)がある。

10　マイケル・オリバー(三島亜紀子他訳)『障害の政治——イギリス障害学の原点』明石書店、2006年、p.29

11　横塚晃一『母よ！殺すな』生活書院、2007年、p.32

る人(「殆どの場合、障害児をもつ父兄」をさす)がいるということは施設そのものが必要悪だということである。悪であるならば、それをいかに少なくするか、その弊害をいかにカバーするかという問題につきあたる筈である」

また、下記の文章は、「文化モデル」の主張に通じる[12]。

「私達障害者の間でどうしたら理解して貰えるかとか、そんなこといったら理解して貰えなくなるとかいう言葉をよく聞くのですが、これ程主体性のない生き方があるでしょうか。大体この世の中において四六時中理解してもらおうと生きている人がいるのでしょうか。(中略)私達脳性マヒ者には、他の人にない独特のものがあることに気づかなければなりません。そして、その独特な考え方なり物の見方なりを集積してそこに私達の世界をつくり世に問うことができたならば、これこそ本当の自己主張ではないでしょうか」

1970年代に、障害当事者はすでに研究者に先んじて、このような主張を展開していた。しかし、30年以上へた現在においても、こうした考え方が社会一般に広まっているとはいえない。

③ 学校における「障害」とは

さて、上記の「障害学」の考え方に照合すれば、「障害」とは、なんら本質的なものではなく、社会が構成したものであるということができる。通常、個々人の「機能障害」に着目し、それがあるがゆえに「障害者」とする。しかし、実際には、個々人の「機能」のありようが、社会的条件によっては「障害」となってしまう。つまり、「(社会的な)構造障害」の立場におかれている人が「障害者」となっている。では、さきのオリバーや横塚の視点で、学校に存在する「障害」をさがしてみたい。

たとえば、「郷に入っては郷に従え」ということわざがある。私たちが日常的に選択している行動規範であろう。学校はまさにこれを体現しており、「入学したら、校風に従え」といいかえることも可能かもしれない。これは通常、生徒だけではなく、転・新任の教職員にも求められる態度であり、「同化」とよばれる現象である。明文化された校則はもちろん、暗黙のルールを把握する能力にたける人にとっては、「同化」は苦痛ではないだろう。しかし、日本の学校文化になじまない人はもちろん、KYな(いわゆる「空気がよめない」)人にとっては、慣れるまでには精神的・肉体的にかなりの負担となる。通常、学校の成員はそれには同情しない。むしろKYな人により強い「同化圧力」をかける。たとえば、新任者がいきなり自分のやり方を通そうとしたとき、転任者が前の勤務先のやり方と比較してばかりいるとき、少なからずの教員に彼らを矯正／排除したいという気持ちが生じるのではないであろうか。

---
12 同、p.66

マイノリティの人たちにとって、この「同化圧力」は、強烈な「障害」となっていると推測できる。石川准[13]は、こうした現象を「同化には統合で報いるが、異化には排除で応じるという図式は既定の事実として語られる。それはある種、社会と個人が取り交わした契約のように感じられている」とのべる。そして「この図式を額面どおり信じ、人並みに統合を欲する障害者は、同化、克服による統合、平等をめざす。しばしば克服のための努力や犠牲は途方もないものとなる」と。

　しかし、現実社会において、その同化への努力を評価する基準は恣意的だ。これは、たとえば生徒指導上問題とされた生徒が「反省しました」と謝罪し、教員が「まだだめだ」と押し切るときの、その基準のあいまいさを想定するとわかりやすいかもしれない。「逆ギレ」する生徒もいるだろうし、「どこがだめなんだろう」と自己否定的になる生徒もいるだろう。端から見ている他の教員にすらなにが「たりない」のか理解できないこともある。こうした場合、教員の求める「反省」の態度と生徒が想定する「反省」の示し方にくい違いがおこっていることが多いが、生徒が教員にその説明を求めることはほとんどなく、かりにたずねても「自分で考えろ」といっそう叱責されるだけである。生徒の側が「察する」のが当然、あるいは「察する」ことができてはじめて「反省」（＝「同化」）したと考える教員がおおいことに起因する。これは、学校（とくに職員室）内では教員がマジョリティであり生徒より権力をもっている、あるいは教員の判断はつねに生徒より正しいという仮定のもとに成立している現象である。これと同じことが、実は、日常的に「マジョリティ」と「マイノリティ」の間でおこっているのだ。

　こうした状況を整理するために、石川[14]はさらに、A「同化＆統合」、B「異化＆統合」、C「異化＆排除」、D「同化＆排除」という4つの枠組みを提示する。そして、社会が同化主義的ならばA「同化＆統合」とC「異化＆排除」の2つの枠ぐみに、もし社会が差別主義的ならばC「異化＆排除」かD「同化＆排除」に障害者（マイノリティ）はくみこまれることになる。どちらのあり方にしろマジョリティの位置は揺れない。それを不合理だと考える石川は、次のような状態をめざすことを提案する。「C『異化＆排除』にあまんじずに、またA『同化＆統合』を望むのでもない道、D『同化＆排除』からB『異化＆統合』をめざし続ける道、どちらかに生き方を純化しないという戦略」である。つまり、これは障害者自身の克服を一方的に求めるのではなく、「構造障害」を解消するバリアフリーな社会をマジョリティとともにめざす一方で、「機能障害」ゆえにもつ特性とその人たち固有の「文化」をマジョリティ、マイノリティともに認めていこうという提案である。

④ 発達障害の生徒と日常をともにする

　発達障害にたちもどろう。発達障害は、既存の学校制度のわくぐみからはずれる言動がめ

13　石川准「ディスアビリティの削減、インペアメントの変換」石川准、倉本智明編『障害学の主張』明石書店、2002年、pp.35-41
14　同、p.36

だつために「障害」とみなされている。現在の学校では、その発達障害のこどもを既存の制度に「同化」させ、一般の生徒と同様な水準にすることに目標がおかれがちである。あるいは発達障害のこどもであっても「特別扱いはよくない」という「平等観」のもと、特別（必要）な配慮がなにもなされずに放置／排除されている。

　では、こうした中で、養護教諭にできることはなにか。それは発達障害のこどもと教師のあいだの通訳者になることではないだろうか。医療者の中には、高岡健[15]のように「教師に対する調査結果は、実際の障害者数よりもはるかに大きな数字となってあらわれることが知られています。なぜなら、そこでは教師の指導方法の拙劣さや、適切でない学校運営の影響が無視され、すべてがこどもの問題としてカウントされるからです」と述べ、正しい発達障害概念の理解と普及を訴えるものもいる。たしかに、教師が、単におちつきがなかったり、家庭的な問題を抱えて一時的に不安定になったりしているこどもをカウントしてしまっているという側面もあるだろう。しかし、先の「障害学」的観点を考慮にいれれば、教師が学校制度の枠組みからはずれていると考える生徒を「発達障害」とカウントすることは、ある意味、妥当なのかもしれない。もちろん、「妥当」であると認定するためには、その後のフォロー、つまり「はずれている」から「障害者」とレッテルをはって放置したり、排除したりする対象にするのではなく、「はずれている」から「はずれなくてすむ方法」を生徒とともに考えるという態度がセットになっている必要がある。

　ある大学のコーディネーター[16]は次のように書いている。「現在の主な仕事は、学習障害の特質について同僚たちに説明し、教授や大学側に受け入れられるような方法、理解される方法によって、学習障害のある学生の『活動可能なレベル』を広げていくことにある。そこには学生たちに対して、法的および倫理的責任を果たすことも含まれる」とし、同僚に学習障害のある学生に対する学校組織の法的な責任を説明するのが、もっともやりがいのある仕事だとしている。養護教諭に求められているのも、これと同じ仕事ではないか。

　発達障害という現象を学び、ラディカルに考察すること。その特質を同僚に伝えること。そして、生徒に集団内での位置が確保できる程度の「同化」を求めるとともに「異化」も尊重すること。つまり、彼らに「一般的」なコミュニケーションの方法や人との関わり方、授業の受け方、提出物の出し方などを教える一方で、彼らから彼ら独自のコミュニケーションのとりかたや人との関わり方を学び、こちらがあわせていく努力をすることも必要となる。これが「社会＆文化モデル」の実践となるであろう。

　根底には、上述した高岡が指摘するように、教員の側が学校制度というものを絶対視しない、自分の実践を反省的にふりかえるという視点が必要かもしれない。生徒は「教える」だけの対象ではなく、こちらが「教えられる」対象でもあること、つまり、双方向につねに開いていることが必要なのである。それには、「支援」「援助」という立場よりも「通訳」とし

15　高岡健「自閉症スペクトラム入門」高岡健、岡村達也『自閉症スペクトラム　浅草事件の検証──自閉症と裁判』批評社、2005 年、p.27
16　B.M. ホッジ、J. プレストン–サビン（太田晴康監訳）『障害のある学生を支える　教員の体験談を通じて教育機関の役割を探る』文理閣、2006 年、p.10

ての立ち位置がふさわしいと考える。さらに、コミュニケーションという観点からも「通訳」は実質的に必要だ。福島智は自身の盲ろうの状態からコミュニケーションには、「感覚的情報」が不可欠だと指摘する[17]。「感覚的情報」とは、「相手の表情や声の調子、またそもそもだれが発言しているのかなど」の情報のことをさす。そしてこれがないと、「本当の意図など『文脈』もわからないし、コミュニケーションが成立しない。通訳という支援によってそれを取り戻し、再生する」ことができるという。発達障害児、とくに自閉傾向のこどもや他者の言動に注意をはらえないタイプのこどもも、やはりこの「感覚的情報」をうまく収集できていないことがおおい。それゆえに、周囲の人と軋轢が生じたり、集団の中での居場所をみつけにくかったりしている。こうした生徒たちに、「感覚的情報」を提供しながら、その情報収集のポイントを解説し、スキルとしてみにつけられるよう援助する。一方で、周囲の人には、彼らが、どのように「感覚的情報」をえられないか、そのためどんな困難におちいりやすいのかといった状況説明をすることが必要である。これを可能にするためにも、やはり両者の「かけ橋」的存在として「通訳」というスタンスは、重要ではないか。

　タチバナさんには、こんな返事をかいた。「そっか〜。むずかしいよね。でも、周囲のことばがけがどうであれ、自閉のこどもが『かわっている』とみなされやすいことは、たしかだとおもう。『かわって』いようと、なかろうと、全員の居場所があるような社会をめざしたいよね。そのためにも、その『かわっている』ってなにと比べての評価なんだろうとか、自分たちの『常識』とか『規範』をうたがってみるってことも大切かも。これから、また一緒にかんがえていこうよ」

17　生井久美子『ゆびさきの宇宙──福島智・盲ろうを生きて』岩波書店、2009年、p.185f.

3 特別あつかいと差別観
（なにを「ひどいこと」と かんがえるかで、わたしたちの たいどは かわります）

　学校では、「区別しなければ、差別はない。だから、区別しては いけない」ということを よくいいます。「区別」とは、人とは ちがったところを みつけるということ、「差別」とは、「いじめる」にちかい 意味です。この言葉を つかって いいかえてみると、「人と ちがったところを みつけなければ、いじめはない。だから、ちがったところさがしは してはいけない」ということに なります。これ、ほんとうでしょうか。

　わたしたちが「この人は ○○ちゃん」と いいあてることが できるのは、ほかの人と ちがっているところを しっているからですよね。人は、いつのまにか、「ちがうところさがし」をしています。それなのに、それに きづかなかったふりを するなんて……。ほんとうに してはいけないことは、「ちがうところさがし」ではなく、みつけた「ちがうところ」を「いじめ」のネタに つかうことでは ないでしょうか。

　だったら「ここが ちがうよね」って みつけたときは、もう一歩 ふみこんで「○○ちゃんは、こんなところが いいところ」って、いっしょに さがす。「わたしは、こんなことが、にがてだよ」って、○○ちゃんと いっしょに みつける。そして「にがてなことを できるようにするには、どうしたらいいかな？」って やっぱり、いっしょに かんがえてみる。そんなことが できたら すてきだなと おもうのです。はじめの 言葉を つかえば、「区別して 差別しない」ことが 大切です。

3. 特別扱いと差別観

① 特別扱いできません？

タチバナ・ナミさんから「クレーマーなわたし」という件名のメールがおくられてきた。息子のメイくんのかよう学校に「アスペルガーと診断されました」と相談にいったところ、担任は教頭、教務主任、特別支援教室の教員、養護教諭とともに待っていてくれ、好意的に対応を考えてくれたそうだ。ところが帰ろうとしたとき校長に「おかあさん、『特別扱い』は学校という組織上できないのでね。まぁ、みんなと一緒のようにできることを目標にせず、あきらめるところはあきらめて、無理のないようやっていきましょう[1]」と言われたそうだ。それまで感謝の気持ちでいっぱいだっただけに、タチバナさんのうけた衝撃はおおきかったという。「それは、どういう意味ですか？ メイには教育を放棄するという宣言ですか？」とつめよった。「放棄するなどとは、いっていません。『特別扱いできません』と言っているだけです。おかあさんもわかるでしょ？ いろんな生徒がいるんです。ひとりだけ、甘やかすわけには……それに、息子さんにとっても周囲のこどもに『特別扱い』されているとみられるとつらいとおもいますよ」「周囲のこどもがそうした見方をしないように説明するのが、先生方の仕事じゃないんですか！ それに甘やかすって、私は甘やかしてほしいわけじゃありません。特別な支援を……」そこで、言葉につまったタチバナさんは、「とにかく、よろしくおねがいします」とだけ言って帰ってきたそうだ。

メールは、「これで私、学校でもクレーマーだよ。でも、甘やかしてほしいわけじゃない。特別な支援をしてほしい。でも、『特別な支援』と『特別扱い』って、そのちがいが一言で説明できなかった。なんて言ったらよかったんだろう」と続いていた。「私は、メイがみんなと同じようにできることを望んでるわけじゃないよ。彼がみんなと同じ作業にとりくむのに、必要な条件をそろえてほしいと思ってるんだよね。たとえば、教室で『運動会の絵を描きましょう』というとき、『メイくんはかかなくていいよ』なんて言うのはメイが学習に参加するのを拒否してるとしか思えない。メイに指示がきこえてないならわかるように伝えてやってほしい、クレヨンのべたべた感をいやがるなら、色鉛筆を使うことを許可してやってほしい。それって『特別扱い』にみえるかもしれないけど、でもこれが文科省がいってる『特別支援』『ひとりひとりの教育的ニーズをみたす』教育ってことじゃないの？ それを『ひいきだ』っていう生徒がいたら、先生が理由を説明してほしい。私はメイの障害のことははなしてくれていいっていってるんだから」と。

② 理想の教師像

たしかに学校という場で、教師は「特別扱いする先生」と呼ばれるのを非常にきらう。「特別扱い」に該当しそうな行為をすることにはつねに慎重である。反対に「誰にでもわけへだ

---

[1] この校長の言葉を「不誠実」ととらえることも難しい（タイミングの問題はおおいにあるが）。たとえば、浜田寿美男（『「私」をめぐる冒険——「私」が「私」であることが揺らぐ場所から』洋泉社、2005年、p.88）は「高すぎる不可視のハードルがあるときには、断念がなければ、相手を肯定したり、相手の居場所を認めたりすることができません」という。なにをあきらめ、なにをあきらめないか、特別扱いとはなにで、特別支援とはなにか、こうした具体的な内容の検討は、別におこなう。

てなく接する先生」という評価は、おおくの教師にとって、また生徒やその保護者にとってもこのましいものと考えられている。こうした教師像はいつから形成されたのであろう。

　苅谷剛彦[2]によれば、1950年代、習熟度別クラス編成や勉強のおくれがちな生徒を残しての補習授業は一般的に行われていたという。学力の低い生徒たちには特別な学習支援が必要だと考える教師が多かったためだ。当時、学力と「家庭の経済的要因、階層性、地域社会の封建制、封建遺制など」との密接な関係は教師たちにとって自明のことであった（よわいところに手あつい[3]教師が理想だったかもしれない）。ところが60年代にはいると、「クラス間の差異を是正[4]することが『平等』」だという意見が教師たちからだされる。実際、全国教育研究集会などでは、学力がひくいクラスや「就職組」の生徒は貧困にさらされている率がたかいことから引け目を感じている、また「学力による序列化」は生徒の劣等感をうみだしている、これらが「『勉学意欲』や生活態度にまで影響している」といった内容の報告がなされるようになった。こうした流れは1963年の経済審議会による「能力主義の徹底」という主張と、それをうけた文部省が「適性検査や能力発見研究」を推奨したことで決定的になる。日本教職員組合（日教組）は「すべてのこどもは無限の能力の可能性をひめており、それを引き出すのが教育である。よって、能力による線引きは差別的である」と主張して文部省と対立した[5]。これが先の「能力別クラス編成は差別である」という言説と結びつき、さらに「生徒に差別感をもたせるような教育は差別教育である」という主張につながり、「特定の生徒への補習は差別教育につながっている」という批判がなされるようになる。結果的に「生徒をわけ隔てなく同じように扱うことが、差別感をうまない『平等教育』」という考え方が主流になり、「教育の形式的な均一化」がすすんだ。以上が、苅谷の教育の平等観史の概略である。

　その後、時代は「一億総中流社会[6]」と呼ばれた時代へと突入、すべての人の生活状況が改善されたと信じられ、日本国内に貧困家庭はないかのような言説がうまれる[7]。こうして、個々の生徒の背景に注目することは、教師にとってさらにタブーとなっていく[8]。

2　苅谷剛彦『大衆教育社会のゆくえ――学歴主義と平等神話の戦後史』中公新書、1995年、pp.153-197
3　これは「初期条件を調整する」とも言い換え可能である。こうした平等観に基づく実践としては、アメリカにおけるヘッドスタート（経済的貧困層に対しての就学前の学習支援など）が有名である。
4　「進学組」と「就職組」、「低学力組」と「高学力組」、「普通科」と「職業科」といったクラス間に差異のある編成をやめ、ランダムなクラス編成へとかえることを是正と考えた。
5　実際には、経済審議会が提案したのは「多元的能力」であったが、当時のほとんどの教員は学力のみによる「一元的能力」だとうけとめ、批判したという。
6　佐藤俊樹『不平等社会日本――さよなら総中流』（中公新書、2000年）によれば、高度経済成長期には、誰もが「より豊かな」生活を入手できたために上昇気分を共有できたが、現実には階層間の変動はなかったという。
7　貧困の現状については、青木紀編『現代日本の「みえない」貧困――生活保護受給母子世帯の現実』（明石書店、2003年）に詳しい。カウンセリングでは救えないこどもたちの存在を身近に感じられる。
8　この1960年代の「能力で生徒をわぎりにさせない」という教師たちの思いが、「こどもたちの能力は平等である」と彼らに主張させた。しかし、これが「教育すれば、生徒がそれにこたえれば、能力はのびる」、「生まれは関係ない、誰でも努力すれば百点とれる」に、ついには「能力が高くないのは、本人が努力しないからだ」という言説にむすびついていく（苅谷、前掲書参照）。能力が努力の成果とみなせるかいなかについては、別に論じる。

③ 区別と差別

　現在でも教師が個々の生徒の生活背景を「詮索」することは表向き禁じられている。たとえば定時制高校には、貧困家庭や外国籍の生徒が入学してくることもおおい。そうした生徒に対して、カウンセリングは無力にひとしい。必要なのは、社会福祉の活用知識であったり、求人広告の見方のノウハウであったりする。しかし、教員の研修レポートにこうした生徒の生活状況などを記入することは許されない。管理職の「好意[9]」で、生徒の背景の記述は削除することを求められる。結果的になにが根本的な問題かはレポートの読み手、つまり教育委員会の構成員にはつたわらなくなる。もちろん、管理職の中にも「個々の生徒の背景を知ることは、教育上必要である」と考え、生徒の個別具体的な情報を教員が把握できるシステムに変更するよう教育委員会に提言するものもいるが、教育委員会の「知っていること自体が差別につながるから、好ましくない[10]」という見解はゆらがない。教育委員会の構成員は、そのほとんどが教員である。学校において個々の生徒の背景を知ろうとすることがいかに忌避されているか端的にわかる例であろう。

　この「知っていることが差別につながる」という認識がどういう意味をもつのか、ここで「区別（差異の認識）」と「差別」という軸をたてて考えてみる。イ＜区別する＆差別する＞、ロ＜区別しない＆差別する＞、ハ＜区別しない＆差別しない＞、ニ＜区別する＆差別しない＞という四つの象限ができる。通常、私たちはイ＜区別するから、差別がある＞、だからハ＜区別しなければ、差別はない＞、と考えている。日教組はこの枠組みをロ＜区別しないのに、差別する＞ことはありえないからだと説明した。しかし、現実にそうであろうか。たとえばある集団内に聴覚障害の人[11]がいることに気づかずに口頭でのみ指示を与えたとする。当然、聴覚障害の人はおきざりにされる。むろんこの状況は、指示を与える側にとっては「知らなかったのだからしかたがない」ことであり、「差別ではない」と言いきることができる。しかし聴覚障害者にとっては、「耳が聞こえないために排除された」という差別経験がひとつ加えられるのだ。誰の視点にたつかによって差別の有無は可変である。指示を与える側に「差別している」ことが意識にすらのぼっていなかったとしても、この状況を外側からみるものにとっては、これは事実上の聴覚障害者差別である。ハ＜区別しないから、差別はない＞とはいいきれないのだ。つまり、ロ＜区別しなくても、差別はある＞以上、どんな視点からみても「差

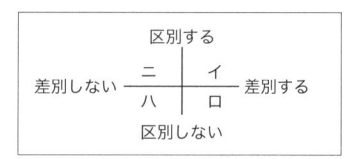

9　事実、管理職は教育委員会から私が「問題教員」としてチェックされることを心配してくれている。
10　入学した生徒に住民票の提出を求めるのを禁じている教育委員会がある。「被差別部落」に居住していることや外国籍であることを教員が知ること自体が差別につながるという理由らしい。しかし、「いじめ」や「進路選択」において、生徒の状況を知らなかったがために適切な対応をとれないケースはままある。たとえば、教員が「いじめ」の当事者に本人の背景を問いただすこと自体が、「だから」いじめられた／いじめたと周囲が考えていることを強調することにつながり、当事者に痛みを感じさせることはおおいのではないだろうか。むろん教育委員会が、生徒の個人情報を「悪用」する教員がいることを前提として禁止している可能性も否定できない。
11　「聴覚障害」「耳のきこえない人」という言葉は、欠損をしめすものだとして、「ろう」「ろう者」という言葉をつかおうという運動をする「ろう」の人たちもいるが、ここでは「一般的」な表記にとどめる。

別はない」と言いきれるのは、ニ＜区別したうえで、差別しない＞という選択以外ないことになる。さて、この結論は正しいのであろうか。

④ 配慮のために

　発達障害のこどもを育てている母親の手記に幼稚園選びのエピソードがのっている[12]。以下に要約する。母親は一番目に見学にいった幼稚園であたたかく迎えられるものの「障害名でこどもの可能性を決めつけるのはよくない」「ふつうに育てなさい」と諭される。二番目の幼稚園では「障害をもつ子への対応準備ができません」と即座に断られる。三番目の幼稚園では「診断書はいりません」「障害があるからといって特別なことはなにもしません」と言いきられる。四番目の幼稚園は「障害のある子もきてもらっています」というわりには、個々の障害特性に関する知識をまったく欠いていた。五番目の幼稚園では「診断されているなら、毎日接しているうちに行動特徴が把握できるでしょう」と言われただけであった。この母親はここではじめて、やっと話の通じる人に出会えたと安堵する。「『この子は普通』と言ってもらいたかったわけでもなく、『障害があっても普通の子と同じように接します』と言ってもらいたいわけでもなかったのだと、改めて実感」し、この幼稚園を切望する。しかしこの幼稚園では、当該児の受け入れ可否の返答をなかなかしない。母親はその返答が遅いことに被害感をつのらせるが、結果的にこの園へ入学後は、「親が『ほんのちょっとの配慮でいいのに』と思っていても」、その配慮をみたすためには「保育者の目と手を他の子よりも余分に確保しなければならないということだ」と気づき、やすうけあいをしなかったこの園に感謝する。このエピソードはなにを物語っているのだろう。

　先ほどの軸にあてはめて考えてみる。ここでは単純に「幼稚園への入園を許可する＝差別しない」と仮定する。すると、一番目と三番目の幼稚園が「ふつうの子として」「特別扱いはしない」と言って、入園を許可している。つまりハ＜区別しないから差別しない＞にあたる。二番目は障害があると区別し、入園を断っている。イ＜区別して差別する＞だ。四番目はどうだろう。障害があると区別しているが、入園はOKしている。ニ＜区別して差別しない＞に該当するであろう。五番目は、障害があると区別し、入園を保留にした。この時点ではイ＜区別して差別する＞である。しかし、彼女は五番目の＜区別して差別する＞幼稚園を選択し、アプローチする。なぜか[13]。母親が、一般的に教員が理想とするハ＜区別しない＆差別しない＞幼稚園を選択する気になれなかったのは、「区別されない」ことで「ふつう」にあつかわれる、すなわち「必要な配慮」をされずに放置されることをおそれたからではないだ

---

[12] 星空千手『わが家は自閉率40％　アスペルガー症候群親子は転んでもただでは起きぬ』中央法規出版、2007年、pp.55-79

[13] なお、差別にはおおきくわけるならば、心理的差別（偏見による差別）と構造的差別（制度や日常知に基づく差別）がある。たとえば、二番目の幼稚園は、「心理的」には発達障害を差別していなかったかもしれないが、幼稚園の経営上の問題などにより「制度的（構造的）」にうけいれられなかった可能性がある。また四番目の幼稚園は、「制度的」にはうけいれているが、障害に対する正確な知識をもたず、結果的に適切な配慮がなされていないという点で、障害を軽んじている、つまり「心理的」に差別している可能性がたかい。こうした差別のあり方もかんがえるべき課題である。

ろうか。「必要な配慮」とは通常個体認識したうえでないとできない。つまり「必要な配慮」のためには、まず差異を認識すること、他者と区別することが必要なのだ。

　では、「区別しないで配慮する」ことは不可能なのであろうか。聴覚障害の例を思い出してほしい。可能なのは、「一般」「ふつう」を配慮の対象としている場合のみである。「一般」「ふつう」にあてはまらない人が一人でもいたら、不可能である。むろん、「区別しない配慮」というものは存在する。たとえば、性同一性障害の人がトイレを使用する場合、どちらのトイレにはいるか悩むケースはおおいという。そうしたことに配慮するため、カナダのトロント大学では、トイレから男性用・女性用という表示を廃し、すべて個室トイレにしたという[14]。男女の区別をしない配慮である。しかしこの配慮とて、やはり性同一性障害の人は「ふつう」の人と感覚がことなるという差異を認識することが前提となる。必要な配慮のためにいったんは区別しているのだ。

　1960年代の教師は、生徒に差別感をもたせたくないがために「区別は差別である」と声をあげた。この運動のためのスローガンは、まずは区別したうえで、区別しない配慮をすることによって「差別をなくす」という実践知に基づくものであったろう。だが、スローガンとして定着する過程において実践知がおきざりにされ、「区別そのものが悪」という言説が形成されてしまった。

　発達障害の生徒に必要な配慮とは、「ふつう」の子と区別され、発達障害的要素をもつこどもの日常生活が円滑にいくよう必要な配慮がなされたうえで、発達障害があるとして差別されないよう「区別しない配慮」が必要となるのだろう。いわば、「区別して配慮する[15]」のが、「ふつう」の子と可能なかぎり同じ学習をできる条件をととのえるための配慮（＝特別支援）であり、「区別しない配慮」が「障害児だからと課題を免除したり、参加させないという方法をとらない」「『ふつう』の子とともに可能なかぎり学習に参加させる」（＝特別支援教育）ということであろう。そして「区別しないで配慮する」とは、教員にとっては「特別扱いしない」ことを意味するかもしれないが、当該生徒にとっては「必要な配慮がなされない」ことと同義になるのではないだろうか。

　タチバナさんへの返事には結局、こう書いた。「こんど校長にあったら『特別扱いではなく、必要扱いをしてください』って言うのはどうかな[16]」。

14　こうした配慮で「恩恵をこうむる」のは、実は性同一性障害の人だけではない。たとえば、「個室トイレにはいると『ウンコか』ときかれるのがいや」という理由で、個室トイレにはいりたい場合は、必ず授業中に保健室にたちよってからトイレにいく男子生徒はすくなくない。そうした生徒にとってもすべてが個室トイレという状況は、ありがたいであろう。
15　しかし、理念上この言葉を「理解」しても、実践はさらに困難ではある。
16　三村洋明は「反障害学」というウェブページ（http://www.k3.dion.ne.jp/~ads/news1-16.html）において、障害者政策などによく用いられる「合理的配慮」「特別なニーズ」といった言葉を批判している。「合理的」は、障害者運動の柱の一つ「生産性第一主義批判」においてすでに批判されているはずである。「配慮」には、「なになにしてあげる」という上下関係の示唆や恩恵といったイメージがある。「特別なニーズ」には「障害＝特別」という視点、ユニバーサルな態勢の欠如がある。などなどの指摘である。三村ならば「必要な配慮」ではなく「必要な調整」という言葉を推奨するかもしれない。

4.「差別」のしくみ

　学校では「差別」や「いじめ」は「こころのもんだい」「やさしいきもちがあれば、おきないこと」として おしえられることが おおいです。でも、それって ほんとうでしょうか？

　いつも はなちゃんに やさしい ひろしくんが、あるとき「はななんて 学校に こなくて いいよな」って はなしていました。それをきいたら「ひろしくんは ほんとは すごい いじわるだったんだ！」と わたしたちは おもいたくなります。でも、そう おもいこんでしまうまえに ちょっと まわりに 目を むけてみましょう。ひろしくんは そのすこしまえに、先生に はなちゃんと くらべられて とても かなしい おもいをしたのかも しれません。クラスのなかに「おれたちの なかまに はいりたかったら はなと しゃべるなよ」っていう子が いたのかも しれません。こんなとき、たったひとりで「くらべられても へいき」「なかまはずれに されてもいいもん」と きめられる人は そんなに おおくありません。ひろしくんは こころのなかでは、「はなちゃん ごめん」って あやまりながら、きもちとは、ちがうことを いっていたかも しれないのです。

　「差別」や「いじめ」を かんがえるとき、わたしたちは こうした「まわりの人との かんけい」が じつは おおきく かかわっていることを しるべきだとおもいます。

　「いじめる子」の「こころ」のせいに するのではなく、たとえば、「くらべるってことは 人を きずつけることがあるよ」「ひとが おおぜい あつまったときは いきおいで、『いじわる』になってしまうこともあるよ」ということを みつけて、そのことを みんなで はなせる場を つくることが 大切です。

4.「差別」のしくみ

① 心のそこでは差別しているのか

　タチバナ・ナミさんから、メールがきた。「先日、学校で運動会があったんだ。そしたら『うちの子、リレーでメイくんと同じチームなんだよ。まけるの最初からきまってるよね。まったくさー、先生もなにかんがえてるんだろう。ださなくても、いいのにね』って声がきこえてきたの。ふりむいたら、メイと同じ保育園にかよってたアキラくんのおかあさんだった。もう、たちなおれない……。だって、彼女『最近、メイくん、お遊戯もうまくなったね』とか『おにいさんになったねー』とか、いつもメイをはげましてくれてた人なんだよ。たしかにメイは保育園のときから、かけっこはスタートしなかったり、ちがう方向に走ったり、ちゃんと走れたことはない。だけど……。やっぱり彼女、心のそこではメイのこと、ばかにしてたんだよね。ブルー……。アスペルガーってこと話して理解してもらったほうがいいのかなー。でもこんなんじゃ、アスペっていったらよけい差別されちゃいそうだよね」という内容だった。

　このメールをよんだ瞬間、私もまたショックをうけた。しかし、しばらくするとアキラくんのおかあさんはほんとうに差別的な人なのかという疑念がわいてきた。これに類似したことは、勤務先の学校においても日常的におこっている。

　弱視のイトウさんは、理科などでこまかい図をうつしとるのが苦手である。そこで、B5サイズのプリントを、イトウさんにのみA3に拡大コピーをしてわたすと「どうしてあの子ばっかり」と職員室にねじこんでくる生徒がでる。ブラジル国籍のウノさんは、教室内で音読を指名されると、頻繁につかえ、くちごもる。「もうウノさん、あてんでいいが。授業はすすまんし、本人もかわいそうじゃん」と教師に不平をいう生徒がでる。それをうけた教師がウノさんにのみ事前にあてる箇所を提示し、ルビふりなどをさせたうえで練習させると「ひいきだ」と苦情がでる。こうした事実をどうとらえたらよいのだろう。現在の学校においては、苦情をいう生徒たちの「平等観」を支持する教員もおおい。しかし、障害者やニューカマーの支援者をはじめ、おおくの「心やさしい」人たちは「弱視の子にあまりに不親切ではないのか」、「ニューカマーの生徒のおかれた状況をかんがえたら、そんな発言はできないはずだ」などと義憤をかんじ、「これこそが差別の実態だ」と結論づけるだろう。

　実際生徒に「学校にはみんな勉強にきているんだから、どの子も参加するってことが必要だよね」「イトウさんには、ちいさいものはみえないから、まずは『みえる』って条件をそろえることが平等ってことなんだよ」と説明してみる。それでも生徒は「その場でよめないなら、音読は０点でもしかたがない」「だったら、普通／日本の学校にこなきゃいい」といいきる。これをもって、生徒が差別的な心をもっているといいうるであろうか。

　しかし本校の生徒は「いじわる」ではない。たとえば、給食時に牛乳びんをおとす生徒がときどきいる。おとした瞬間、かならず誰かがかけよる。かけらをあつめるビニル袋をもってくる。どこにガラスの破片をすてるべきか調理員にたずねる生徒がいる。だまってかたづけはじめる生徒もいる。びんをわった生徒に適切な指示——しかも、うっかりさん的生徒のときは「これからは、牛乳びんはトレイにのせずに手でもてよ」、コミュニケーションべたな生徒の場合は、「こういうときは、給食のおばさんにまず『どうしたらいいですか？』ときくといいぞ」のように、実に個別具体的なアドバイス——をだす生徒もいる。てつだう生徒

たちがいつも同じメンバーというわけでもない。たまたま近くにいた生徒の何人かが、自然発生的にてつだっている。ほんとうに彼らが「いじわる」ならば、牛乳びんをわった生徒は、ばかにされるか、すておかれるのではないだろうか。

② 差別となる状況とは？

　前述のアキラくんのおかあさんと本校の生徒たちのあり方に共通するものはなんであろう。「彼らは、どんなときに他者に寛容であり、どんなときに不寛容になるのか」と問いをかえてもいい。ここに介在するのは「成績」である。「ふだん」他者にやさしい彼らが、「成績」が介在すると不寛容になる。リレーの成績、授業の成績、つまり「競争」「序列化」がうまれるなかでは、他者に不寛容にならざるをえないのではないか。成績で序列づけられることになれている生徒にとって、「拡大コピー」や「ルビふり」「事前指導」は「特別扱い」であり、「同じ条件」でスタートすることが「平等」なのだ。運動会もまた成績をスポーツによって競う場である。「フェアプレーの精神」を尊び、「結果より過程が大事」といわれる運動会も、実際には勝ったチームがたたえられる。スポーツ[1]とは基本的に勝利至上主義であり、スポーツという行為を共有する以上、こどもたちだけではなくその応援者である保護者にとっても、足手まといなこどもはきるのが当然という能力主義、効率主義的かんがえ方にかたよってしまう。

　従来、差別は「偏見」や「心」のあり方とともに、かたられることがおおかった。「偏見が差別をうむ」のは、定説ともなっている。こうした差別のあり方を三浦耕吉郎[2]は「心理的差別」とよぶ。しかし、教室移動のときはイトウさんに同行する生徒がつねにいる。ウノさんが生徒会に立候補したときは、「がんばれ」と声援もとんだ。偏見をもった差別的態度は「ふだん」はみられないのだ。アキラくんのおかあさんもメイくんの「成長」に関しては心からよろこんでいるのだろう。こうした状況を考慮にいれると、差別は偏見にもとづく「心理的差別」以外にも存在すると推測できる。つまり、感情的／心理的に差別しているわけではないのに、結果的に「差別」としてあらわれることがあるのだ。こうした差別を「構造的差別[3]」とよんでみよう。

1　学校において、おおむねスポーツは貴いものとされている。たとえば、平等を語る場合に「スポーツにおけるルール」を例示したり、スポーツのルールにのっとることの公平さが説かれることはおおい。しかし現実には、スポーツは勝利至上主義であり、それゆえにルールは頻繁に変更される。オリンピックやワールドカップを想起されたい（友添秀則・近藤良享『スポーツ倫理を問う』大修館書店、2000年）。さらに、スポーツ界においては、対戦する相手の能力や技能は均質的である。たとえば、スポーツ選手と一般人やこどもが対戦する場面や、スポーツ選手どうしでも柔道やボクシングで重量級をこえて対戦する場合を想起しよう。こうしたケースでは同じルールで対戦することは明らかに不可能である。現実の社会の構成員もこのように、能力や技能は均質ではない。社会の「平等」「公平」をかたるのに、スポーツのルールを例示するのは本来的に不適切である。
2　三浦耕吉郎編『構造的差別のソシオグラフィー──社会を書く／差別を解く』世界思想社、2006年、pp.3-7
3　三浦によれば、構造的差別とは、「心理的差別」とも「実態的差別」とも異なる「関係的差別」であり、アメリカで用いられている「構造的差別」という意味とも、定義をことにするとのべている。しかし、本章で問いたいのは、差別意識のないまま惹起される、あるいは差別の意識がありつつも強制される「差別」のありようである。つまり個人の意志以外にはたらく力の存在を明示するツールとして「構造的差別」という言葉をもちいている。よって、「関係的差別」と「実態的差別」をことさら分類はしない。

③ 構造的差別

　先の例でいけば、メイくんやイトウさん、ウノさんを排除しようとする力がはたらくのは、「成績」を比較される場においてである。これは、競争する以上勝たなければ意味がないという「日常知（規範）」に基づくものであり、さらに学校という制度自体が「生徒を評価し、序列化する」機能をもっていることをかんがえれば、「制度」に基づく差別だともいえる。障害に対する偏見はなくとも、障害者をうけいれるための施設の状況（たとえば、階段にてすりがないなどの校舎の構造上の問題のため義足の人をうけいれられない）や職員数（人員上の余裕がないとこまかい配慮はできない）など制度上の困難のために入学をことわらざるをえない学校は現存する。これも制度にもとづく構造的差別である。さらに例示しよう。

　三浦は以下のようなケースを紹介している。車いすにのっている人とその介護者が、階上にいく必要があるが、そこにエレベーターがないような場合、介護者は「すみませーん、誰かこれを上げるの、てつだってください」とよびかける。車いすの人は、「これじゃないでしょ」とむっとするのだという。車いすの人にとってあがりたいのは自分であるが、介護者にとってあげたいのは車いすという視点の相違が原因であろう。さらに、ここに「てつだいましょうか」と援助者があらわれる。その援助者の視線は、ほとんどの場合介護者にむけられ、車いすの人の頭上で会話が展開される。車いすの人にとってこの会話は、自らの存在無視であり、「差別」と認知される。この場合、差別者となるのは、車いすの人を介護しようとする介護者とそれをてつだおうとする援助者、つまり、車いすの人の事情に理解がある／理解をしめす「善意の人」が差別者となっているのだ。介護者と援助者に差別意識はない。彼らは、二人以上の人に話しかける場合、通常は代表者にむかって話をすべき[4]という「日常知」と、通常、障害者は「被保護者」であり、その世話をしている人が「保護者」であるから、「保護者」を代表者とみなすべきという二つの「日常知」を意図的、あるいは無意識に導入し、判断しているのであろう。しかし、まったく差別意識がないにしろ、二人の行為が車いすの人に「ないがしろにされた」という経験をさせたことは事実である[5]。三浦はこれを「関係的差別」となづけ、「構造的差別」のひとつとしてあげている。いや、これも介護者の想像力の欠如が原因であるから心理的差別であり「心の教育」の対象であるという反論もなされるであろうか。対個人の問題であれば、そういいきることも可能かもしれない。しかし、集団が関与する場合、個人の心のもちようのみで可変なことは、それほどおおくはない。

---

[4]　たとえば、ふたり以上の人がひとりの人に道をたずねたとする。たずねられた側は、たずねたのが誰かにかかわらず、たずねた側が男女のペアであれば男性に、親子ならば親に、教員と生徒ならば教員にむけて返答するケースがおおいのではないだろうか。

[5]　これに対しては、介護者の側から「そんなささいなこと」といわれたり、「車いすの人に話しかけたとしたら、無視された介護者の方こそ差別的に扱われることになる」と反論されることもあろう。むろん、他者の痛みを「ささいなこと」としてきりすてることの問題性についての議論は必要だが、これとはべつに、一見こうした「ささい」にみえることを問いただされなければならない被介護者のおかれた立場をかんがえることも重要だ。これは、「主体」とはなにかを問うことぬきには不可能である。そして「主体」を問うことは、介護のあり方、「ケア」概念そのものを考察することにつながる。たとえば、障害者の心情をくみとりパターナルにつきそうのがケアか、介護者とは黒子であって介護を必要とする人のしめした意志だけに従うのがケアかといった論争は、いまだ普遍的な結論をえていない。

④ 集団の力

　個々人にとって、つねに一貫した言動をとることは、実はそれほど容易ではない。群衆の中のひとりとして選択する行為と、ある集団内の一員として選択する行為は必ずしも同じではない。これに関しては、小学校教師である園田雅春[6]の事例報告が参考になる。5年生で、ある女の子をターゲットにしたいじめが発生する。園田のクラスのこどもたちも荷担していることがわかった。彼はこどもたちの声をきいていく。どの子も「その子をいじめたくはない」という。しかし、「かばえばひやかしの対象になる」「自分がいじめられる」という「やめられない事情」の存在もかたられる。こどもたちは、自分の「よわさ」「ずるさ」にうちひしがれ、「いじめ」に抵抗しようとする力をそがれかけている。園田はこれをクラスで討論させる。こどもたちは「『やめよう』というのがひとりだとこわい」「でも『やめよう』とつづいていってくれる人がいれば、勇気をだせる」ということに気づき、それに「勇気の分数」という名をつける。そして、分子をふやすことによって、いじめをなくそうとこどもたちがたちあがるという報告である。これも、集団と個人の関係の中でおこる「関係的差別」であり、個々人の心の問題であると同時に「構造的差別」と考えることができる。

　もうすこし、詳しくみていこう。園田のクラスのこどもたちは、「いじめ」「差別」に付随する「自分もいついじめられる側になるかわからない」状況、つまり駒込武[7]のいうような「誰かが『脅かす人』、誰かが『脅かされる人』というように固定されているわけではない。誰かを脅かす者が同時に脅かされる者であるという状況こそが、一般的である」という重層的な構造を感覚的／経験的に把握している。だからこそ、自身の「あやうい立脚点」を強固にするために、こどもたちはいじめに荷担する。かれらにとっていじめは、「私は『脅かす』側の人間であって『脅かされる』側ではない」という集団の成員にたいするアピールとして機能しているのだ[8]。集団が個人におよぼす力のはたらきかたが明示的にあらわれている事例である。「勇気の分数」とはこの集団力学を逆手にとって、「脅かさないし、脅かされない」という集団を形成し、「脅かし、脅かされる」関係からの脱却をめざそうという提案である。これは、園田のこどもたちと「対話する」という姿勢なくしては、うまれなかった解決策であろう。

⑤ 差別をかたるときに重要なこと

　差別をかたるとき、聞き手の心情にうったえかけ、「偏見」「無理解」を是正しようとするこころみは必要である。しかし、それだけにたよることは不十分なだけでなく、危険ですらある。個々の心のありかたにうったえかけることで、おこりやすい問題は三つある。一つは、聞き手が「そうは思わない」「わかったけど、いやだ」といいきることで、対話を終了させる／無化させることを可能にする点である。二つめは、聞き手の「偏見をとく」「理解をうなが

6　園田雅春「教育を通して差別を考える──『いじめ』差別の構造と教育課題」『仏教』50号、2005年、pp.29-35
7　駒込武・竹本修三編『京都大学講義「偏見・差別・人権」を問い直す』京都大学学術出版会、2007年、p.9
8　なぜ、誰もが「脅かされている」のかを問えば、その回答は「制度」にいきつくであろう。

す」というスタンスをとることにより、差別する側とされる側が固定化しているような印象をあたえることにある。これは前述したような「誰もが差別し同時に差別される側になる」という現実をみうしなわせ、結果的に「ひとごと」として聞きながすことを可能にする。三つめは、聞き手がそのかたりを正面からうけとめた場合、個人の心のあり方さえ変更すれば、状況は可変だと理解してしまう点にある。これは、可変なケースもあるという事実が、同様の状況がつづくのは個人の責であるとの解釈を補強してしまう。個人の責であるならば、「みてみぬふりをした自分」という存在は自分自身にとって非難の対象となる。状況をうごかせない自分への無力感をつのらせ、あげくは「気づかないようにする」ことを学習する可能性はたかい。まさに「勇気の分数」を発見するまえのこどもたちと同じ状況である。

　差別をかたるときに重要なのは、心のありかた以外にどんな要因があるのかをかんがえ、またかんがえさせることだろう[9]。それによって、心だけには還元できない差別の構造をみぬく力を育てることができる。差別の背景には、日常知や制度がよこたわっている。そこから、自分のあり方をふりかえることで、差別的な行動への対処の仕方がみえてくるであろう。「この制度はなんのためにあるのか」、「日常知を疑ってみる」といったまさに「批判的思考(critical thinking)」を導入することによって、差別という現象の実像を立体視できるようになるはずだ。

　ここでは、「差別のしくみ」を解き明かすために「構造的差別」を中心にかんがえてきた。差別のしくみがわかってきたことで、タチバナさんに「いろいろ考えてみたけど、アキラくんのおかあさんのメイくんをはげます気持ちに嘘はないとおもうよ。運動会のリレーって種目が、彼女をまよわせたんじゃないかな」と返信することができる。しかし、根本的な問題は解決していない。メイくんが「競争」の場面におかれるたびに、タチバナさんは同じ経験をくりかえすことになる。解決策の一つはメイくんが「競争」という制度に参加することをタチバナさんともども断念することである[10]。もう一つは、「競争」という制度自体に異議申し立てをすることである。前者はタチバナさん、メイくんそれぞれにとってつらすぎるであろうし、後者は個人には無謀であろう。しかし、「制度」にのることをすこし「あきらめ」、「制度」をすこし「ゆるがす」ことなら、可能かもしれない。次章ではその具体的方法についてかんがえてみたい。

9　かどやひでのり「人権教育とはなにをすることか──その課題の教育方法学的検討」『社会文化形成』2008年、pp.23-39 参照。
10　メイくんに「競争」という制度を学習させる／たたきこむという方法もあると思われるだろうか。しかし、人は努力してできるようになることと、努力してもできないことがある。メイくんにとって、リレーでバトンをわたされてからわたすまで全速力ではしることを要求することは、視力が0.1以下の人に、視力矯正道具なしで教室の一番うしろに座って黒板の字をよみとれるよう努力しろと要請するのに等しいかもしれない。

5.「制度ずらし」と診断名
(だれかに「病気です」と きめられる ことの 意味)

　先生は、生徒を「とくべつあつかい」しては いけないという きまりが、学校には あります。しかし、法律（国が つくった きまり）で、「『しょうがい』を もつ子は、『とくべつあつかい』（その子に 必要な おてつだい）をしましょう」と きまりました。しかし、「発達障害」の子は みためでは「しょうがい」があるのかどうか わからない場合が おおいです。だから、「とくべつ あつかい」されていない子も、たくさんいます。

　お医者さんが「この子は とくべつあつかい してください」と いってきたら、どんなてだすけをするか かんがえるという 先生も います。お医者さんが「しょうがいでは ありません」と いっても、「でも、学校の勉強が おくれているんだから、とくべつな てだすけは 必要だ」と かんがえる先生も います。

　ほんとうは、お医者さんが だれかを「しょうがいがある」とか「ない」とか きめることと、学校で「とくべつあつかい」が 必要か どうかを かんがえることは、つながっていなくてもいいと おもいます。

　学校での勉強や、ともだちとの かんけいづくりで、こまっている子がいる。それだけで、「てだすけが 必要だ」と かんがえる じゅうぶんな理由になるとおもうのです。

5. 「制度ずらし」と診断名

① 診断がついた

　タチバナ・ナミさんからメールがきた。「このメールになんて返事をしたらいいとおもう？ 転送許可はもらってあるからよんでみて」

　内容は、以下である。オギノさんの息子エイジくんは小学生時代から学習へのとりかかりがおそく母親のオギノさんは、学習障害かアスペルガーをうたがっていた。しかし、友人関係など良好であったし、成績がとくに悪いわけでもなかったため、様子をみていた。中学生になり、担任から発達障害的傾向を指摘され受診をすすめられた。彼女は発達障害の権威とされるカシマ医師をたよった。結果、「アスペルガーに該当する特徴がかけている。また医学的にディスレクシアを中核とした学習障害と診断するほどではない」と診断された。そこでオギノさんは、学校側に「息子は正常」とその診断結果を伝え、発達障害の可能性を指摘した教員を「発達障害について語るが、発達障害を真に理解してはいない」と厳しく責めた。現在、「それでも、息子さんには特別支援が必要」とする担任との間でトラブルになっている。

　「たしかに私も、先生ってわかっちゃないなーって思うこともおおいけど、でも……。まえはいつもふたりで、息子たちのこと『アスペがでた』とか『やっぱ、アスペだよねー』なんて笑ってたのに、カシマ先生の診断がついたとたん『息子はふつう！』ってすごく強調するようになって。やっぱり息子が『障害者』じゃなくてうれしいんだって思ったら複雑で、返事がかけないんだ」

　特別支援教育がはじまってから「発達障害の周辺にいる子まであぶりだされる」ようになったと学校を批判する論調を耳にする機会がふえた。おそらく上記のオギノさんの件も医療関係者にとっては、「ボーダーラインなのにあぶりだし、不用意なレッテルばりを行う不適切な学校の対応例」とみなされるのだろう。第1章でも書いたように、「自分が手をやく生徒をなんでもかんでも発達障害にする教員がいる」と怒る医療関係者も少なくない。

② 学校の教員にとって発達障害とはなにか

　文科省はつねに、社会的関心事が集まる「こども問題」——いじめ、薬物乱用、「性非行」、リストカットや摂食障害といった「こころ」の問題など——を、教員が対応すべき問題として、各教育委員会に提示する。しかし、だされるのは通達のみである。そのための現職教員に対する研修をどうするのか、加配教員はつけていいのか、それらに付随する時間的・経済的コストは誰が負担するのか。そうした現実的な問題は、各自治体まかせである。地方教育委員会は、そうした問題を棚上げにしたまま、文科省がだした通達を各学校に伝達せざるをえない。通達をうけとった学校は、それまでと同じ職員数で、同じメンバーで、あらたな課題にたちむかうことを求められる。特別支援教育も例外ではない。

　「発達障害への理解をふかめろ」と通達がだされると、教育委員会は他の講座を削って「発達障害」の研修を主催する。「学校には特別支援教育コーディネーターを配置せよ」と通達がだされると、各学校は教育委員会に担当者を報告するよう義務づけられる。学校では、発達障害概念も対処方法も浸透していない状態で、である。結果、「担任はいそがしいから」と副担任や養護教諭がコーディネーターに指名される。指名された教員が通達どおりにとりくも

うとすれば、その教員は発達障害に関する知識吸収のためいっそう多忙になるだけではなく、新しい概念を職場にとりいれようと孤軍奮闘したあげく孤立する危険すらあるというのが実情である。教員にとって発達障害とは、文科省におしつけられた新たなやっかいごとという側面もあるのだ。

③ なぜ、教員が孤立する危険があるのか

　授業中にそわそわする、漢字がかけない、計算ができない、日本語が通じているのか疑わしい、行動がおかしい、忘れ物がおおすぎるなど、生徒たちの言動は職員室で頻繁に話題となる。実際、(教員にとって)「困った生徒」が教室にいるということは、教員にとって非常なストレスである。「困った生徒」には通常「特別扱い」が必要である。しかし、「特別扱い」は教員にとって禁じ手である。なぜなら、学校教育とは生徒に対して平等にひらかれているというのが建前である。そのために、成績のつけ方や日常態度の評価の仕方、考査のあり方から平均点の上限・下限まで、こと細かに制度化されているのだ。少数の生徒に配慮し「特別扱い」をするとは、こうした制度をつきくずすことに何担することでもある。

　これまでこうした生徒たちは、「変人」「学力不足」「反抗的」とみなされ、とくに高校は義務教育ではないだけに、「進路変更(＝転・退学)」をすすめられていた。だからこそ、たとえば、生徒の学習上の困難点を観察し、学習がおくれている生徒に個別指導をしたり、授業前に指名する順番をおしえて予習させておいたりといった工夫をする一部の教員は、学校において疎外される危険とつねにとなりあわせだったのである。

④ 実は「アナーキー」な特別支援教育

　こうした生徒たちの一部を「障害のある生徒」と認知転換し、なんらかの配慮をして学習する権利を保障せよというのが、文科省の特別支援教育の通達であった。そもそも、こうした「ふつう」ではないこどもの学習権を真に保障しようとするならば、文科省が本来的にとりくむべき問題は、現行のカリキュラムや成績の評価というシステム(制度)である[1]。しかし、文科省は学校制度全体の改変は構想にいれていない。そのうえで「こども一人一人の教育的ニーズにこたえます！」というキャッチコピーで特別支援教育におけるさまざまな支援体制を紹介しつつ[2]、実際は現場に丸投げしている。現行の教員の体制(人員配置や特別支援教育の理解なども含めて)で、現行のカリキュラムのまま対応することをせまっているのだ。しかし、この提案を肯定的にとらえてみれば、特別支援教育の名のもとならば「現行カリキュラムを変則運用してもよい」と許可されたともよめる。いままで教員に禁じていた「特別扱い」の推奨だと考えることも可能であろう。

　では、具体的にはどんな方法が可能であろうか。現在はまだ過渡期であり、とつぜん「発

---

[1] たとえば現在は、学年に応じたカリキュラムが設定されているが、特別支援を文字通り実行しようとするならば、すべて個人の状況にあわせた個別カリキュラムを作成するのが筋であろう。

[2] 文部科学省のホームページ、「パンフレット『特別支援教育』について」http://www.mext.go.jp/a_menu/shotou/tokubetu/main/004.htm を参照。

達障害の生徒には『特別扱い』が許されます」といっても教員、生徒、保護者の同意をえるのは困難である。そこで、私は以前の勤務先でこんな提案をしてみた。学習上つまずきのある生徒には「特別扱い」をする必要がある。しかし、他の生徒から苦情がでるのは必至である。よって「減点法」を採用するのはどうかというものである。たとえば「拡大コピー」「ルビふり」「事前指導」「設問の注意点へのアンダーライン」などは「特別扱い」なので、それぞれ「5点減点」というような「ペナルティ」を設定し、日頃の素点や考査の得点から減点するのだ。これは「減点のせいでマイナスの評価になったらどうするのだ」「手間がかかりすぎる」などかなりの批判があった。それでも一部の教員がこの案を試験的に採用してくれ、拡大コピーやルビふり「サービス」がはじまった。その結果、「発達障害っぽくない生徒まで減点でもいいから『ルビつき』にしろといってきたが、どうするのだ」「生徒の要望を個別にきき、同じプリントを数種類準備したうえ、減点までするコストが負担だ」という意見がで、「減点法」ははじまるまえに不採用となった。しかし、このこころみで「発達障害や外国籍の生徒でなくても、やはり漢字はむずかしかったんだな」「プリントを大きくしたら、なぜか課題の提出率があがった」という教員側の「発見」もあったようだ。それ以来、授業でつかうプリントをルビつきで拡大した教員もいる。当初、このルビつき拡大プリントを「こどもっぽい」「ばかにしている」と批判する生徒もいたが、なれるにつれ「このプリント、ふりがなわすれてるよ」「なんで○○先生のプリントは字がちいさいかな〜」と指摘する生徒もあらわれはじめた。

⑤ 正統ではないけれど

こうしたこころみは、おそらく「障害学」を提唱している当事者、研究者などはもちろん、医学サイドからも非難をあびるであろう。ただでさえ、社会によって障害をもたせられている生徒が、なぜ再び「評価を下げられる」というペナルティをかされる必要があるのか。また、「健常者」と同様にできない場合、減点が当然であるというイデオロギーの創出は、差別の肯定、能力主義の肯定ではないのか。日常的に困難にさらされている患者をさらにむちうつ行為ではないのか、など。

しかし、現在なんらかの「ハンディ」のある生徒たちが放置されている現状をかんがえれば、たとえ減点されようとも、配慮されて教育に参加できるほうが、当事者としての実利はあるのではないだろうか。「構造的差別」がすでにある学校に入学した生徒にとっては、将来の全面的な学校制度の改変よりも、現在学習に参加できる小さな「制度ずらし」のほうがより重要だ。こうした配慮は、結果的に発達障害的傾向をもつ生徒以外の、たとえば弱視であるとか、ニューカマーであるとか、「おちこぼれ」であったという生徒にとっても実利をもたらす。現実には実現しなかった「減点法」ではあるが、たとえば「特別扱い」なしだと０点にちかいが、「特別扱い」があれば60点はとれるということになれば、減点されるのをさける生徒はへるであろう。さらにこうした配慮がある学校という評判は、同様の傾向をもつ新たな入学者を誘い込むのではないか。結果的に、減点という行為は、事実上無化される可能性もある。

後半でしめした期待があまりに楽観的であるとしても、こうしたこころみはおこなう価値がある。くりかえすが、この「ペナルティ」をもちこむ方法は正統ではないし、「差別意識を補強する」と批判されて当然である。教員にも生徒にも「これが正統ではない」という説明はくわえつづけるべきであろう。しかし一方で、理想にこだわっていては現実にはたちむかえない。研究者たちの理想的社会にむけての理論構築とはべつに、実践上の知が必要である。
　特別支援教育をつかってすこしずつ制度をゆるがすことは、生徒と日常をともにする教員だからこそ可能な方法ではないだろうか。

⑥「あぶりだし」か「誠実さ」か
　こうした考えに基づけば、学校生活ではみだす子を発達障害傾向ありとみなし、保護者にはたらきかけ、なんらかの配慮をおこなおうとする教員は、ある意味、個々の生徒の学習上・生活上の困難に誠実によりそおうとする貴重な存在である。「だとしたら、いちいち保護者に『診断書があれば考えます』といったり、『病院にいっては？』と提案したりしなくても教員が胸にひめて、生徒にそのように接すればいいではないか。それで保護者とのトラブルも減るはずだ」とかんがえる読者もおおいであろう。ではなぜ、教員にとって「診断」が必要なのか。
　教員にとって、医師の「診断」は重要なツールだからである。ある生徒に「特別扱い」をする根拠を、自身にも同僚にも医学という外部の権威から保証される。また指導のまずさを自身が感じたり、他者から指摘されたりしても「診断名がついている難しい生徒なんですよ。本来病院でなんとかするべき生徒を学校で預かっているんですから、少々のことは大目にみてください」というように、自他へのエクスキューズとしてつかえる。「診断名」とは、教員にとって一つの「保険」「紋所」なのだ。

⑦「診断名」とは
　そもそも、「診断名」とはいったいなにであろうか。医学では通常、ある症状がでる原因（「内在要因」）をおしはかり、それを分類して名づける。それが困難な場合は、なんらかの心身の症状に特徴的なものを認め（「外在要因」）、それを分類して名づける（一般的に〇〇症候群とよばれる）。これが「診断名」である[3]。要するに診断とは分類作業なのである[4]。
　たとえば、発達障害とは「どうも学校に適応しない子がいる」「集団になじまないあるタイプの子がいる」「いままでの自閉概念からはとおいが、しかしその自閉症的特徴で、孤立す

3　たとえば、「インフルエンザ」はインフルエンザウィルスという原因に基づく診断名であるが、「かぜ症候群」は、咳、鼻水、くしゃみなどといった特徴的な症状の集積をさす診断名である。
4　診断名とは、なにに焦点をあて分類するかで可変である。たとえば、足が壊疽をおこしたために切断した人がいるとする。この場合、その原因が破傷風菌にあれば、「破傷風」と診断される。足が不自由なことに焦点をあてるならば、「身体障害者」とみなされる。さらに、もし階段を昇降できることが重要な意味をもつ社会で生きているならば、その人は「階段昇降困難症候群」とでも名づけられ、それが診断名として成立することもありうる。この場合、足の不自由な人だけでなく、高齢者や心疾患のある人、妊婦などもこの症例を示す一人として、同じ診断名がくだされることになる。

る子がいる」などという発見の集積として、そのこどもたちに共通する特徴をかかげ、それに「医学的診断名」――ディスレクシア・ADHD・高機能自閉症など――をつけたものである。まさに症状に基づく外在的な要因から析出された「症候群」なのである[5]。そしてその「診断名」ですら、LD・多動・学習障害・アスペルガーなどさまざまな「名」が混在し、その診断基準をめぐる議論が続いているのが現状である。つまり、第2章でも書いたように、発達障害とは「これが発達障害だ」といえる本質的ななにかが個人に内在しているわけではなく、学校に不適応なこどもたち、つまり外在する要因に対して示すある種の言動を分類した分類区分上の名称が発達障害なのである。

　かりに、学校という制度がいまのような一斉授業的形態をとらず、個々人の個別学習が主で個々が学習課題をみつけなければならないような形態だとしたら、なんらかの指示がだされるまでずっと教室に座っているような、現在では範とされるような行動は不適切とみなされる。この場合、おそらく指示を待って座っている子が「障害者」と分類され、たとえば「不動性症候群」というような「診断名」がつくのだ。つまり「診断名」とは、社会の制度や、大多数の行動規範／身体規範からはずれると医師が判断し、なんらかの特徴で区分したときの「レッテル」「分類名」にすぎない。その名称を複数の医師が指示すれば、以後「障害の一種」として普及していくのが実情である[6]。

⑧「診断名」のつかいみち

　であるならば、学校生活に困難をもつ生徒をその理由にかかわらず発達障害とみなす教員の論理は、医学的には正しくないかもしれないが、実践上は正しいのではないだろうか。

　教員や保護者は、「診断名」を自分たちの都合のよいように利用すればいいのである。ときにはただのカテゴリーとみなし、その治療方法・対処方法などを「アドバイス」として、子育てや教育にとりいれてみる、ときには「特別扱い」を要求する「紋所」として活用する、といった具合に。それも貴重な「制度ずらし」の実践であろう。

　タチバナさんへの返事はこう書いた。「カシマ先生に、医学的に『ディスレクシア』でも『アスペルガー』でもないって診断されても、学校生活や授業で、エイジくんはいまも困っていることがあるんだよね。大事なのは、誰かが彼に診断名をつけたり、『ふつうです』って保証したりすることじゃなくて、彼が必要な配慮のなかで、のびのび活動できることなん

---

[5] 自閉症は、1960年代には早期の精神分裂病とかんがえられていた。それが70年代には「言語・認知障害説」にとってかわられる。現在では「自閉症スペクトラム」という言葉に示唆されているように、「症候群」ととらえられている。またその原因論も「親の養育態度」から「脳の器質的異常」へと変化している。これは、脳に明らかな器質的特徴がみつかったためではなく、「遺伝」や「育て方」に原因をみいだし母親を批判するという風潮をかわすために「考案」された原因論だと言われている。これらからしても、医学による「診断」に普遍性があるわけではないことは明白であろう。詳しくは小澤勲『自閉症とは何か』（洋泉社、2007）参照。

[6] たとえば、単なる「内気」が、一部の医師と製薬会社のコマーシャルによって、「精神病」と分類されるまでの詳細な記録をえがいたものに、クリストファー・レーン（寺西のぶ子訳）『乱造される心の病』（河出書房、2009年）がある。病気として新たに認定しようとする医師たちと、たんなる性格傾向でありとして治療対象とみなす必要はないとする医師たちの書簡なども掲載されていて興味深い。

じゃないかなー。だったら、担任が発達障害っていうなら、そうしておいたらどう？ それで『発達障害の子に必要な「特別な配慮」をしっかりしてください』って監督していけばいいじゃない。そのほうが先生もエイジくんのことしっかりみてくれるようになるし、エイジくんも配慮がうけられて得だとおもうけど。カシマ先生の診断は、『オギノさんがこころのなかで「医学的には、発達障害じゃないもんねー」って舌だしとけばいいんじゃないかな』って書いたら？」

6　正論と知恵
（「ただしい」より、たいせつなこと）

　めいくんは、どんなときに なにをいうと 人が いやなきもちになるのか きづくのが にがてです。今回も、めいくんは みんなのまえで「くめ先生 きらい！」といって、くめ先生を おこらせて しまいました。くめ先生は「ものごとには、いっていいことと わるいことがある！」と めいくんに どなります。でも めいくんは「ほんとのこといって、なにがわるいの？」と かんがえています。

　わたしが しりあいの学校の先生たちに このはなしをすると、くめ先生を ただしいと おもう人、まちがっていると おもう人、いろいろでした。たしかに、めいくんを しかる先生の「めいくんのため」というきもちは、うそではないと おもいます。そうした意味で「くめ先生が ただしい」と おもう人が いるのは わかります。でも、その人たちは「自分は ぜったいに ただしい」と おもっているからこそ、どなることが できるのでは ないでしょうか。めいくんの まわりをみて、いろいろ かんがえたうえで、おこらずに「こんなときは、ちいさな声で こっそり ともだちに いったほうが いいよ」とか、「たくさんの人が いるときは、いきなり 自分のきもちを はなさないほうが いいよ」とか、おしえることも 必要だと おもいます。

　もんだいは、だれが ただしいかを きめること ではなく、めいくんが 人と きもちよく くらしていくことが できるようになる方法を みにつけることなのですから。

6. 正論と知恵

① 生徒に「きらい」と言われたら……

　タチバナ・ナミさんから「これ、どうおもう？」とメールがきた。
　「最近、メイが毎朝『今日は担任のキクチ先生休まないよね』ってきいてくるの。（そんなに休む先生じゃないのになー）って気になって、学校に電話してみたんだ。そしたら、キクチ先生が休んだ日に、かわりにきたクメ先生とトラブったって。その日のおわりにクメ先生が『またキクチ先生がお休みしたら、先生がかわりにきます』って言ったとき、クラスの子たちは『わーい』『また、きて〜』と好意的だったらしい。でもひとりメイが『こなくていい。先生はきらい』ってかなり強い口調で言ったらしくて、それをクメ先生が『そんなこと言っていいと思ってるの！』って、廊下にメイをつれだして叱ったんだって。そのときのクメ先生の剣幕に、他の生徒がおどろいちゃって、次の日何人かの女の子がキクチ先生に『メイくん、クメ先生に怒られたんだよ』って報告にきたそう。キクチ先生は『クメ先生なりにメイくんのことは気にかけていて、「あれじゃーいかん」「常識をみにつけさせないと、あとで苦労するから」って日頃から、あえて憎まれ役をかってでるというか……厳しくしてくれてたんです。それがメイくんには負担だったんでしょうね。とにかく申し訳ないことをしました』って謝ってくれたけど、でも、キクチ先生に謝られても、ね。問題はクメ先生なわけだし。そりゃ、クメ先生の気持ちはありがたいよ。でも、方法がまちがってるよ、どなりつけるなんて。『発達障害の子の人権はどうなるんですか！』ってクメ先生に抗議に行っちゃおうかな。でも、クレーマーだと思われたらやだし」という内容だった。
　（人権……確かにそうだけど、ケンカうりにいくことにならないかな）これが、メールをよんだ私の最初の感想だった（でもクメ先生みたいな人はおおいだろうし、それで保護者ともめるケースもあるだろうな。ちょっと周囲の教員に聞いてみよう）。そう思いたった私は、インタビューを開始した。質問は「クメ先生は、副担任です。そのクラスに発達障害の傾向があって、人間関係でトラブルをおこすことのおおいメイくんがいます。日頃から先生は彼に社会性をみにつけさせようと、よく叱っています。ある日クラス全員がそろっている教室の中でそのメイくんに『先生、きらい！』ときつい口調でいわれました。クメ先生は、その場で彼を廊下につれだし、大声で叱りました。もし、先生がクメ先生ならどうしますか？」というものであり、「①そのときの気持ち」「②その場での対応」「③その真意」の3点を中心にききとった。回答者は20代：女性3名、30代：女性4名、40代：男性2名、女性4名、50代：男性4名、女性3名、計20名である。

② さまざまな反応

　以下の結果は、回答者の関心や着目点がどこにあるかで軸をたて、分析した結果である。「①気持ち」では、回答者の気持ちが誰にむかっているのかで分類した。結果「自己着目」群と「他者着目」群にわかれた。つぎに、その対応への「③真意」が、生徒に対しなにを育んでいこうとしているのかで分類した。育成目標が明確なものを「育成」群、不明確なものを「不明確」群とした。なお、分類結果は、表1参照。引用文後の（　）番号は表1に対応している。

表1　インタビュー分析結果一覧

		性	年	属性	①気持ち	②対応	③真意
イ 自己着目・育成群	1	m	50		しっかりした指導だ。自分ならショック。	「がっかりだな」と沈黙する。	言葉の重みを感じさせ、「失敗」に気づかせるため。
	2	m	50		担任がやさしく、副担が悪役。理想的なクラス運営。	もっと冷めてるとおもうけど、D先生と同じ対応をする。	やってはいけないことがあることを教えるため。
	3	m	50	指導	こんな生徒どこにでもおるよ。むかつく。	男なら、その場でどなりつける。女なら、皮肉でかえす。	教師として言うべきことは言う。あとは、しらん。
	4	f	50		何てこと言うんだろう。	生徒の名前をよんで、にらむ。	社会的に「失言」であることを気づかせたい。
	5	m	40		D先生に共感。怒って当然。	その場で叱る。	いけないと感じたことは、その場で伝えるほうが効果的だから。
	6	f	40	相談	いるいる〜こういうイヤなこと言う生徒。	「あなたのためを思って厳しくしてきたのに」	学校でそうした暴言を見過ごすことはできないから。
	7	f	40	特支	か〜っとする。	その場で叱る。	社会でそれが通用しないことを教える。
	8	f	30	特支	びっくり。むっとする。	「へー、先生も一緒じゃないほうがいいな」とかえす。	生徒にショックをうけさせ、言ってはいけないことがあると実感させる。
	9	f	30	指導	むかつく。こっちの親心がわかってない。	びしっと叱る。	その場で言わないと、本人が状況を理解しないとおもう。他の生徒の手前もある。
ロ 自己着目・不明確群	10	f	30		怒りもショックもある。	「そんなふうにいわれてショック」と気持ちを伝える	言われた人の気持ちのわかる優しい子になってほしい。
	11	f	30		……なんともいえない。ショックかも。	こちらの気持ちをわかってもらえるまで、何度も話す。	少しでも他人に認められれば、指導の受け止め方もかわるのでは。
	12	f	20		かなしいし、むかつく。	残念だと思う気持ちと、その理由を話す。	実際に自分が傷ついたことを、その子だけではなく、みんなにもわかってほしい。
	13	f	20	養教	ショック〜。恩知らずだとおもう。	「そんなこと言われると傷つくな〜」と泣きそうに。	傷ついた気持ちをわかってもらいたいから。
	14	f	20	養教	腹が立つ。かなしい。	あとで呼んで話をする。	自分の今までの気持ちをわかってもらいたいし、その子の気持ちもききたい。
ハ 他者着目・不明確群	15	f	50	相談	一時的な感情では？	「そうか、いやなのか」と相手の感情をうけとめる。	あとで事情をきいて、その後を考える。
	16	m	40	相談	ショックではあるが、それだけ生徒にとって身近な存在なのだろう。	「どうしてそんなことをいうの」とおちついてきいてみる。	行動の背景にある気持ちをしりたいから。
	17	f	40	相談	いい気はしないけど、いわなきゃならなかったんだろうね。	「私のこと、嫌いなの？　私は好きなのに」と場の雰囲気をかえる。	あとで、じっくり話をきいて、その子に必要なことを再考したい
ニ 他者着目・育成群	18	m	50	指導 相談	熱い思いはわかるが……。	本人の言葉をくりかえす。	社会性をみにつけさせるいい機会だから、みんなの前でおちついて話しあいたい。
	19	f	50	指導 相談	本音だろう。本人のために厳しさが必要と思ってきたが……。	「私はあなたが好きだよ」といっておいて、あとでじっくり対応する。	「嫌い」といわざるをえない状態においこんだなら、方針をあらためる必要があるから。
	20	f	40	養教	善意の先生なんだろうけど……。生徒たちの気持ちは……。	自分の気持ちをわかることは、大切だね。	クラスみんなで、「公の場」でのふるまいを考える。

＊「指導」＝生徒指導部、「相談」＝教育相談部、「特支」＝特別支援学校勤務、「養教」＝養護教諭

イ．自己着目・育成群 〜「怒りの指導」〜

　「しっかりした指導だとおもうよ。生徒、ぜんぜんわかっとらんじゃん。僕なら、とりあえずその場で『それで、社会に通用すると思うか！』ってど叱って（注：はげしく叱るの意）、そのあとは生徒しだいだな」(5)に代表されるように、クメ先生に共感、あるいはその指導方法を評価する教員は20名中9名ともっとも多かった。彼らは、皮肉(8)や威圧感(3)などバリエーションはあるが、全員が「怒りの指導」を選択している。その理由を、メイくんの社会化としていたが、「はらがたつ」「ショック」という言葉が多くきかれたこと、回答しつつ息をあらげ身をふるわせていた教員が数名いたことからも、自分の感情のストレートな表出である

と考えられる。

ロ．自己着目・不明確群　〜怒りと悲しみ〜

　　　この群の意見としては「生徒のためにやってきたことが、そんな言葉でかえされるなんて、ショックで泣くかも……。いっそ泣いて、私の傷つきを生徒に実感してもらったほうがいいのかな」(13) に代表される。彼らは、自分の気持ちを率直に表現することで、生徒の気持ちの変化をねらうアサーティブな方法をとっていた。その行動の真意を「生徒の思いやりを育てるため」と語るものもいるが、前面にでてくる言葉は「自分の気持ちをわかってほしい」である。回答者の関心はむしろ「自分の気持ちの傷つき」におかれている。回答者5名全員が、20・30代と比較的若い層の女性であることを考えると、「女らしさ」にもっとも適合[1]した「指導」形態が、悲しみの表出だったのではないだろうか。だとすれば、イの「怒り」とロの「悲しみ」は、じつは「生徒は自分を理解してくれなかった」ことに対する嘆きの表現の表裏をなすものであり、「生徒の配慮のなさを問いただしたい」という点では、2つの回答の親和性は非常に高いと考えられる。

ハ．他者着目・不明確群　〜感情理解重視〜

　　　「かえってクメ先生との距離が近いから、言えた台詞かもしれませんね」(16) と生徒の気持ちを推測し、生徒の言葉をまずはうけいれ、「人は『行動』と『内面』がすれちがったりしますから」と生徒とじっくり話し合おうとするのがこのグループの特徴である。彼ら3人は、いずれも教育相談担当経験が長く、個人的にもカウンセリングなどの勉強をしている教員である。彼らは、こたえるまえに「その子の家庭環境は？」「学校でのふだんの様子は？」など、相談歴がながいことをうかがわせる発問をしていた。

ニ．他者着目・育成群　〜社会性育成重視〜

　　　ここに属する3名は、「その先生、社会性を育てたいんだよね」(18) とまず目的を確認し、「ハ」と同様、多くの発問をしつつ、「本音じゃないかな」(19) と生徒の気持ちに思いをはせたり、「まじめすぎて、厳しくなっちゃうのかな」(20) とクメ先生の気持ちを考えてみたりしていた。彼らが、この出来事を多方面から考察したうえで、自分のとるであろう対応をきめようとする傾向がうかがえた。彼らのうち、ひとりは養護教諭、あとの二人は教育相談部長と生徒指導部長の双方の経験者である。

③ 教師たちの「正論」

　タチバナさんの望む対応としては、出会った初期ならば「ハ」群であろうし、メイくんの様子をある程度わかったうえであれば、「ニ」群であろう。しかし、このタイプは20名中6

1　教員「役割」と女性「役割」を同時にみたすためのパフォーマンスとして解釈することも可能である。伊藤公雄他編『ジェンダーで学ぶ社会学』（世界思想社、1998年、pp.60-73）参照。

名と決して多数派ではない。さらに「どんな発達障害？」と尋ね、「どなるよりスキルとして教えたほうが社会性は身につくよね」と「発達障害」という情報を考慮にいれて回答したものは「ニ－20」の養護教諭1名のみである。発達障害に理解があると想定しインタビュイーにえらんだ特別支援学校に勤務する2名は、意外にもその情報にふれることもなく「叱る」を選択した（7，8）。インタビューの過程で、「その生徒が発達障害であることに関してはどうでしょう」と質問をはさんだケースもあるが、いずれも「発達障害ってことが、この事例に関係あるの？　発達障害であろうとなかろうと、教えるべきことは同じじゃない？」といった回答であった。たしかに、それは「正論」である。発達障害の有無にかかわらず「ダメなものはダメとおしえる」ことは重要である。ただしそのおしえ方は、発達障害概念の理解度や個々の生徒の特性把握度によって、かなりちがってくるであろう。

　発達障害をもつ人は、状況理解や表現方法が、「一般」的ではないからこそ、発達障害と認知される[2]。つまり、発達障害の生徒はいわば「異邦人」であり、そのかれらにであうとは、「異文化接触」を経験することと同義[3]なのではないか。

　通常、人は自らの経験則で他者に対峙している。その状況理解のしかたは、その個人の生きてきた「文化」に依存している。つまり自らと「異なる文化」を生きている他者と対峙するとき、よほど意識的に「異文化の存在」を認知していないかぎり、自文化に存在する「文脈」で、他者の言動を推しはかろうとしてしまう。それがトラブル発生の原因となることはおおい[4]。発達障害についての知識をえるとは、言葉をかえれば「異文化」の「文脈」を学習することでもあるのだ。

　メイくんを基準に行動選択をする「ハ・ニ」の教員たちは、「異文化の存在」を経験的に、あるいは学習結果としてしっており、反対に、自己をその判断基準にもってくる「イ・ロ」の教員たちは、「自文化の正統性」を疑わないものたちであるといいなおすことができる。とすれば、「発達障害が関係あるのか」という言葉も、「ハ・ニ」の教員にとっては「生徒はみな、おおかれすくなかれ異なる文化を生きており、発達障害もその一つにすぎない」とみているがゆえであり、「イ・ロ」の教師は「学校という同じ『文化』に属する以上[5]、発達障

---

[2] 具体的な違いは、R・ラヴォイ（竹田契一監修）『LD・ADHD・高機能自閉症のある子の友だちづくり──ソーシャルスキルを育む教育・生活サポートガイド』（明石書店、2007年、pp.16-47）がわかりやすい。

[3] たとえば、服巻智子編『当事者が語る異文化としてのアスペルガー　自閉症スペクトラム青年期・成人期のサクセスガイド2』（クリエイツかもがわ、2008年）は、その「異文化」性を、当事者、その家族がえがいていて、興味深い。アスペルガー当事者が、その著作やホームページ上で、自らを「異星人」「コウモリ」「妖怪」などになぞらえている。たとえば『当事者が語る特別支援教育──スロー・ランナーのすすめ』（金子書房、2007年）の著者高森明や、多くの著作があるニキリンコなど。

[4] こうした例はおおい。人種間問題でいえば、ベル・フックスの『ブラック・フェミニストの主張──周縁から中心へ』（勁草書房、1997年）が象徴的である。ここでは、いっとき「女性はみな抑圧されている」「連帯しよう」というスローガンがアメリカのフェミニストのあいだで流行したことに対し、ブラック・フェミニズムの立場から、彼女たち白人フェミニストは、非白人女性を、男性のみならず自らも搾取している現状にも、非白人女性それぞれの有する「異なる文脈の存在」にも無理解ではないかとの批判などがなされている。

[5] 人があつまる場所には、文化がうまれる。学校には「学校文化」という独自のカルチャーがあるという考え方は、教育社会学の分野では「常識」ともなっている。たとえば堀尾輝久他編『学校文化という磁場』（柏書房、1996年）など。

害であろうとなかろうとその『文化』をうけいれ、そこの『文脈』を習得すべきだ」という考えに基づいているための発言とも解釈できる。どちらの論も、それぞれの「文脈」に照合すれば「正論」である。

こうした背景を考えると、「ハ・ニ」群を支持するであろうタチバナさんがクメ先生の「批判」をした場合、「発達障害児へのただしい対応」や「人権」という「正論」でせまるタチバナさんと、「教師としてすべき指導」という「正論」で応じるクメ先生のあいだで、「論争」になることはまぬがれえない。たとえどちらかが「論破」されたとしても、その「信念」に基づく「主張」を変更するとは考えにくい[6]。その結果、どちらも「理解してもらえなかった」という気持ちが大きくなり、「怒り」の感情だけが増幅されるであろう。タチバナさんは「クレーマー」「モンスターペアレント」とクメ先生にレッテルをはられ、クメ先生は以後タチバナさんに「不適格教員」として対応され、お互いますます不信感をつのらせるであろう。

④ ナラティブ・アプローチの援用

では、タチバナさんとクメ先生が、「イ・ロ」群と「ハ・ニ」群が、理解しあうのはムリなのだろうか。たしかに、相互理解はムリかもしれない。しかし、共存することは可能だと私は考える。ここで、社会構成主義からうまれた「ナラティブ・アプローチ」という考え方を紹介したい。わたしたちは社会生活をおくるうえで、あらかじめある／支配的な物語（ドミナント・ストーリー）に依存して生きている。個々の人生もそうした文脈（ナラティブ）で語られる。しかし、それによって生きづらさをかかえているとするならば、ほかに変更可能な物語（オルタナティブ・ストーリー）をさがし、その文脈をいきればいいというものだ[7]。これは、個々人の生き方に直結するアプローチであるが、さまざまに応用できる。たとえば、「言葉」もまた文化であり、支配的な物語の形成に寄与し、またその言葉で表現される内容の物語のゆくえを決定している。

具体的に考えよう。たとえば、上記の「論争」「正論」「批判」といった言葉には、どんな物語が付随しているだろうか。こうした言葉は、「論争に勝つ」「正論を戦わせる」「批判は的を外している」といった文脈で使用される[8]。つまり、こうした言葉のメタファーは「戦争」であり、この言葉を使用することによって、「戦い」の物語を進行していくことになる。「戦い」であるならば、どちらか、あるいは双方が傷をおうことはまぬがれえない。結末は、「怒り」の感情の蓄積であろう。

では、他の言葉をもちいれば、物語は変更できるのだろうか。たとえば、タチバナさんが

6　たとえば、高野陽太郎（『「集団主義」という錯覚　日本人論の思い違いとその由来』新曜社、2008 年、p.221）はある心理実験の結果を例示したうえで「ある信念が、なんらかの根拠にもとづいてできあがったのであれば、その根拠が事実でないことが判明した場合には、当然、その信念は修正されてしかるべきであろう。しかし、いったんできあがった信念は、もとの根拠がなくなったくらいでは、かんたんに変わるものではないらしい」としている。

7　S・マクナミー他編（野口裕二他訳）『ナラティブ・セラピー　社会構成主義の実践』（金剛出版、1997 年）参照。セラピーにおける具体的な使われ方は、5 章がわかりやすい。

8　ケネス・J・ガーデン（東村知子訳）『あなたへの社会構成主義』ナカニシヤ出版、2004 年、参照。

クメ先生に「相談」に行ったらどうであろう。「メイが公の場で、失礼な発言をしなくなるには、どうしたらいいでしょうか」と「心配事」をもちかける。クメ先生が「私もそれを願って叱ったのですが」とその行動の背景にある「思い」を語る。タチバナさんが、「先生のメイを思ってくださる気持ちは、すごくうれしいです」と「願い」を「共有」していることを確認する。あとは「願い」の実現にむけて、クメ先生が教員としての「知恵」をだす。タチバナさんが自己の育児経験からえた「知恵」をだす。その中から、お互いの「思い」をみたすような「知恵」を選択し、保護者と教員が「協力」する[9]。そこには、「クレーマー」や「モンスター」、「不適格教員」は不在である。いるのは「こどもに高い関心をよせる保護者」であり、「教育熱心な教師」である。「悩み」「思い」「知恵」こうした言葉から、「戦い」という物語はうまれにくい[10]。これは一見、言葉上のレトリックにみえるかもしれない。しかし言葉を選択する過程で、つまりこの場合はタチバナさんがクメ先生に会おうとするとき、「抗議」という言葉で考え「戦い」気分ででかけるのか、「相談」という言葉を選び「あゆみよる」気持ちででかけるかで、場の雰囲気は大きく異なることだけは確かであろう。

　タチバナさんへの返信は、「『抗議にいく』というより『相談にいく』気持ちで。『できたら複数の先生のお知恵がかりたいです』ってお願いしといて、学校にいったら？」と書いた。しかし今回のこの解決策が、タチバナさんの自制心におおきく依存していることは、否めない。

　上野千鶴子[11]は、「かしこさ」を「他人に対する想像力」と定義したうえで、「かしこい人とかしこくない人がケンカをするとどうなるか？」という想定をし、「相手の立場を思いやって、それもわかる、と言っている方」が、「相手を理解」せず、「情容赦ない攻撃を仕かけてくる」方に負けるのは当然であり、「かしこい人がケンカに勝つには、かしこくない相手に同じくらいかしこくなってもらうのを辛抱づよく待つか、もしくは力で負けて理で勝つ」しかないとしている。本章のケースでいけば、「他人に対する想像力」のある「ハ・ニ」の教員たちが負ける側になろう。だからこそ、「戦い」の土俵にあがっては、いけないのだ。

　「異文化」理解度の高い教員にできることは、「信念」体系のできあがってしまっている──自文化を疑うことのない──教員に対しては、「共存」をめざすべく、「戦い」をさける言葉をえらんでいくことであろう。一方、まだその「信念」体系に柔軟さをのこしている教員には、「異文化の存在」の提示や「多面的な見方」の提案などによって、自分とは異なる他者がいるという事実をつねに意識し、尊重できるような柔軟さを相互に維持すべく、語り合っていくことではないだろうか。

9　むろん、それでも「○○すべき」と「正論」をもちだし、「戦い」のストーリーに変更しようとする教員もいるであろう。それゆえに、この場合であれば、担任や学年主任、養護教諭など、複数で話しあうことを要望することも、一つの策だと考える。なお、経験上からも、生徒に問題がおきた場合は、複数の教師と保護者が話しあう方が、円滑にいくケースがおおい。

10　こうした点から考えれば、「ロ」の教員には、「先生を悲しませたことはわかっても、どうすればそれが避けられるのかはメイにはわからないんです。それを悲しんでいます」と、「悲しみ」の感情を「共有」することで、「戦い」をさけ、「共存」への道をはかることも可能かもしれない。

11　上野千鶴子『女という快楽』勁草書房、1986年、pp.242-244

7.「タブー」くずし
（「それは、いけない」って、きめたのは だれ？）

　みなさんの まわりには「ほんとのこと、いいすぎ」「それ、いっちゃだめでしょ」と、よくいわれている人は いませんか？

　わたしたちは、ちいさいときから みたり きいたり、おとなから 注意されたりして、どんなときに どんなことを いえば いいのか、どういうことは いっては いけないのかを まなんでいます。

　しかし、みたり きいたり 注意されたり するだけでは、どうしたらいいのか わからない人が います。ある人たちは、「そういう子たちに 練習を させるべき」といいます。ひとつずつ、「こういう場合は、こうだよ」と 場面を きめながら、「やりかた」として 練習していこうと いうのです。たしかに、それは やくにたつと おもいます。

　でも、そのいっぽうで「ほんとの ことを いう」のは すてきだなとも おもいませんか？「それ いっちゃだめ」と いわれることの なかには、大切なことを かんがえる きっかけが つまっていることも おおいです。たとえば、「ふとってるって、ふとった人に いっちゃだめ」と いわれることが あります。でも、どうして ふとっていては いけないんでしょう。アイドルやタレントは みんな やせているから？　では、みための もんだい？　ふとっていると びょうきに なるから？　では、けんこうの もんだい？　でも、みための うつくしさは、はやりが あります。ふとっていても 病気に ならない人も います。じゃあ、なんで？　これって じつは、ふかくて 重要な もんだいです。

　「ほんとのこと いいすぎ」の人が、「ほんとのことを いいすぎないようにする方法」を 練習するのは だいじだと おもいます。でも、「ほんとのこと いいすぎない」人が「ほんとのことを いえるようになる 方法」を 練習することも、おなじくらい 大切だと おもうのです。

7.「タブー」くずし

① ソーシャルスキル・トレーニングの授業

　タチバナ・ナミさんから「違和感」というメールがきた。彼女は先日、メイくんのクラスで養護教諭による「ソーシャルスキル・トレーニング（以下、SST）」の授業が行われるとしり、希望して授業を参観させてもらったという。以下、その授業風景を要約する。

　授業のはじまりの約束は、2つ。「発表している人の意見はまじめにきく」「人の発言を否定したり、ちゃかしたりしない」であった。雰囲気づくりのためのかんたんなゲームをしたのち、6人ずつのグループにわかれた。グループに、6つのマスにくぎられたA3の紙が一枚くばられる。指示は、「順番をきめて、ひとり、ひとつずつ絵をかいていきます。最後にひとつの物語をつくりましょう。絵をかいている間は、ぜったいしゃべっちゃだめです」である。

　さて、こどもたちの発問や順番決めもおえ、お絵かきがはじまった。しーんとするなか、くすくすわらいがときどききこえてたのしそう。メイくんのグループの1人めは、山を背景に4匹の親子らしいうさぎの絵をかいた。2人めがメイくん、彼はたもと虫かごの絵をかく。3人めが犬の絵。タチバナさんは、「これで、話になるの？」とどきどきしたという。すると4人めのケイカちゃんが、うさぎを追う犬と、たもでつかまえられたうさぎの絵をかいた。5人めの子は、柵にかこまれたうさぎと、それをとおくから心配そうにみる3匹のうさぎをかいた。6人めの子は、柵の中でおいしそうににんじんをたべるうさぎと、それをみてほっとする他のうさぎたちの絵をかいた。タチバナさんは「お〜、話がつながった！　すばらしー」とかんじ、とくにケイカちゃんの機転に感動したという。「メイのとんちんかんな絵をフォローしてくれて、ありがと〜」と。さてこんどは、みんなで作った物語の発表会である。どこのグループも、1人めがかいた絵の中から、なんらかのモチーフをとりだし、それを中心に話が展開していたが、モチーフを共有しない絵がはいりこんでいるグループもあった。紙を6つに切って、紙芝居のように展開したグループもあった。こどもたちは、ストーリーを発表しながら、「意味わかんなかった〜。ばらばらの絵から、話つくるんだと思った〜」「いや、私はわざとやったよ」など、にぎやかだ。モチーフを共有しなかった子、そのフォローを一生懸命考えた子たちの発言がとくにめだつ。そのなかでも、クラスの称賛は、3つのばらばらな絵をひとつにまとめたケイカちゃんにあつまった「さすが、学級委員。あったまい〜」。でもメイは、無関心。「おい、メイ。おまえ、ケイカに、感謝しろよ」と声がかかる。「なんで？」「おまえ、話きいとったんか。おまえのせいで、このグループ、話ができんかったかもしれんのだぞ」「私だって、メイくんのせいでなんの絵かいてもいいと思っちゃったんだよ！」「えっ？　できたじゃん」「だから、それはケイカのおかげでしょ」

　養護教諭のコイシカワ先生がわってはいる。「サトシくんたち、そんなメイくんをせめちゃだめだよ。メイくんだって、いっしょうけんめいかいたんだから。それに、ちゃんとケイカちゃんみたいに、フォローしてくれる子もいたよね。協力するってすてきだね」とその場をおさめた。そして、コイシカワ先生はひととおり各グループの絵をほめたのち、「紙を6つに切っちゃったり、関係ない絵がはいっていたり、私もどうなることかとどきどきしたけど、全部一つの話につながった。すばらしいね。今日の活動は、『みんなで協力すると、おもしろいし、ほっとする』って発見をすることでした。それにぴったりの活動になってよかったで

す。でも、その他にも、2つ勉強になったよね。1つは、人の話をちゃんときくこと。もう1つは、わからないことは最初に質問するってこと。わざとって人もいたけど、でも、話をよく聞いていなくて、最初におもいおもいの絵をかいて、そのあと、そこから1つの話をつくるって思いこんじゃった人もいたよね。やっぱり、人の話をしっかり聞くことは、大切だよね。もうひとつは、はじめる前に、質問ありませんか？って、きいたよね。そのとき、『ばらばらの絵をもちよって、話をつくるの？　それとも順番に話がつながるように絵をかいていくの？』って、質問すれば、まちがえなかったよね。これも、勉強になりました。では、これでおわります」

　タチバナさんはこの授業に違和感をもったというのだ。「コイシカワ先生は、ちゃんとメイにも配慮してくれた。周囲の子たちの雰囲気もよかった。でも、釈然としない。SSTに期待しすぎ？」という感想だった。この違和感は、おそらく以前、私がうけたエンカウンターの演習で感じたものと同じであろうとおもう。

② エンカウンターの演習

　演習の「ファシリテーター」はエンカウンターの著作もおおいシマヅ教授であった。ひととおりのアイスブレーク（場をうちとけさせるための簡単なゲーム）をおえ、グループをつくった。そのグループ内で、まずは自己紹介をする。「これから、グループで順に自己紹介をしてもらいます。ひとりの自己紹介がおわったら、みなさん1つずつ質問をしてください。でも、場をもりさげるような質問はだめですよ〜。否定的な質問もいけませ〜ん。さて、やってみましょう」と前席の3名を指名し見本をしめした。「では、ぼくからやってみます」というとシマヅ教授は、声のトーンをかえ明るくはなしはじめた。「ぼくが好きなことは、娘とおでかけすることでーす。かわいいんですよ〜。スミレちゃんってゆーんです。はい、ここで質問してください」「えっ、えーっと、うーんと……他にお子さんはいらっしゃらないんですか？」「ええ、じつは……って、うっわ〜。いっきにもりさがっちゃったじゃないですか。空気よんでくださいよ。ほら、ここはスミレちゃんを中心に展開していくと、もりあがりますよ〜」。シマヅ教授はユーモアセンスにあふれ、決して発言者を不愉快にさせるような話し方をしたわけではなかったし、初対面の人と談笑できるポイントの説明としては適切でもあった。しかし、わたしは、違和感をもったのも確かである。その理由は、次の演習であきらかになる。彼の注意事項は以下である。

　「さて、これは教室でもつかえます。ルールは『人を傷つけるようなことは言わない』『相手の発言を否定しない』『あたたかい気持ちになれるような言葉がけをする』。たとえば、教室で、みんなで一緒に夢をかたるって演習をするとします。ひとりの子が『将来は、アイドルになりたいです』と言います。うまくいっているクラスならば『へー、どんなタレントが目標ですか？』とか『歌手デビューもしたいですか』などと発問します。ところが、ときどきいるんですよ『えー、そんなに太っているのにアイドルですか？　お笑いタレントではなくて』なんて意地のわるーい発言をする子が。そうした発言は、人の気持ちを傷つけるものとして、ちゃんと注意してください」

これは、エンカウンターでなくても、学校の教員がクラスのこどもたちにむかって、発しそうなメッセージである。

③ 二つのワークの共有点
　前述のSSTとエンカウンターに共通するものはなにか。一般的にエンカウンターは感情面の、SSTは行動面の対人関係を円滑にするためのスキルといわれるが、両者に通底しているのは、「人を否定しない」「傷つけてはいけない」という大原則である。こどもの心のあり方に関心がむけられやすい昨今、心の教育、円滑なクラス経営の一環として、これらのワークを学ぶ教員もふえた[1]。しかし、こうしたワークでほんとうにだれも否定されていないのだろうか。コイシカワ先生もシマヅ教授も、最後に総括をしている。コイシカワ先生のメッセージは「人の話をちゃんときくこと」「質問すること」、シマヅ教授のメッセージは「もりさがる質問はしない」「教室では本音でしゃべらない」である。つまり、彼らは「人の話をきかない子」「わからないときに質問しない子」「場の空気を読めない子」「事実を指摘する子」を、言外に「否定」している。しかし、それは「否定」と気づかれにくい。なぜなら、人の話をきく、場の空気をよむなどは、日常生活においてすでに「常識」「規範」となっているからであり、それを侵すことは「タブー」であるとの前提条件を共有しているからである。こうして考えると、SSTやエンカウンターといった心理学的ワークは、この「タブー」を肯定的にとらえたもの、つまり「相手の文脈にそって話をもりあげる」「『上品』な話題を提供する」「現実より、夢や希望を軸に話す」ことで、「傷つき回避」「会話の快」を提供しようとするこころみであるといえる[2]。

　たしかに、「人との関わりがうまくとれない」「会話下手」な人が、こうしたスキルを身につけることができれば、会話はスムーズにはこぶかもしれない。しかし、考えてほしい。こうしたスキルの共有は、これまで暗黙裏にあったゆるい「タブー」を自明なものとし、より明示化された「タブー」とすることに加担してはいないか。

　自閉症の子は、一般的にみえない「規範」を理解するのが困難だといわれている。だからこそ、本人にむかって、「なんで、太ってるのに、アイドルになれるとおもうの？」と聞けてしまう。その子にとっては、たとえば、テレビにでてくるタレントと比較した結果の、悪意のない、単なる疑問にすぎない。おそらく、メイくんがその場にいたら、やはり同じ発言をしたであろう。しかし、ワーク前であれば、「それ、いわないほうがいいよ」と周囲の子に注意されてすぎていく話であったかもしれないその言葉は、クラス全員が会話上の「タブー」を再認識してしまったあとでは、「場の空気がよめないやつ」「常識のない子」として、いやさらに「意地悪で配慮にかける子」として、教員をはじめクラスの成員に認識されることが

---

[1] 国分康孝ほか『エンカウンターとは何か──教師が学校で生かすために』（図書文化社、2000年）、河村茂雄『教師のためのソーシャル・スキル──こどもとの人間関係を深める技術』（誠心書房、2002年）など、「エンカウンター」「ソーシャルスキル」と「教師」「学校」「学級」などをくみあわせて検索すると類書は数多くみつかる。
[2] もっとも、「SST」や「エンカウンター」は手法であり、その時々の目標によって、注意点や講師・ファシリテーターのコメントは、ことなってくるだろう。ここでは、さきにあげた2つの事例をもとに考察している。

想定できる。なぜなら、明示的な「タブー」をおかしたからである。だからこそ、SSTのあとで、クラスの子はメイくんをせめた。そして、「だめなやつ」「誰かのフォローが必要な子」としてのメイくんのイメージを強固にしてしまった。その雰囲気をタチバナさんは察知したがゆえの「違和感」ではなかったのか。

　クラス全員の自己肯定感をたかめ、コミュニケーションスキルを習得させるために開催した、こうした心理学を背景としたワークが、結局はもともとあったコミュニケーション能力の高低をさらにきわだたせるだけでなく、さらに会話の「タブー」に対する相互監視体制を誕生させたままにおわっている可能性はすくなくない。

　では、メイくんのような「規範コード」を理解しにくい子だけをあつめて、会話上の「常識／タブー」をおしえればいいのか。しかし彼らは、過去にも同じような注意を周囲のおとなにされてきているはずだ。実際、タチバナさんは、メイくんがアスペルガーと診断されるまで、何度も人づきあいの「タブー」をおかす彼を「どうして人の気持ちがわからないの！」と叱り、診断されて以後も、やはり「きれいな人にきれいって言ってもいいけど、はげている人にはげっていってはだめ」など、個別に説明してきた。しかし、メイくんには、「きれい」や「はげ」といった形容に、価値観が付随していることが、なかなか理解できないようであった。

　だからこそ、ワークが必要なのか。たしかに現実のシミュレーション、ロールプレイなどで、すこしずつ場面におうじたスキルをみにつけさせることは可能／有効でもあろう。しかし、コミュニケーション能力のひくいこどもだけにこうしたスキルを習得させ、クラスにもどしさえすれば、解決するのだろうか。他者に「スキル」を習得する必要があると子と認定された時点で、その子の自己肯定感が、いちじるしく低下する可能性はないのだろうか。

　「発達障害」の子の自己肯定感をたかめるために、SSTやエンカウンターをすすめるおおくの書物がある[3]。そうした書物によって、スキルをみにつけ社会適応をはたすこどもが存在するのはたしかだろう。しかし、いますこし、ラディカルにかんがえてみたい。「自己肯定感」がたかまるためには、まず存在そのものを認め、評価してもらうことが重要ではないのか。

　たとえば、自閉の子におおくみられる「きみょう」な動き、チックを認める。ストレートなものいいを認める。そして、さらにそれをほめる。それは、不可能なことであろうか。「きみょう」な動きやチックは、その子の緊張緩和のためにとられる動きであることがおおい。「こうやって、リラックスできる方法を自分でみつけているんだね」と認め、その動きとともに生活する方法を考案することは可能だ。ストレートなものいいは、「本音で語れるって、すばらしいね」とほめることもできる。

　1つめの例にもどろう。メイくんは、モチーフからはずれた絵をかいた。しかしその「はずし」のおかげで、語られる物語に、意外性や躍動感がうまれたのではないだろうか。反対

3　上野一彦・岡田智編『特別支援教育実践ソーシャルスキルマニュアル』（明治図書、2006年）、田中和代・岩佐亜紀『高機能自閉症・アスペルガー障害・ADHD・LDの子のSSTの進め方──特別支援教育のためのソーシャルスキルトレーニング』（黎明書房、2008年）など。

に、ケイカちゃんの機転はその後の物語の方向性を限定してしまった可能性もある。であるならば、コイシカワ先生は、クラスにむかって「メイくんの絵のおかげで、意外性がうまれたよね。先生も、どうなるかとドキドキしちゃった。ケイカちゃんもメイくんのおかげで、得意な『機転』がおひろめできてよかったね」ということもできる。こうした声がけによって、メイくんの「ＫＹ」な特性は、「独創性」としてクラスメイトに認識され、ケイカちゃんとともに同等に認められることになる。

　２つめの例でも、こうした展開は可能である。「そんなに太っていて、アイドルになれますか？」と質問する子がいた場合、「いまの質問は、特定の人にするのは、失礼かな。いま、あやまっておこう」と言われた側の子のために発言する教師はおおい。しかし、ここでおわってよいのか。この場合、教師は「人が太っているのは、あまりよくないことである」「アイドルは太くてはなれない」という認識のもとで発話していることが、暗黙裏に伝達されてしまう。実は、教師のその発話こそが、「太っている子」を否定するものとなっている。「太っている」ことから、議論を展開するとすれば、ポイントは２つある。１つは「太っているのは、ほんとうにわるいことか」、もう１つは「アイドルはなぜ、太っていてはいけないのか」である。これらのポイントは、人々の志向、価値観の変遷、健康観、摂食障害という社会現象など、さまざまな社会的あり方を議論の射程にとりこめる重要な視点である。

　もうすこし、詳細に検討してみよう。通常、社会内で顕在化しているのは、表１の①規範と②行動だけであり、背景にある③価値基準はかくれており「絶対基準化」している。こうしたなかでは、Ａが「正し」く、Ｂは、「非常識」「思いやりがない」として非難される。しかし、③価値基準を意識化し、再検討することによって、②行動の意味は変化し、①の評価の逆転をもたらす。たとえば、Ｃであったらどうか。現代の日本社会ではポピュラーではないというだけで、たとえば貧困や飢餓が日常的な地域（あるいは、過去）では、こうした「豊穣」「富裕」といった価値基準で体型をとらえることはありうる。この場合、Ａこそが「非常識」となる。③の価値基準を「絶対視」しない態度、その価値の生成過程や意味を考察するといった態度は、重要ではないだろうか。

表１　肥満認識をめぐる対立の構造

		①現象に対応する規範	②現象に対する行動		③背景にある価値基準
肥満（現象）	Ａ（多数派）	「太っている」と言明してはならない／そのタブー化	・沈黙 ・話題化の回避	→言明したものへの非難、少数者への規範上の同化強制（ex. SST）	現代的／「先進諸国的」な健康観・身体観などに立脚した「太っているのはよくない」という判断（自己判断の正当化）
	Ｂ（少数派）	なし	・率直な言明 ・話題化	→同化強制をうけることによる自己疎外・自己否定	現代的健康観・身体観から自由であるため、「太っている」ことに対して価値中立
	Ｃ（少数派）	ほめことばとして存在／積極的使用	・話題化	→言明したものへの称賛	豊穣・富裕のシンボルとしての肥満、「ふくよかな／たっぷりした体型」

④「常識」からはずれてみる

　こうした「常識」からははずれた「根本的な問い」「ストレートな感情表出」は、ことなる他者をつなぐこともある。たとえば、高部雨市は、差別的視線にさらされてきたある「小人者」が、「健常者」と理解しあえた瞬間のエピソードを紹介している[4]。その「小人者」は、ある人に「どうして、そんなに小さいのか」とたずねられ一瞬たじろぐものの、遺伝や生育歴について丁寧にこたえていった。会話の展開にともない相手のまなざしが変化していき、ふたりの関係性がちかづいたというものである。むろん、この「率直さ」は双方に必要である。たずねられても答えなければ、答えたくてもたずねられなければ、関係性は平行線のままだ。だからこそ、ともに「タブー」にチャレンジする必要がある[5]。

　ふだん「タブー」とされていることを、あえてし、肯定する。この効果は、想像以上におおきいのではないか。たとえば、日本の学校において、「遅刻」は厳禁である。つねになんらかのペナルティをかされ、かさなれば進路変更（転・退学）をすすめられることすらある。その「遅刻」を評価する著者がいる。末永弘は、介護者を採用するなら「遅刻する人を」とかく。遅刻するような人は、自身が計画性のない生活をおくっているためか、臨機応変な対応が得意である。なおかつ自身も社会の周辺で生きているケースがおおいため、介護にたいしてもよく考えたり、悩んだりするからだという。なにがおこるかわからない介護現場では、「だらけていて、かつ緊張感のある関係」が必要であるが、「遅刻するような人」は、まさにそれに適合的だというのだ[6]。この文章にであった「遅刻常習者」は、おおきな安堵感をえるのではないか。実は「遅刻常習者」である私は、この文章にどれだけ勇気づけられたかしれない（以後、いつも遅刻で叱られている生徒には、一読をすすめている）。

　いつも他者から叱責されていること、自分でも欠点だと信じているところをほめられる。「タブー」に抵触するはずの行為を、評価されるという経験は、その人の心をゆたかにし、自己をふりかえる心理的余裕を提供するとおもわれる。

　再度、確認しよう。SSTやエンカウンターといった心理学的ワークは、いくつかの約束事をつくり、「予定調和」的世界を保持することによって、そのなかで安心して自己表出し、他

4　高部雨市『笑撃！これが小人プロレスだ』現代書館、2009年
5　もっとも、この「どうしてそんなに小さいのか」、あるいは前述したような「太っているのに、タレントになれますか？」といった問いを、悪意をもってはっする人はいるだろう。この場合、どうすればいいのか。当事者として、また第三者として。明解なこたえはでない。当事者であれば、悪意にきづかないふりをして、率直に返答するかもしれないし、第三者であれば、「悪意をもっているならば、きついよ」とつたえるかもしれない。しかし、いずれにせよそれが、その人のはぐくんでしまったコミュニケーション方法なのであろう。他者の気をひきたい場合、その人にとっては過去、悪意をぶつけることがもっとも有効であったのかもしれない。もし、それが生徒であれば、「それもひとつの方法ではあるけれど、あまりに損だ」とつたえ、ほかの方法をともにさがすようつとめる。しかし、もしそれが同僚の教員であったら……私はどうするのだろう。悪意をもつ人として、孤立させてよいものであろうか。一定の距離がとれるなら、その人を疎外するような行動はとらない。しかし、距離をちぢめられたら……。つかずはなれずの距離をたもちつづけるよう努力するのであろうか。
6　末永弘「当事者に聞いてはいけない——介護者の立ち位置について」寺本晃久・岡部耕典ほか『良い支援？——知的障害／自閉の人たちの自立生活と支援』生活書院、2009年、p.194

者を認めることを目的としている[7]。この約束事は、「一般的」な「日常」の規範から、構成されている。よって、日常生活で応用可能であるし、約束事からはずれる「ストレートな感情表出」や「根本的な問い」は、注意対象となる。背景にあるのは、ある特定の文化の共有、つまり、日常のあいさつ程度の会話では「お互いの感情やイデオロギーに直面しないように、あたりさわりのない会話をすること」といった「規範」、1時間内の段取りがあらかじめくまれている授業においては「教師の意図した授業展開にそって発話すること」という「規範」を、肯定することから出発している。うらがえせば、その固有文化を共有できない「異文化」の存在は最初から排除されている。この排除をふみこえようとするならば、やはりまず、既存の価値観を転倒させることからはじめるしかないのではないか。予定調和的な進行をあきらめ、「タブー」をこそ規範として授業を展開してみる。場そのものを「本音で物事の背景を問う場」へと転換する。ここで議論の主導権を握るのは、自閉傾向のある子、異なる文化背景をもつこどもたちになろう。なぜなら、彼らは、いま生きている日常につねに疑問をいだきつづけているであろうから。こうして、はじめて教室内の力関係は、反転する。「場違い発言のおおい〇〇さん」は、「批判的思考法」をマスターしている小さな社会学者へと、硬直した思考法に風穴をあけるスターとして、その評価を転換させることができるのだ。

　「常識を共有しないことこそが、アイディアの宝庫」「異なる視点のもちこみこそが、ひらかれた居場所をつくる」こうした視点にたって、まずワークによって一般枠組みをうちこわす。「異文化」をいったんわたしたちの「上位文化」として、認める。そのあとで再び、いままで

---

[7] 本章は、SSTやエンカウンターの意義を否定するものではない。わたし自身、コミュニケーション上のスキルを、「スキル（技法）として」習得することは有用だとかんがえ、ずいぶん生徒とともにチャレンジしてきた。しかし、つねに一定数の「のりのわるい生徒」「つらそうな生徒」がいる。その子たちにこそ、スキルをみにつけてほしいのに……と。むろん、私が「ファシリテーター」として、未熟なせいもあるだろう。しかし、「のりのわるい生徒」「つらそうな生徒」にどうアプローチするのか、それは気になりつづけてきた課題である。わたしは自分が過去におこなってきたSSTをわけて考えることにした。「返事に窮したときの対処用SST」と、「雰囲気／思いやりづくり的SST」にである。きっかけは、こんなエピソードである。こづれで電車にのったとき、しばらくしてこどもが泣きわめきだした。みしらぬ男性に「静かにさせろ！」とどなられる……。以後、こづれで電車にのるのが、こわくなった。次にバス内でこどもが泣き、またどなられた。そのとき、ちかくにいた女性が、おおきな声で私にいった。「子育てを自分でなさったことのない男の方は、そういうのよ。こどもは泣くのが仕事。大丈夫」と。うれしかった。そのあと彼女は、自分が子育て期に、なんどもこんな経験にあい「いつか、こういいかえしたい！」とあたためてきたと小声で笑った。これもひとつの「SST」であろう。こうした返事に窮したときに、どうかえすか。これは、日頃かんがえておかなければ、難しい課題である。その場でなんらかの返答が要求されるから。生徒であれば、「たばこをすすめられたら、なんて言う？」「学校さぼろって、さそわれたら？」などの難題。こうした問題への対処方法をSST的に、練習をかさねるのは、有効だとおもう。これは、苦手な生徒がいようと、つまらなそうな生徒がいようと、「かんがえておくことが大事」とつたえ、続けていきたい。問題は、本章にあげたような「雰囲気／思いやりづくり的SST」である。この点に関しては、従来の「常識強化」につながるようなSSTであれば、「常識破壊」的SSTとセットでおこないたいというのが、本章における私のこたえである。むろん……「つらそうな生徒」が「一般常識」からことなる観点から照射され、「タブー」をつきやぶってヒーローになることを、彼らがはたして望んでいるのかととわれると、こころもとないが。たとえば「べてるの家」のSSTは、明るくちからづよいイメージを喚起させられる（伊藤絵美・向谷地生良『認知行動療法、べてる式。』医学書院、2007年）。「べてるの家」での実践が、「返事に窮したときの対処用SST」に特化されいる傾向にあるからかもしれないが、「べてる」の存在そのものが「タブーくずし」であるからかもしれない。

の「文化」内「常識」にたちもどる。そうした作業をへて、わたしたちはやっと、自分たちの「タブー」を相対視できるのではないか。たとえば、自閉の子ならば、「本音でしゃべっていい自文化領域」と「たてまえをくりだすべき異文化領域」があるのだという認識を、ブラジル育ちの子ならば「ピアスをつけて当然の自文化領域」と「ピアスをはずさなければペナルティが課される異文化領域」といったような場による「タブー」の可変性を体得できるのだとおもう。こうした認識の転換があって、はじめて「異文化」を生きるマニュアル、アイテムとして、「一般常識」下におけるスキルの使用方法を習得することに積極的になれるだろう。むろん、多数派にとっても、少数派を対等な他者としてみつめなおす重要な契機となるはずだ。

　まずは、個々人が認められること、否定されない経験から、はじめるしかないのだし、それは、いままで否定されてきたがわの子に焦点をあてて、それを全肯定することからはじめるしかない。

　タチバナさんから、「ありがと」という件名のメールがきた。「いろいろやりとりできて、うれしかった。結局、コイシカワ先生には、『ソーシャルスキルの授業、おもしろかったです。先生が、いつもいろいろなことにとりくんでくださって、心づよいです。でも、メイにはちょっとつらかったかも。『常識のなさ』がみんなの前ではっきりしちゃったし、みんなの前でいろいろ聞かれるのも苦手だし……。彼がクラスのみんなにあわせるのは、とても大事なことだとおもいますが、クラスのみんなが、少数派の子、うちのメイや元気でいつもうごきまわっているセイヤくんや、外国からきたソニアちゃんたちに、あわせてみるなんてワークも、いつかしてみてほしいな〜と。そうしたら、はじめて、コイシカワ先生のやってくださったソーシャルスキル・トレーニングの意味がメイたちにもわかるんじゃないかなっておもいます』って、言ってみちゃった。先生けっこう、びっくりした顔してたけど、『そういえば、そうですね。なにか考えてみます』って、真剣にうけとめてくれました。よかった」

8.「ふつう」観をといなおす
（「ふつう」って、なに？）

　「ふつう」って、なんでしょう。「ふつう」に みえる人も、病院に いくときは「だいじょうぶかな」「すごい病気だったら、どうしよう」などと 不安になって、「ふつう」では なくなるかも しれません。だとしたら、学校にくると「ふつう」ではなくなる こどもも たくさん いるのでは ないでしょうか。「勉強、わかるかな」「きょう、なにするんだろう」「クラスに、なかよしが できるかな」とか、不安に なることは、たくさん あると おもいます。

　そんな こどもたちの 不安が 先生たちに ちゃんと とどいて、こどもたちと いっしょに、どうしたらいいか かんがえられるような チェックシートを つくりたいのです。

　たとえば、「学校での 勉強が わからない」という不安の なかみだって、人によって いろいろです。「よみかきが にがて」「自分が、なにをすべきか わからない。まわりを みても、てんでばらばらのことを しているし」「先生が みんなに はなしていることが、自分にも かんけいあるのかどうか わからない」などなど。先生たちだって、むかしは こども。とくいな ことも あったけど、にがてな こともあったはず。「すぐ まいごになる」「なくしものが おおい」「つくえのうえが ごちゃごちゃ」なんて先生は、たくさんいます。そんな先生たちと いっしょになって、いろいろな「こまった」が ひろえるように、そして 先生たちと「どうしよう」って いっしょに かんがえられるように、そんなシートを めざしました。

8.「ふつう」観をといなおす

①「ふつう」の配慮

　タチバナ・ナミさんが、ずいぶんまえにくれた「クレーマーデビューしちゃった」という件名の一連のメールが、消化できないでいた。彼女の怒りの理由が、私にとってあいまいだったからだ。そこで、あらためてそのクレームの内容を「ふつう」という言葉に焦点化して再考することにした。

　近所の小児科でメイくんの「アスペルガーの可能性」を指摘された頃に話はさかのぼる。彼女は、その小児科で発達障害も専門としているチカマツ医師を紹介された。彼女は、指摘直後こそ動揺していたものの、その後は積極的に自閉症について勉強し、さらにチカマツ医師がかなり評判のたかい精神科医ときいて診察をこころまちにすらしていた。その診察の顛末が、「クレーマーデビューしちゃった」としておくられてきた。以下、要約する。

　受診後のかえり道、メイくんはタチバナさんに「ぼくって『ふつう』じゃないの？　おかあさん、ぼくの話をするのがいやそうだったね」といったそうだ。彼女は返事につまり、そして「メイが今後、不必要に傷つかない」ためにさせた受診が、「彼を傷つけることになってしまった」と夜中に大泣きした。タチバナさんは以前から息子のとる不可解な言動を心配しつつも、医療機関につれていくことでメイくんが自身を「病気」「ふつうじゃない」ととらえることを危惧していた。しかしこども集団の中でのメイくんの様子を観察するにつれ、これ以上放置するとこどもたちから疎外される可能性がたかいと判断し受診を決意している。それだけに、彼女の傷つきはより深かったという。

　彼女の不満は３点——①医師の受診にいたる前の面接担当者の身分などが不明確　②こどもの前で、状況説明をしいられた　③状態評価のためのチェックシートの印字がつぶれており、よみにくかった——であった。

　もともと、メイくんはおとなの会話に敏感であるし、ささいなことですねやすくもあった。さらにアスペルガーのこどもの特徴として自分の話題には敏感なことをあげていた本が何冊もあったため、タチバナさんは受診にあたりレポートを作成していった。メイくんの前で、いままでの「へん」なエピソードをおおく語らずにすむようにという配慮からである。しかし、最初にでてきた面接担当者に「やはり、口頭で説明してもらわないと」と親しげにほほえまれ、親子同席で息子についてあれこれたずねられた。タチバナさんは（彼女は何者か）（なんのために？）（どこまで話すことを要求されているのだろう）など疑問をいだきつつも、不承不承こたえていたそうだ。その後、チカマツ医師との面接がはじまったが、最初の面接と同じ質問を確認のようにされたあげく、「やはり息子さんは、耳をそばだててきいていらっしゃいますね。では、また後日おかあさんお一人でいらしてください」といわれたという。彼女は「そんなことを確認するための面接なら、なにも深刻な話をする必要はなかった」と自分を責める一方、「こどもには待合室でマンガをよんでもらっていてもいいですか？」という彼女の問いかけを無視し、メイくんの前で担当者をかえ同じ質問がくりかえされたことに対して、むなしさと怒りを感じていた。さらに担任と保護者用にとわたされた評価シートの印字がちいさく、しかもつぶれてよみにくかったとこも不信感につながった。発達障害的傾向のある子の親には、やはり同様の特徴をもつケースがおおいとされているのにこんなよみにく

いものをわたしていいのか……と。
　そこで翌日、彼女はチカマツ医師に抗議をした。医師の彼女の不信に対する説明は以下である。

　　①最初の面接担当者はソーシャルワーカーである。ソーシャルワーカーによって面接の要点が把握できれば、診察時間が短縮できる。これは診察の申し込みからできるだけはやい受診を可能にするための措置である。現在、とくに発達障害関係の診察希望者がおおく、診察予約が6ヶ月から1年先という医療機関はおおい。それでは、当事者は不安であろうからというのが理由である。診察手順については、こちらは経験にもとづいておこなっているため、まちがいはない。
　　②精神科を受診する人のおおくが、自分が「ふつう」ではないとみなされることを恐れている。だからこそ、「ふつう」のこどもに接するように――「ふつう」こどもは、保護者と離されるのを嫌がるし、おとなの話には無関心な場合がおおい。だからこそ、それを念頭において――接した。息子さんの場合、アスペルガーの疑いがあると思っているのは、おかあさんである。こちらはいくら紹介状があっても白紙の状態で診察することにしている。そのうえで面接において息子さんに「アスペルガー」の徴候がみられたからこそ、次回の保護者のみの面接を申し出た。それが、医師としては「ふつう」の対応である。
　　③評価シートはコピーをくりかえしたために印字がみにくくなっている点は、謝罪する。しかし、そもそも評価シートに記入する保護者や教員は、「ふつう」字がよめることを前提に作成されているので、それはしかたがない。

「一応謝ってもくれた。対応に関する説明、そうせざるをえない医療現場の実状なども話してくれて、それは興味ぶかかったし、共感もできた。でもね、わたしの『ふつう』に接することへの疑問はあまりつうじていなかったみたい。精神科に『ふつう』の人なんてこないのに、そのことがわかってないよね」とメールはおわっていた。

② 病院における「ふつう」とは

　エピソード中の「ふつう」を整理してみよう。文脈からかんがえても、おそらく三者のさししめす「ふつう」の人とは、「健常者」「一般的な人」などが想定されており、そこにおおきな相違はない。メイくんの「ぼくって『ふつう』じゃないの？」という問いかけは、「ぼくは『健常者』では、ないの？」あるいは「ぼくって『へん』なの？」と同義ではあろう。しかし、そこに彼がどんな思いを重ねていたかは不明である。タチバナさんのつらそうな話し方を突然おもいだし、「『へん』なことはわるいことだ」とうけとめてしまった可能性もある。しかし、タチバナさんは、そのことばをメイくんの「特別視／異端視／劣等視」されることへの危惧の表明とうけとった。だから彼女は、動揺し、自責的になった。一方、チカマツ医師の「『ふつう』にあつかう」も彼の説明からもあきらかなように「最初は、『健常者』とし

てあつかう」という意志表明である。しかし、タチバナさんは「精神科に『ふつう』の人なんてこないよね」と、医師を冷笑する。彼女は、なにに対して怒っていたのか。

　おそらく、1つには彼女自身の「障害／メイくんの存在」受容の問題があるであろう。いまでこそタチバナさんは「メイって『へん』」と公言しているし、メイくんにも「『へん』って、すばらしいよ。『ふつう』の人には気がつけないこと、いっぱい気づけるし」など、「へん」をみとめ、積極的に肯定している。しかし、彼女自身のメイくんの『へん』さへの気づきから、受診、診断にいたる過程では、さまざまな感情がうずまき不安定であったと推測できる。それは当時の彼女自身の混乱、つまり「『ふつう』とみなされないこと」「特別視／異端視されること」「劣等視されること」「排除されること」などを分離してかんがえることができなかったことに起因しているのではないか。彼女が「メイが自分を『ふつう』じゃないとおもってしまったら……」と受診を躊躇したエピソードを考慮すると、「『ふつう』とみなされないこと」が、「自己の劣等視」や「周囲からの排除」に直結すると考えていたことが推測できる。だからこそ、メイくんのつぶやきに、彼女はあれほど感情を揺さぶられたのだろう。

　しかし、もう1つは、やはりチカマツ医師の「ふつう」観の欺瞞性に対しての怒りであったとおもう。彼の「ふつう」観は、3つの点──「ふつうの扱い」、「ふつうは読める」、「ふつうの医師」──で問題ではないのか。

　まず、1点目の「ふつうの扱い」についてかんがえてみる。彼は、患者を「とりあえず、『健常者』としてあつかう」という。それは、「特別視／異端視／劣等視しない」ことを念頭においたうえでの行動決定であり、結果「特別扱い」はしないという結論をみちびいている。タチバナさんは、その結論を欺瞞だとかんじる。「特別視しないのは、いい。しかし、『特別扱い』は、必要ではないですか？『特別扱い』しないのはサボタージュではないのですか？」と。彼女はこう考える。精神科を受診する時点で、「ふつう」の人も、「ふつう」ではない精神状態におちいるだろう。精神科にかぎらず、一般的に病院を受診する場合は、自身あるいは家族の心身状態に関して不安があるからこそである。とくに、わが子になんらかの持続的な疾患や障害があると診断されるかもしれないという不安は、「生きづらい人生になりますよ」と他者から断定されてしまうような怖さをともなう。それが、本来不当であるとはいえ、親として受診時にそう考えてしまうのは、現在の社会状況からすればしかたがないのではとタチバナさんはいう。つまり、病院には「不安定になっている人」がくるのが「ふつう」であり、よって、できるかぎり患者のその不安定な気持ちを安心させるようなはたらきかけが必要となるのではないか。病院では、患者の側は自身の心身の状態や家族形態、職業などプライベートにかかわる情報を大部分開示せざるをえない。しかし、病院での担当者についての情報はない。担当者の肩書きと名前がしらされ、受診までの手順が説明されるだけでも、「誰かもわからない人に、個人情報をはなす」「これから、どうなるのだろう」という不安感は軽減されるであろう。疑問におもい口にしたこと、要望などに、なんらかの説明が加えられ

るだけでも、ひとまず落ち着きをとりもどせるのではないか[1]。そのための方法は、口頭説明、プリント配布、掲示物、気軽にたずねられる案内係の設置などさまざまに考えられるではないかと[2]。チカマツクリニックには、この配慮がない。これが、彼女の「『ふつう』の人なんて、こないよ」という冷笑につながっているのだろう。

　2点目の「ふつうは読める」も、1点目の配慮問題にちかいであろう。「発達障害」をも専門のひとつにかかげながら、発達障害の一部を形成する「よみかき障害」の人、つまり「よめない／よむのがにがてな人」の存在を想定していない。「ふつうは読める」というかんがえ方が、クリニックの受診をある一定の日本語能力のある人に限定しているという排他性にチカマツ医師はきづいているのだろうか。

　3点目は、「ふつうの医師」観である。「新規の患者にたいし、みたてをしたのち、方針をきめる」「先入観をもたずに、診断する」などは、たしかに一般的な医師のあり方であろう。診断は医師の特権であるし、だからこそ学校の教員が生徒やその保護者に「学習障害ですね」などといってしまうことに、人々は過剰に反応する[3]。これが「ふつう」であろう。しかし、現在こうしたあり方への批判もまた、すくなからずある。たとえば、ナラティブ・セラピーは、従来の専門知識をもつ専門家と問題をかかえたクライエントという構図をすて、専門家がクライエントに「教えてもらう」という「無知の姿勢」をとり、クライエントと共同で生きやすいストーリー——人々がいきる生活世界における支配的なドミナントストーリーにかわるオルタナティブストーリー——をみつけようとするものである[4]。この考え方を実践しているといっていいのが、「当事者研究」「自分の病名は自分でつける」という実践で有名な「べて

---

[1] このエピソード全体を「インフォームド・コンセント」という視点から、語ることもできるであろう。近年、おおくの病院で、「インフォームド・コンセント」に留意する旨の掲示がなされている。しかし、実際には通常の診察内において、患者として「説明され、同意する」という場面にでくわすことはほとんどない。チカマツ医師がかたるように「合理性」「迅速性」を追求しなければ「利益」がうまれないしくみに、現行の医療制度がなっているからである。

[2] 余談であるが、さいきん、近所のモスバーガーのレジのとなりに「おはなしする ようい が あります」とかなが きされた立て札と、マジックボードとメモ用紙がおかれているのにきづいた。聴覚障害をもつ人の存在がみぢかに感じられ、好感がもてた。

[3] 2009年6月22日に、愛知県教育委員会から各学校にことばの使用方法に関する通達がだされた。「学習障害（LD）」ということばは、文科省の定義では、「『基本的には全般的な知的発達に遅れはないが、聞く、話す、読む、書く、計算する、又は推論する能力のうち、特定のものの習得と使用に著しい困難を示す様々な状態』となっており、児童生徒の状態を表す表現となって」いること、診断名として存在しないため、使用する際には補足説明をすることなどが説明されていた。たしかに、上野一彦（上野一彦監修 2007『LD（学習障害）のすべてがわかる本』講談社 p.6）は文科省の定義を「教育のLD（learning disability）」、「よみかき算数に限定する医学のLD（learning disorders）」と分類しているが、たとえば『精神科治療学』という専門誌であっても「LD（学習障害）」という表記は一般的にみられ、英訳は併記されていない（たとえば、白瀧貞昭 1999「アスペルガー症候群とLD, ADHDの関係」『精神科治療学』vol.14, no.1 pp.23-27）。診断名として存在しないとして通達をだす意味はどこにあるのだろう。保護者に対して「教員は生徒を障害と断定することはない」と明言することで不安感を軽減しようとしているのか、それとも医師に対して「越権行為はしていませんよ」と釈明しているのだろうか。

[4] ナラティブ・セラピーは、ガーゲンらが提唱している。日本への紹介者としては、野口裕二が著名である。ケネス・J・ガーゲン（東村知子訳）『あなたへの社会構成主義』ナカニシヤ出版、2004年、野口裕二『物語としてのケア——ナラティブ・アプローチの世界へ』医学書院、2002年などが参考になる。

るの家」ではないか。「べてるの家」は、浦河赤十字病院精神科退院者で形成されているが、彼らにとって医療者はともに生きるパートナーであっても、彼らの状態を判断する専門家ではない[5]。こうした考え方は、障害学の「社会モデル」にもつうじている。障害学もまた、障害をもつ当事者性をつよく主張し、恩恵／贈与／強制としての医療を拒否し、自らの生きやすさのために医療を選択する可能性をさぐる。自身の存在肯定のために、リハビリや治療を否定するという選択は、「障害の当事者運動」やそれにつづく「障害学」の誕生がなければ、「非常識」として一蹴される考え方であった[6]。

　こうしたあらたな医療のとらえなおしの観点にたつならば、チカマツ医師はまずメイくんと、その彼に長年つきあってきたタチバナさんの「みたて」こそを尊重するべきであった。なにが「ふつう」であるかは、そのよって立つ位置によって、変化する。自分の立ち位置が、ある文化背景にささえられていることに自覚的になり、ことなる文化の存在を意識するという複眼的な視点が、医療現場にもやはり、必要なのではないだろうか。

③「ふつう」観へのアンチテーゼとしてのチェックシート

　この「ふつう」観のとらえなおしは、私たちがとりくんだ「発達障害的傾向をもつ生徒のための自記入式チェックシート」をつくる際の指針の形成におおきく寄与した。私たちは、チカマツ医師の３つの「ふつう」観を学校という場にあてはめて検討し、そのアンチテーゼとしてのチェックシートを作成することにしたのだ。「ふつうの医者」に対する「ふつうの教師」の再考、「ふつうの（患者への）扱い」に対する「ふつうの（生徒への）扱い」の再考、そして「ふつうは読める」ことの再考である。

　まず、「ふつうの教師」とは、なにか。一般的に教師とは、教え導く存在として認知されている。知識をもっているのは教師であり、生徒はそれを教えてもらう存在である。ある意味、患者に対する医師のように、生徒に対する教師は、特権的／権威的な立場にある。それを逆転させる。そのため、シートは、教師が生徒から生徒自身について教えてもらうというスタ

---

[5] 「べてるの家」に関する書物はおおい。「べてるの家」の概要を把握するには、浦河べてるの家『べてるの家の「非」援助論——そのままでいいと思えるための25章』（医学書院、2002年）が、「べてるの家」の人々にかかわる医療従事者の内実を把握するには、浮ヶ谷幸代『ケアと共同性の人類学——北海道浦河赤十字病院精神科から地域へ』（生活書院、2009年）が、好著だとおもう。

[6] 「リハビリや治療を拒否すれば、こまるのは障害者自身なのに」とおもわれるであろうか。しかし、「べてるの家」の理念のように、「安心してこまることのできる社会」を構築するという「社会モデル」的選択もある。「社会モデル」は、当事者に視点をおくと同時に、社会のあり方にも目をむける。たとえば、全盲の社会学者である星加良司は、自身が全盲にうまれながら、つねに配慮された環境に生活しており不自由をかんじたことがないことから、障害者の当事者性をかたるのに、自己欺瞞的なものを感じること、自己の経験からも障害とは社会的にもたらされるものであることを実感しているとのべている（星加良司『障害とは何か——ディスアビリティの社会理論に向けて』生活書院、2007年、pp.330-333）。こうした星加が経験してきたような「配慮」環境にあれば、「機能障害」があっても、それは個人の決定的な運命ではなくなり、取り外し可能な特徴のひとつとなる。つまり、「社会の配慮」があれば、個人のある「機能障害」は、リハビリや医療技術で克服すべきものではなく、個人の選択にまかせられるものとなるのだ。障害を、個人の機能の問題ではなく、「社会構造」の問題ととらえる。これが「社会モデル」のかんがえかたである。障害を「機能障害」から「構造障害」へととらえなおす視点が、社会に浸透することをねがう。

ンスをとる。生徒が、好きなことはなにか？　嫌いなことはなにか？　教師のことばがけに対しふだんはどんなことをおもっているのか？　そんなことを、シートをかいして生徒におしえてもらう。そのやりとりのなかで、生徒を肯定し、苦手をのりこえる方法をともにかんがえてほしい。そんなツールとなるよう質問群を構成した。大上段にかまえるならば、障害学でいう「社会モデル」にのっとった、社会構成主義的観点からナラティブなアプローチを可能にする、シートをめざした。このシートが、教師が専門職[7]／指導者という立場からおり、生徒とともに、好きなことや苦手なことのあるひとりの人として語れる場を提供できることをねがっている。

つぎに、「ふつうのあつかい」あるいは「ふつうの生徒像」についてである。病院受診で不安定になる「ふつう」の人がいるように、学校生活のなかでも不安定になる「ふつう」のこどもたちがいるはずだ[8]。発達障害的傾向をもつ生徒はもちろん、日本語や日本の学校システムになじめず不適応をおこしている外国籍の生徒や、家庭やクラス、部活などでなやんだり、精神的に動揺している生徒、弱視や色盲[9]の生徒たちも、学校生活において困難をかかえており、不安定な状態にあることが推測できる。こうした「ふつう」、学校では「少数者」「逸脱者」とみなされやすい、学校に適応していないこどもたちを中心にシートの質問項目を構成したいとかんがえた。

これは実は、当初、作成動機としてかかげた「発達障害的傾向をもつ生徒が学校生活上でつまずく点を把握し、支援すること」にも合致する。なぜなら、「発達障害」とは、「学校生活不適応症候群」といいかえ可能な状態だからである。「発達障害」は、病因が発見されていない[10]。現在では、2005年12月に文科省がだした中央教育審議会答申の「……発達障害とは、……これに類する脳機能の障害であって……」という一文にもみられるように、脳機能障害説がとられることがおおい。しかしこの原因論は養育の不適切さなど保護者を責める言説をうちくずすための対抗言説といった側面があり、脳の機能を調べれば「発達障害」の診

7　もっとも、教師が専門職かどうかについては、さまざまな見解がある。教師の専門性議論の変遷については、今津孝次郎『変動社会の教師教育』（名古屋大学出版会、1996年）の1章で明解にまとめられている。また、佐藤学『教育方法学』（岩波書店、1996年）の8章では、教師像の類型と教師文化という観点から専門性が論じられている。同じく佐藤学『教師というアポリア──反省的実践へ』（世織書房、1998年）では、教職の特徴を「再帰性」「不確実性」「無境界性」という観点から論じていて参考になる。

8　そもそも、こども像を史的におうならば、学校制度に適応しているこどものほうが、近代化の鋳型にはめこまれた「ふつうではない」「特異な」こどもといえるであろう。

9　そのほか、色弱、色覚異常、色覚障害などの呼称があるが、「みえない色がある」という意味で、色盲が客観的表記だと判断し、色盲を使用している。色盲については、高柳泰世『つくられた障害「色盲」』（朝日文庫、2002年）が参考になる。

10　もっとも、「病因を発見する」という行為そのものが、まず、ある「ふつう」の状態を措定し、そこから「逸脱」する特徴をあつめるという作業にほかならない。誰が、どのような必要性で「ふつう」を措定するかによっても、「ふつう」とされる状態は、異なってくる。既存の「健康観」「疾病観」を、構築主義的なみかたでとらえなおすことは、重要であろう。

断がつくわけではない[11]。よって、診断基準も診断名も変化しつづけている[12]。そのため、診断は「逸脱／不適応」行動にみいだすしかないのが、現状である。これは、DSM-IV、ICD-10におけるアスペルガー、ADHDといった診断基準にも明白である。これらの診断基準に、脳の機能障害に関する記述はない。これらは「操作的診断基準」とよばれるように、「明示的に記述された症状項目に何項目該当するかで診断[13]」する尺度であり、さらに症状項目に該当するか否かは、「発達段階に応じて不適応的であるかどうかで判断される[14]」。つまり、一般的な「健常者」像がまずあり、そこからどのくらい「隔たりがある」／「逸脱している」かで、「障害」と診断されるシステムになっているのだ。これらは、たとえば教師や保護者を評定者として想定してつくられたASSQ（高機能自閉症スペクトラム・スクリーニング質問紙）の最初の一行が、「同じ年齢の児童と比べて、特に目立つかどうかで考えて判断して下さい[15]」ではじまっていることからも明らかである。

　さらに、発達障害の権威のひとりである杉山登志郎[16]は、虐待されたこどもが、発達障害と同様の状態をしめすことを論証している。発達障害的様相は、先天的にだけでなく、後天的にもうまれうることの証左であろう。知人のニューカマー研究者は、「日本語や日本の学校制度に不慣れなニューカマーのこどもたちは、だったら第5の発達障害といいうる」と発言していた。言葉もわからず、暗黙の了解的習慣もわからない外国籍のこどもが、イライラしたりパニックをおこしたりという傾向をもちやすいことは、容易に想像できる。

　むろん、アイデンティティの形成や、文化の伝達といった側面において、ニューカマーのこどもには、固有の問題があり、それについて異なる支援体制をくむ必要があるのは、いうまでもない[17]。しかし、こと学習面や日本の学校制度になじむという観点からは、これまでに研究蓄積のある「発達障害」支援方法が有効である可能性はたかい。試みてみることは重要ではないか。

　要支援者のアピールは、絶対数がおおいほうが、効力もある。これは、個人的な経験であるが、勤務校に足の不自由な生徒が入学してきたとき、校内の段差にスロープをつけることを提案した。しかし「ひとりのために？　あの生徒なんとか歩いているじゃないか」ととり

11　高岡健「自閉症スペクトラム入門」高岡健・岡村達也編『自閉症スペクトラム　浅草事件の検証――自閉症と裁判』批評社、2005年、pp.17-19
12　たとえば、上林靖子「AD/HD：その歴史的展望」（『精神科治療学』vol.17、no.1、2002年、pp.5-13）や、高橋脩「アスペルガー症候群・高機能自閉症：思春期以降における問題行動と対応」（『精神科治療学』vol.19、no.9、2004年、pp.1077-1083）には、診断名の変化の経緯が、紹介されている。
13　生地新「AD/HDの診断」『精神科治療学』Vol.17、No.1、2002年、pp.15-26
14　同書、p.17
15　井伊智子・林恵津子・廣瀬由美子・東條吉邦「高機能自閉症スペクトラム・スクリーニング質問紙(ASSQ)について」国立特殊教育総合研究所分室――般研究報告書『自閉症とADHDの子どもたちへの教育支援とアセスメント』2003年、pp.39-45
16　杉山登志郎『子ども虐待という第四の発達障害』学研、2007年
17　ニューカマーのこどもたち自らのとりくみを丁寧にあつかったものとして、清水睦美・「すたんどばいみー」編著『外国人の子どもたちの挑戦――いちょう団地発！』（岩波書店、2009年）がある。

あってもらえなかった。そこで、有志の教員で「台車でものを運ぶときに段差はつらい」「腰痛のため足があがらず、段差につまずく教員がいる」など、スロープが必要な理由をあつめ、学校側に提示した。結果、スロープがとりつけられることになった。「障害」の原因に着目するのではなく、そこでおこっている現象で対応方法を提案することの有効性を実感したエピソードである。

　医療者は、「発達障害」の原因を問うことに意味をみいだすのかもしれない。どう「診断」をくだすかは、重要な関心事かもしれない。しかし、学校の教員・保護者・生徒にとっては、それにこだわるより、重要なこと――いまおこっている現象にたいして対応すること――がある。私たちの作成するシートは「発達障害」のスクリーニング機能はないが、「学校生活不適応症候群」のスクリーニング機能はもたせてみたい。そのうえで、彼らにどんな「配慮」が必要か、ともに検討していきたい。そんなおもいで、質問文・紙面を再検討していった[18]。

　最後に、3つめの「ふつうは読める」ことの意味を再考する。通常、学校においては「漢字の多用」が奨励される。「漢字をつかいこなすこと」が「頭脳の明晰さ」と等価でかたられることもおおい[19]。小学校から中学、高校へとすすむにつれ、漢字の画数の多さと字のフォントの大きさは反比例していく。よって、文章のイメージは「まっくろ」だ。この点を逆転させようとかんがえた。高校生が「ふつうは読める」文章ではなく、学校における「よみかき障害」「弱視」「色盲」「日本語の習得をおくれてはじめた人」などが「ふつうに読める」文章をめざすのだ。よって、ひらがな・簡易表現の多用、ルビふりを徹底した。フォントも可能なかぎり、おおきくした。「みやすい紙面づくり」「シート実施者の意図の明確化」「みとおしの把握の容易さ」の3点に留意しながら、（通常学級における）ユニバーサルデザインをめざしたのである。

④「ふつうに読める」ことへの抵抗

　ところがシートを試作し、生徒や特別支援学校の教員、発達障害の専門医や「親の会」のメンバーなどにも意見をもとめたところ、もっとも抵抗にあったのが、この3つめにかかげた「ふつうに読める」ことへの「しかけ」に対してであった。「こどもっぽすぎる」「ばかにされていると思うのでは？」「国語教育をどうかんがえるのか」など。とくに、LD当事者とその保護者は不快感をあらわにし、「かながきのもの、漢字まじりのもの、『ふつう』のものなど、数種類用意してはどうか」と提案がなされた。

　この提案は、私にとってうけいれがたいものであった。通常、私は学校文化のもつ「一斉

18　具体的には、誌面については、出版UD協会『出版のユニバーサルデザインを考える――だれでも読める・楽しめる読書環境をめざして』（読書工房、2006年）を、問いの表現や表記の仕方については、藤澤和子・服部敦司編の『LLブックを届ける――やさしく読める本を知的障害・自閉症のある読者へ』（読書工房、2009年）を参考にした。

19　ちなみに、私は職場において作成する書類も「運動」の意味をかねて、なるべくひらがなを多用しているが、とくに対外的文書に関しては管理職によって真っ黒に添削されてもどってきている。これは、「漢字がすくないのは、はずかしかろう」という管理職の好意によるものである。

共同体主義」や「同化圧力」[20]といった「一律の基準」をよしとする傾向に疑義を呈する立場にある。しかし、このチェックシートにかぎっては、「一律」にすることに意味をみいだしていた。理由は、対象とする生徒をひろげるため、そして「常識」へのチャレンジのためである。

　一律のシートが、対象とする生徒をひろげることに貢献するのか。たしかに「ユニバーサルデザイン」の理念をかんがみれば、シートは個々の生徒の状態にあわせてさまざまなバージョンをとりそろえるべきである。しかし私たちはこのシートの対象を、よくしらない生徒もふくめた学校内のすべての生徒に適用したいとかんがえている。数人の医師からの要請——「ぼんやり系のADHDの子や、人とかかわりたくないばかりにめだたないようにしている自閉系の子は、診察室にもあらわれない。でも、学校なら、みつかるはず。このシートで、なんとかならないか」——にこたえたかったこともある。たしかに、教室内には、教員やクラスメイトにちかづかない生徒やめだたない生徒がいる。そうした生徒のなかに「いったい、小・中学校をどうやってすごしてきたのだろう」とかんがえこんでしまうような、学校生活上のスキル、とくに学習からおきざりにされてきた子たちが、一定数いることが以前から気になっていた。しかし、これらの生徒たちとの接触機会をとらえることはむずかしい。むろん生徒の側で拒否するのであれば、つかずはなれずみまもりたいが、放置はしたくない。よって、シートは、まだしりあっていない生徒との出会いのツールにもなるようにとのねがいをこめた。

　しらない生徒に実施する以上、こちらでシートのバージョンを選択することはできない。そこで、その不特定多数の対象に、なんらかのバージョンを自らに選択させることになる。それは、「漢字弱者の選別」「劣等感の強制装置」「漢字による序列づけ」として作用しかねないと危惧した。たとえば、「私、漢字がおおいのはえらべない。『ふつう』じゃないんだ」と劣等感をもたせたり、「ひらがなしかよめんやつがいるのか」と優越感にひたらせてしまったりというように。よみかきできる人が「優秀」、「できないなら、できるように努力すべき」といった能力主義にもとづく学校文化的な「常識」にささやかな抵抗をしめそうと作成したシートが、その「常識」を補強してしまうのは本意ではない。学校において「読解する」という行為には、最初から「漢字」「国語力」というハードルが設定されている。難解な漢字と熟語だらけの文章は、その存在自体がすでに読む生徒を弁別し、序列化する。ならばそのハードルをおもいきりさげ、それを全員で共有するという課題がひとつでも学校内に存在することで、個々の生徒がみずからの「常識」をみなおす契機になりうるのではないかとかんがえた。

　そう、この「ハードルのひくい一律のシート」が、文頭にかかげた2つめの目的、「常識」

---

[20] 学校におけるこうした風潮に対する批判はおおく、とくにニューカマー関連の著作に顕著である。たとえば、所持品や行動様式にいたるまで「規格化・共有化」させようとするさまを恒吉遼子（「多文化共存時代の日本の学校文化」堀尾輝久・久冨善之編『学校文化という磁場』柏書房、1996年、pp.216-242）は「一斉共同体主義」とよび、児島明（『ニューカマーの子どもと学校文化——日系ブラジル人生徒の教育エスノグラフィー』勁草書房、2006年、p.138）は、「同化圧力」とよんでいる。

へのチャレンジである。むろん、このシートが「通常学級」にかよう生徒を対象としている点で、人々を分断し、排除するツールともなりうることを否定はできない。このジレンマは、ADAとよばれる「障害をもつアメリカ人法（Americans with Disabilities Act）」が、結果的に重度の障害者と軽度の障害者を分断してしまう装置になりうること、つまり障害をもつ人にたいして雇用の便をはかることが、便をはかられても労働できない障害をもつ人を下位に位置づけてしまうという問題と共通するものであろう。そこには、近代的な労働観や能力観といった根源的な問いがよこたわっている[21]。私は、「労働」や「よみかき能力」など、ある価値づけに規定されたうえで人に優劣をつけることに反対の立場である。しかし現実の学校生活においては、「よみかき能力」の有無が、生徒を分断している。いや、学校内だけでなく、社会においても人を分断する装置となっている。本書は、「現実から出発する」ことを全体に通底するスタンスとさだめている。現実に対し異議申し立てをし、学校の「常識」をゆさぶりたい。そのため、「難しい漢字がよめることを優秀な証とし、それを目的とする学習形態」へのアンチテーゼとして、あえて「やさしい言葉で、やさしい字を、みんなで共有すること」を提案する。「やさしい言葉も、やさしい字も、共有できない重度の障害者の存在はどうするのだ」というジレンマを内包しつつも、まずはちいさな一歩として、学校文化的な「常識」に異をとなえたいのだ。

　意見をくれた方々には、私たちの意図——学校内でシートへのとりくみから排除される生徒をできるだけすくなくしたいこと、数種類のシートを作成することでとりくむ生徒のあいだに能力による序列・分断をうまないようにしたいこと、能力差をとりあえず棚上げするツールとしてデザインしたことなど——を説明したうえで、シートの裏表紙にユニバーサルデザインであることの説明をつけることを約束した。

⑤ クレームの結果

　タチバナさん親子は、最終的にチカマツ医師の紹介でツキヂ大学病院に転院することになった。初回面接の日、担当医となったテンマ医師は、自分の氏名をなのり、看護師と心理士が同席すること、のちにメイくんは心理士と別室で検査をうけること、最初は親子同席で面接することなどを説明したそうだ。「親子面接の利点は、こどもが親の不安や悩みをきくことで自己の状態に自覚的になれること、同席してオープンに話すことにより、こどもが猜疑

21　保護者との一連のやりとりの中で、私の「障害をもつ〜」という言葉に「その言い方は不愉快です。好きでもっているわけではない。障害があると表現してほしい」と抗議された方がいた。「障害である」のか、「障害をもつ」のか。たとえば竹内章郎（『いのちの平等論——現代の優生思想に抗して』岩波書店、2005年、pp.123-156）は、この問題を、能力主義、「健康」概念などとからめて論じている。現代の「健康」志向は、「病気」や「障害」に敵対的である。よって、ともすると弱いのもの、能力の劣ったものを排除しようとする「優生学」とむすびつきやすい。そうした中では「障害である人」という言葉の使用は、「障害」や「能力『不全』」をその人に内在するものとして、劣等視し、差別・序列化の対象とみなしやすい状態をうむ。こうした「人間存在の平等性の否定」的あり方を問いただすためにも、まず、ある個人を人として認知し、その後に障害の有無やその他諸々を考えるといったイメージにつなげられる、障害と個人とをきりはなすことを可能にする言葉として「＜「障害」をもつ人＞というイデオロギー」を肯定していきたいとのべる。私は、この竹内章郎の説を支持している。

心をおこすことを防ぐことができることなんかにあるんだって。チカマツ先生もそうやって説明してくれてたらなー。でも、『いつも最初にこんなふうに説明されるんですか？』ってきいたら、『チカマツ医師からの依頼もありましたから』って言ってくれたんだよ。チカマツ先生、あれからいろいろ考えなおしてくれたんだよね。信頼できる人なんだってうれしくなっちゃった。でも、そのあとのテンマ先生のことばが、もっとうれしかったかも。『病院にくる人は、みんな不安ですから。とくにここは、自分はへんなの？って思ってくる人のおおい科だし。だから、説明はなるべく詳しくするようにしています。でもおかあさん、ほんとはへんでもいいんですよね。私なんかも、けっこう変わり者だとおもわれてるし』って、笑ってた。たしかにね、彼女かわってるよ。だって最後に、『学校にだす診断書なんだけどさ、アスペルガーと高機能自閉症とどっちがいい？　私は、どっちでもいいよ』って、私にきいたんだよ。笑っちゃった。いいわ～、あの先生。そうだよね、変わり者とか変人って、ある意味すてきだよね」とメールはむすんであった。

9. 学校で 大切なこと、とは

　めいくんは、さいきん チック（からだの いちぶが しぜんに ぴくぴく うごいて しまうこと）が ひどくなりました。「学校に いきたくない」と 毎日 いっています。どうやら 学校での勉強が ぜんぜん わからなくなってしまったようです。そこで、めいくんの おかあさんは、学校の先生に そうだんに いきました。でも、先生は「だいじょうぶ。みんなと なかよく しています」と いいます。

　おかあさんは、「めいは 勉強が わからないことで こまっている」と かんがえて います。でも、先生は「学校は、おともだちと なかよくできれば たのしいはず」と かんがえています。学校で大切なことって、なんでしょう。勉強が できること？　それとも、ともだちを つくることでしょうか。

　わたしの まわりの 高校生は、「やっぱ、じゅぎょう わからんかったら、学校 きたくないよ」という子もいます。「ともだちと うまく いかないと つらいよ」という子もいます。

　勉強と ともだち、そのどちらも 大切です。そして、これらに 共通していること、それは「学校に 自分の いばしょがあるって、かんじられること」では ないでしょうか。学校での 一日は、ほとんど じゅぎょうです。そのじゅぎょうで「まいご」に なったら、つらいですよね。「まいご」じゃないってこと、それは、「勉強が できる」ということ だけではなく、先生が なにを いっているのか、クラスの子が なにを しているのか、自分は なにを すべきなのかが、わかっているってことだと おもいます。学校での一日は、ほとんどが クラスの子と いっしょです。そのクラスの子のなかで「まいご」になったら、やっぱり、かなしいですよね。それは、たんに「クラスの子と なかよくできる」って ことでは ないような きがします。「じぶんは、このクラスの 一員だ」って、こころから おもえることでは ないでしょうか。

　学校で 大切なこと、それは「ここは、自分の いばしょ」って、おもえる場所が あること。めいくんの はなしから、わたしたちは そんなことを まなびました。

9. 学校で大切なこと、とは

① チックの理由は学校⁉

　タチバナ・ナミさんから、「またチック[1]っぽいのがでちゃったよー」という件名のメールがきた。なんでも、このところメイくんの結膜炎がひどいらしい。眼球をぐるっと動かして目をぎゅっとつぶるという動作を頻繁にくりかえしているという。目をこすりすぎて角膜も傷だらけだそうだ。これまでもメイくんは、突然、下唇がきれるまでかみつづけたり、うつむいて顎を首にひきよせ、舌をだしたりするなど、「きみょう」な動作をはじめることがおおかった。それは、放置しておくとどんどん頻繁にくりかえされるようになる。それが、生活環境へのなんらかの不適応をおこしていることへの信号だとタチバナさんがきづいたのは、ごく最近だ。

　「昔は、『きみょう』だからやめさせたいとおもうのは、メイが『へん』な子にみられたくないっていう私のエゴにすぎないっておもって、みないようにしてたんだよね。でもあれ、ほんとはメイの緊張緩和の処方箋、逆にいえばSOSでもあったんだよ。いつも、突然はじまって、いつしかおわる。そんなとき、なにか彼の周囲でおこってた。今回も、きっとなんかあるんだよ」

　しかし、彼に「なんかいやなことある？」ときいても、明快な返事はかえってこない。たしかに学年があがり、クラスがえがあってから、足にアザをつくってかえってきたり、服をぬらしてかえってきたり……。本人にきいても、いじめか、事故かわからない。クラスでうまくいってないのだろうか。本人は「学校、いきたくない」と、くりかえすのみ。

　そこで、タチバナさんは、担任のトミオカ先生に連絡してみる。「いやー、よくがんばってますよ。お勉強もよくできるし。休み時間もお友達と外にでていますしね。心配されすぎですよ」といわれたという。しかし、メイくんのチックはひどくなる一方だ。「勉強もできている」といわれるものの、できているのはテストのみ。ノートはほとんど書かれていない。ドリルもやった形跡がない。宿題も提出したことがない。「学校の授業は、どう？」ときくと、メイくんは、「ぜんぜん、わからん」とこたえたそうだ。しかも、つねにだるそうで、所かまわずねころがるようになってしまった。彼女は、授業に問題があるのではとかんがえはじめる。トミオカ先生に家庭での様子をはなし、たずねる。「学校では、どんな様子でしょうか」。しかし、彼女は「元気にやっています。それより……おかあさん、おとうさんとは、どうですか？　最初の息子さんで、しかも障害があるとなるとどうしても過保護になりますよね」と返事をする。

　「私は、学校に問題があるとおもってる。だけど、担任は家庭の問題だとおもってるみたい。

---

[1] チックは、トゥレット症候群とよばれることもあり、まばたき、顔をしかめる、首をふる、肩をゆする、咳ばらい、のどをならす、鼻をならすなど、さまざまな行動が不随意にくりかえされる状態をさす。メイくんの場合は、本人のストレスとおおきな関係があるが、原因不明でおこるケースのほうが一般的にはおおいとされている。発達障害と併発しやすい症状のひとつである。金生由起子・高木道人編『トゥレット症候群（チック）──脳と心と発達を解くひとつの鍵』星和書店、2002年）が臨床的な見地だけでなく、当事者やその家族の声などからも「チック」を紹介しており、参考になる。ほかに、日本トゥレット協会『チックをする子にはわけがある──トゥレット症候群の正しい理解と対応のために』（大月書店、2003年）など。

すごいすれちがいだよ。つかれる」

「とにかく授業参観にいってみたら？　学校での様子をまずはつかまないと」

そうアドバイスしたものの、その結果をどうするかについて、私は案をもっていなかった。

② 教員と保護者の「すれちがい」

　学校の教員は、生徒になにか問題があると家庭環境や親との関係性に目をむけるケースがおおい。じっさいに、親の影響力はおおきいが、つねに原因がそこにあるとはかぎらない。私自身、「うちの子が、学校をやめたいといっています」との保護者からの相談にたちあったことは、なんどもある。その原因としてこどもがあげる理由は「いじめ」だったり、「学校がつまらない」だったりする。そこで、保護者は学校での様子をききたがる。むろん教員は学校でのできごとをふりかえるが、当該生徒が「孤立している」あるいは「成績不振である」という事実をつかんでいたとしても、その原因にまでいきあたることはすくない。「いじめ」が教員の目にみえる形でおこなわれているケースなど、ほとんどない[2]し、「成績不振」もまた過去の蓄積の結果であり、「いつ」「なんのせいで」と特定することは、不可能である。そこで、教員は家庭の状況に目をむける。「いじめられている」と被害的になるのは、家庭内で注目をあびたいせいではないのか、「成績不振」の原因は、おちついて勉強できる状態にない家庭環境にあるのではないか。つまり、こどもに目をむける十分な余裕を保護者がうしなっている可能性をかんがえるのだ。そのため教員は熱心に「おうちでは、どうですか？」とたずねてしまう。しかし、おおくの保護者は、「学校にいきたがらないのだから、なんらかの原因が学校にあるはずだ」とかんがえている。だから「家では、問題ありません」などと答え、

2　ここ数年、「加害者のいないいじめ」「思いやりゆえの仲たがい」という現象がみられる。最初に気づいたのは、ひとつの「いじめ」退学事件であった。発端は、保護者からの「こどもが登校しない。理由はいじめだといっている。なんとかしてほしい」という訴えであった。さまざまな教員がかかわり、生徒たちに話をきき、ブログをみせてもらうなどしたが、「いじめ」の事実をみつけることはできなかった。教員間では「本人が、被害的な気もちになっているのでは」との結論に達した。一方で、その生徒にいろいろなはたらきかけをこころみたものの、退学におわった。一連のストーリーが明らかになったのは、1年後ほかの「仲たがい」事件をきっかけにして、その当時関係していた生徒たちが、かたりだしたことによる。「あのときさー、ネコが首謀者みたいに思われてたじゃん。でも、最初はネコがいじめられてたんだよ」「いじめっていえたのかな～。いま、よく電車で、やめたノンちゃんにあうんだよね。で、また仲良くしてるんだけど、この前、ぼそっと『いまおもうと、あのタオルのときからかも』っていってた。たぶん、そう。だったら話がつながる」と。生徒の話はこうだった。ネコが、体育のあと顔をあらい、ノンにタオルをかりた。ネコが、そのままノンにタオルをかえした。ノンは「ふつー、タオルは洗ってかえすでしょ」とむかっとするが、その場の雰囲気をこわさないため、さらにネコのきもちを「おもいやって」、言葉をのみこむ。だが、自分の感じている不快感や「思いやり」行動は、わかってほしい。よって、ネコに対しそれとなく不快感をあらわす身振りをする。しかし、ネコはそもそも悪気なくタオルをかえしているため、ノンがなにに対して怒っているのか理解できない。「自分は突然、ノンにきらわれた」とうけとめ、友だちに相談する。これが周囲の生徒をまきこみ、こじれてしまったのだ。事件当時は、どちらもが「被害者」だと感じていたうえ、教員まで騒ぎだしてしまったため、生徒たちは沈黙し、理由があきらかにされなかった。このうちあけ話は私にとって衝撃的であった。以後、生徒たちの「人間関係」のなやみのおおくが、「KYになるのがこわい」「他者の欠点を指摘してはいけない」「自分のキャラにない」と言葉をのみこんだことに起因していることに、気づくようになった。そのため「それ、相手に言おうよ」「KYなんて、こわくない」と話すようにしている。幸い「いっていいんですか！」と驚いた後、自分のもやもやを相手に伝えて関係が回復しているケースも、高率でみられる。

学校の様子をきこうとする。教員は、保護者が心をひらいてくれるように「お子さんが不登校になってしまってショックでしょうが、けっして親御さんの責任ではありませんから」となぐさめる。保護者にとっては、その返答は見当違いとしかうけとめられない。教員が「もしかしたら、これが原因かも……」と学校でのできごとを話してくれるのを期待して、「こどもも、先生はなにも助けてくれないといっていました」など教員批判をはじめてしまう。教員の側は、そうした保護者の態度を、家庭問題を話したくないがゆえに教員に攻撃のほこさきをむけていると理解する。「家庭の問題をはなしてくれれば、相談にのれるのに……。かくされたら、これ以上ふみこめないし、こまったな〜」と、「善意」で「カウンセリング」や「教育相談」をすすめる。このすれちがいは、かなり日常的におこっている。私自身、学校の一職員として、また保護者の一人として、双方の気持ちがわかるだけに、このすれちがいは、もったいないと感じてしまう。解決策は、双方にかんがえられるだろう。

　教員の側としては、「防衛的になりがちであること」、「日頃から、人にはなすことには慣れていても、聞くことには慣れていないこと」を自覚し、まずは「じっくり保護者の話をきくこと」をこころがけるだけでトラブルは激減するだろう。人は、「自分の意見をさいてもらえた」と実感できるだけで、人の話に耳を傾ける余裕ができる。この事実を、スキルとして、教員がみにつけることを願う。

　保護者の側としては、ある程度家庭状況を開示しつつ、なおかつ具体的な事実を教員に提供できると話は円滑にすすむのではないか。たしかに、教員が自分の言動をふりかえる機会はすくない。よって、成績不振の原因の一端に、自己のクラス運営[3]や授業方法に問題がある可能性を検討する教員はそれほどおおくない。しかし、「生徒が困っている」ときいて放置できる教員もまた、おおくはないのだ。実際に、成績不振の原因が家庭環境につながっているケースもあるが、字を書くのが苦手、話をききとるのが苦手などの、よみかき障害との関連が深いケースもある。

　私の勤務先での事例であるが、成績不振でやすみだした生徒が保護者と来校したおりに、ある教員が「怒らないから、理由をいってほしい」とたずねた。生徒は逡巡したのち「板書をうつすときに、先生の体がかげになってみえないことがある。やっとみえたときに、板書する内容が3行ぐらいにふえていると、気分がどっとおちこむ。それで、ノートをとらなく

---

[3] 「いじめ」の訴えの場合も、教員が自身のクラス運営をふりかえるいい機会だとはおもわれる。日常的に生徒とどんな関係性を築いていくのか再考するためには。しかし、実際におこってしまってからの教員の介入は、現実には非常に困難である。私の経験では、「みえやすい」いじめの場合、「いじめ」の是非をとわず、「なぜ、仲間はずれにするのか」を「加害」していた子たちにたずねるのが効果的であった。最初は、「被害者」がなぜ「仲間はずれ」に値するのかを口々に語るが、そのうちに「悪くいいすぎ……」「やりすぎだったかも……」とつぶやきがもれるようになる。そうなれば、「仲間はずし」の状態は、解消される。しかし、これはあくまで当事者が「加害意識」をもっている場合である。注2にしめしたような事例では、効果は期待できない。しかし『いじめ』の是非をとわない」という態度は流用できるかもしれない。「いじめの加害者は許さない！」という態度でせまれば、生徒は口をとざす。それよりは、「なにがあったのか、おしえてほしい」という態度で生徒に状況をたずねてみたほうが、生徒の日々の生活にちかづける。生徒の日常にちかづくことができれば、「ささいな」問題が語られる確率はたかくなる。そのときこそ「それ、本人にいおうよ」というアドバイスが、いきるチャンスかもしれない。

なって勉強もわからなくなった」とぼそぼそ話した。教員は、「そんなばかな」とおもったが「怒らない」と約束した手前、「これから板書の仕方をかんがえるから、学校にでてきてほしい」とこたえた。その教員がその話を周囲の教員につたえたところ、「それは、気づかなかった。そういう情報は、みんなで共有すべきだ」との声があがった。数名の教員が「板書は要点だけにする」「1回に書く量を減らす」「どうしてもうつしてほしいところは、拡大コピーしたプリントを準備しておき、授業中は黒板にはる。そのあとも教室にのこしておく」など案をだしあい、実践しはじめた。結果、その生徒以外のノートの提出率もあがった。この事例の背景には、前年度、全教職員が「発達障害」についての講義をうけていたこともおおきく関係しているとおもわれる。実際、前年度の講義終了時には、おおくの教員が「これ、うち（本校）には関係ないな」「発達障害があろうとなかろうと、高校生としてやるべきことは一緒だ」という感想をもらしていた。しかしその後、職員室では「このノートの字、きったね〜。ちゃんと書く気があるのか」「いや、もしかしたら、発達障害!?」など、冗談めかしたやりとりがきかれるようになった。こうした「冗談」が実際には、「本校にも、発達障害の生徒はいる」という認識を形成するのにやくだっていったのだろう。この下地があったからこそ、「板書がおおいと、書く気をうしなう」という生徒の言葉が、現実的な問題提起として教員たちの——一部ではあるが——心にひびいたのだとおもわれる。

　この事例を想起し、大切なのは「発達障害」に関する知識と、具体的な問題提起だと気づいた私は、タチバナさんに、ついしんのメールをかいた。「もう1回、発達障害関係の本をその担任の先生にもっていったほうがいいよ。できれば授業の工夫とかものっている本ね。まずは、先生自身に困ってもらわないと。それから授業参観は、メイくんの許可をもらって、なるべくはやくいったほうがいいとおもう。授業レポート作成してみたら？　もしわかんなかったら、要点だけメモしてきてくれれば、私が書いてもいいし。重要なのは、クラス全体の雰囲気（たのしそうとか、ざわざわしてるとか、集中してるとか）、全体の中で、彼はどうしているのか。教員はどんな言葉がけをしているのか、クラスにほかにめだつ子はいないのか（たとえば、立ち歩く子とか、ぼんやりしていて授業に参加していない子とか）。それから、授業をきいてなさそうな子、ついていけてなさそうな子の人数をかぞえる。先生は、誰をあてるのか、どんな言葉で発言をうけとめるのかとか……とにかく、きづいたことは、みんなメイくんに関係なくてもメモしてみて。それを再構成することで、先生に『授業のここが問題』って、提案できるはず。もちろん、問題なければ、ほめればいいんだし」

　後日、彼女からきたのは詳細なレポートだった。授業はできる子を中心にすすめられている。4分の1くらいは、授業に参加していない子がいた。雰囲気はたのしそうだったが、できた子はどんどんプリントなどが追加配布されるので、できない子のところには、教科書問題、ドリル、追加プリントと課題がふえる。しかし、「できた子は、だしなさい」という指示はあっても、できなかった子への指示はだされていなかったなどの内容が、具体的にかかれていた。「あれじゃぁ、宿題がなにか、メイにはわかりっこないよ」

　「すごい。よくわかるよ。教室にいるみたい。これ、いったん管理職の先生にわたして、一緒にかんがえてもらえば？」

彼女は、管理職にてわたしたそうだが、それ以降も、メイくんの様子はかわらない。トミオカ先生は、あいかわらず「家ではどうか」「家族との関係は」と質問するばかり。「もちろん、家族間でケンカもします。わたしが疲れていてうけとめきれないときもあります。おとうさんが怒りすぎることもあります。でも、なるべく親の状態も説明するようにしていますし、彼にとってはそれも日常です」とこたえる。すると、「学級でも、メイくんにはなしかけている子はけっこういますよ」「決して孤立しているわけではありません。ご心配なさらずに」など、人間関係について肯定的なメッセージばかりが伝えられたそうだ。そこで、タチバナさんは「対人関係についても、私は先生がおっしゃる程、うまくいっているとはおもえません。が、先生、私も学校にそれ程おおくは期待しません。対人関係については、ぼちぼち近所の子などの助けもかりて、やっていければいいとおもっています。私が問題にしているのは、授業です。彼は『授業中、なにをしているのかわからないから、学校にいきたくない』といっています」と反論したという。トミオカ先生は「でも、こどもにとって、学校でお友だちがいるってことは、学校がたのしいってことですよ」とふしぎそうにつぶやいていたという。

　「私は、メイにすこしでも、授業がわかるって経験をさせたいとおもって、通信教育の教材つかって、いつも学校より先の勉強させるように努力してるのに、先生はぜんぜん授業に関心がない。ほんと、かみあわない。ますます不信感がつのっちゃった」と彼女はかいてきた。

③ 原因考察の「すれちがい」

　ここに、2つめの「すれちがい」がみられる。タチバナさんは、「学校では授業がわかることが大切」とかんがえている。トミオカ先生は「友だちがいることが大切」とかんがえている。この点については、どうであろうか。

　トミオカ先生が、「人間関係」をより重視する理由のひとつとして、「勉強なんて、できなくてもいい」という言説があげられるかもしれない。研究者の中にも、「学歴主義」批判のひとつとして「勉強はできなくてもいい」と主張するものがいる[4]。私自身、ながらく「勉強」より「人間関係」だとかんがえてきた。実際、生徒は保健室に身体の不調をうったえてやってくるが、そのおおくがクラスメイトや家族、恋人など周囲の人との関係がうまくいっていないことをはなしはじめる。そのため、私も「生徒たちのきもちをうけとめたい」とカウンセリングに傾倒した。しかし、話をきくだけでは状況はかわらない。生徒たちのコミュニケーション能力が向上することが必要だとソーシャルスキルトレーニングに傾倒した。「いじめ」の背景に、虐待や当該生徒の生活知のなさがあるのではないかとソーシャルワークにも傾倒

4　日本教育社会学会の 2009 年第 61 回大会のおり、定時制高校に関する発表をおこなっていた研究者がやはりこのスタンスをとっていた。その主張のただしさの根拠として、定時制高校生への自記入式アンケートの結果で、勉強ができることの重要性を否定する率がたかかったことをあげていた。しかし、「勉強ができない」ことを長年屈辱と痛みとともにかんじ、「勉強なんか」とかんがえることでプライドを維持してきた高校生が、みしらぬ人から求められたアンケートに対し、「勉強は大切」「勉強ができないとつらい」などと回答することはまずないとかんがえるべきではないだろうか。

した[5]。むろんこうしたはたらきかけで、くらい表情で保健室をおとずれた生徒が、明るい表情で去っていくことはある。しかし、これらはあくまでその当該生徒に対する個人的なはたらきかけである。これだけでは、どうしようもないと痛感したのは、やはり障害をもつ生徒のおかげであった。「勉強は、関係ない。ぼくがつらくて小学校にいけなくなったのは、人間関係です。それは、ひどいいじめでした」「勉強は、自分ですればなんとかなります。問題はクラスメイトや先生。先生はかばってくれない。むしろ、私をいじめるクラスの子に同意したりしてた。そりゃ、学校にいきたくないですよ」などなどの声[6]。

　かれらの声にあるように、「先生がいじめる側のこどもに同意する」ようなことがおこれば、まちがいなくこどもは孤立する。むろん意識的にいじめるこどもに加担する教員はごくわずかであろう。しかし、無意識にいじめに加担、いやむしろいじめの土壌を準備してしまっている教員は、すくなくない。なぜなら、教員は、逸脱傾向にある生徒に注目しがちだからである。教員は、服装が派手な子、忘れ物や紛失物のおおい子、遅刻する子、勉強のできない子には、「その子のために」と「善意」でしつこく注意する。「その服装なんだ。社会でうけいれられんぞ」「どうして、もってこれないの？それじゃ社会にでてから、やっていけないよ」「また、遅刻か。時間にルーズなやつは、信用されんぞ」「なんで、こんなこともわからないの。それでも高校生？」などなど。注意はたいていネガティブな評価とセットだ。こうした注意を教員がしつづけると、本人はもとより周囲の生徒が「あいつはだめなやつだ」と認識してしまうようになる。結果的に、教室内で「かろんじてもいい存在」とみなされてしまうのだ。その位置から、いじめ対象への道はちかい。

---

[5]　定時制高校に勤務して以来、生徒数がすくないこともあり、生徒との距離がちぢまった。すると生徒の生活全体が私の視野にはいってくる。そこで私はカウンセリングの無力さを痛感した。生徒個人のきもちをうけとめても、生徒が「わかってもらえた」と心やすらぐのはつかのまである。話しあったのちも、生徒は同じ生活環境にもどっていかざるをえない。再び同じ悩みに直面するのは時間の問題である。その循環からぬけだすための一歩には、カウンセリングはなりえない。生徒の生活知をたかめるためには、ソーシャルワーカー的なはたらきが必要である。貧困や暴力、家庭不和などにさらされ、保護者自身に余裕がない場合、日常的な生活知を生徒が学習していないケースはおおい。そのため、健康保険の加入の仕方や、症状にあった病院の探し方、求人広告の見方はもちろん、スポイトの使い方やうがいの仕方といったことも、生徒と一緒に学ぶようにしてきた。

[6]　高森明・木下千紗子ほか『私たち、発達障害と生きてます――出会い、そして再生へ』（ぶどう社、2008年）の中でも、「教室でのいじめ」「教師の無関心」という話は、おおくかたられている。また、この本の中には、ニキ・リンコにとって、学校という場がどのように一面的にみえており、その結果どう困ったかというエピソードもある。本章の「ヌノメさん」の話と併置してよんでほしい。

たとえば、弱視[7]のニイミさんは、こうはなした。「先生は、『障害があっても、みんな一緒。なかよくしましょう』という。でも、ぼくはすぐものを落とすから、いつも叱られていた。弱視のせいで、なにがどこにあるかわからないから、ひじがあたったりして落としてしまうだけなのに。おとすのは、ぼくにとってもつらいことだったのに。でも、先生は『不注意だ』『そんなんじゃ、だめ』とぼくを叱る。教室内の生徒たちは、誰もぼくのおとしものを拾ってくれなくなった。そのうち、それをネタにぼくをからかい、いじめるようにもなった。ぼくが、その一年間にいくつのけしゴムを買ったかわかりますか？」と。こうした問題は、あきらかにニイミさん個人の問題ではない。教員が、いじめの土壌を準備してしまったといえる。このニイミさんは、私につよく「学校で大切なのは、勉強より人間関係」と主張した一人である。やはり、人間関係が重要なのか。
　一方で、アスペルガーのヌノメさんは、こうはなした。「学校とは本来勉強するところですよね。学校的価値を一元化してほしいですよ。わたしはずっと『学校は勉強するところ』だとおもっていました。でも、ほんとはちがうじゃないですか。勉強だけしていると『がり勉』っていじめられて。先生に相談しても『勉強ばっかりしてないで、友だちつくれ』ってかえって叱られる。でも、こっちは友だちつくるのが苦手だから、勉強してたんですよ。つらかったな。学校のたてまえと本音っての、ほんとになくしてほしいです」と。ヌノメさんは、自身の生きづらさから、「学校で大切なことは勉強である」という価値を強固にしてほしいとねがっている。実際、このヌノメさんの指摘は、現実である。たとえば久冨善之[8]は、学校には「顕在的カリキュラム」（たてまえ）と「かくれたカリキュラム」（本音）という二重規範があること、不登校になる生徒はその二重規範にたえられないケースがおおいことを不登校児を対象にした調査からあきらかにしている。たしかに、学校という場はおおくの矛盾した価値観を内包している。たとえばテストやスポーツをつうじて「競争」や「序列化」が日常化している一方で、「みんな仲良く」「みんなはひとりのために、ひとりはみんなのために」といったクラス目標がたてられる。クラスの成績がさがると「学校には勉強をしにきている」と叱責されるが、他の場面では「勉強より、ともだちだぞ」と諭される。こうしたダブルバインドの状態は、とくに発達障害的な生徒には、理解しがたく、つらいものであろう。しかし、だからといって学校的価値を一元化することも、問題ではないか。社会には多様な人がいる。なにが「正解」かは、そのとき、その場、対する相手によってことなるケースはおおい。そうした「ことなる他者」との共存の仕方をまなぶためにも、学校文化にねづく規範の多重性という状態を解消しようとするよりは、時や場所、相手によって変化するその規範の多重性を明示し、解釈方法をおしえ、消化できるように援助することが大切なのではな

---

[7] 弱視に関しては、『ph ときめきの資料館——弱視の私からはじめる、Web 上の博物館』http://phsiryoukan.client.jp/index.html が参考になる。また、「川柳で共感を……」と作成した『弱視いろはカルタ』もおもしろい http://www.daikatsuji.co.jp/archives/attention/post000603.php
[8] 久冨善之・堀尾輝久編『学校文化という磁場』柏書房、1996 年、pp.21-27

いか[9]。たとえば、教師が「勉強ばかりせずに、ともだちつくれ」のかわりに、「学校とは、勉強をするところだが、人間関係も学ぶ場だ。それも勉強だとおもって、ちょっとクラスの生徒とかかわってみたらどうだ」と返答していたら、ヌノメさんはどうしたのであろう。もしかしたら、「スキル」として周囲の子とかかわってみようとかんがえたかもしれない。

　学校で大切なこととは、なんなのだろう。

④ 学校において大切なこととは

　退学していく生徒にノートをみせてもらったことがある。ノートはほとんど判読不可能であった。はなしをきくと、板書をうつすのが苦痛だという。ちいさいときから、「字が汚い」といつも叱られてきたが、どうしようもない。自分でも読めなくてこまっている。学年があがるにつれ、ワークブックの書き込み欄は、どんどんちいさくなっていく。そこに書くと、自分でもよめない。だからやりたくなくなる。やってないから提出できない。叱られて、やる気がなくなる。彼の学校生活とは、ずっとこのくりかえしだったそうだ。わたしは、彼が保健室をおとずれるたびに書いてもらう「健康カード」にのこされた字が、よみにくかったことを不意におもいだした。彼と会話していると利発なイメージをうけるのに、なぜ成績不振者一覧に彼の名前があるのかも不思議だった。「しまった〜！この子、よみかき障害だ。字の問題がクリアできれば、なんとかなるはず」そうおもい、教科担当の先生たちにかけあったが、おそすぎた。彼は退学した。それ以来、退学していく生徒たちの理由がきにかかるようになった。表面にでてくるのは、「非行」「怠学」「授業料滞納」などなど。しかし、彼らの共通点は「成績不振」だ[10]。

　生徒はよく保健室に「だりぃー。授業どーせわからんし、1時間おらせてー」とやってくる。その「授業がつまらん」「わからん」という言葉は、頻繁につかわれており、私にとっては「むかつく」「しんどい」とおなじくらいの、いうなればこれから語りだされる悩みの「枕詞」としてうけとめてきた。実際、そのあと生徒たちは、友達や恋人、家族、教員など

9　とはいうものの、この多重性のすべてを生徒たちが理解し、個々人が運用できるようになることを理想だとはかんがえていない。もし、それを理想とするならば、本田由紀（『多元化する「能力」と日本社会——ハイパー・メリトクラシー化のなかで』NTT出版、2005年、pp.20-34）のえがく「ハイパー・メリトクラシー」を肯定することになるとおもうからだ。本田は、その著書のなかで、「ガリ勉くん」や「努力」が忌避され、勉強ができることが前提のうえで「対人能力」の高い人材を要求する社会（いわゆる「人間力」の推奨）のあり方と、それにこたえようとする学校教育の現状をさまざまな調査結果をもちいてえがき、その方向性を批判している。私もまた、本田の批判に共感する。ひとつには、「勉強ができる」も「対人能力の高さ」も、「家庭の教育力」と正比例しがちであるからである。「人間力」の推奨は、全体の底上げにつながる可能性より、家庭環境による格差を学校では転換できないほどひろげてしまう可能性のほうが高いのではないか。もうひとつには、この「努力しないのに（努力をみせずに）勉強ができて、対人関係力もたかい人」に高価値をあたえてしまうと、「学校」のもつ「たてまえ」すら崩壊するのではないかとの危惧がある。たしかに私は、現在の学校にたいし懐疑的立場をとっている。しかし、学校という場のもつ力には期待している。とくに、学校がすべてのこどもにひらかれているという「たてまえ」は重要視している。本書も真に「すべてのこどもにひらかれる」学校をもとめて、書いている。

10　もちろん、「いじめ」や「人間関係」を理由にやめていく生徒もいるが、その多くが1年生の1学期に集中しており、人数的にもおおくはない。

との人間関係における悩みを語ることがおおい。だからこそ、私も「人間関係」を重視してきた。しかし、あの判読不可能なノートをみて以来、あらためて「生徒にとって、授業とはなにか」とかんがえるようになった。生徒たちの「授業わからん」はほんとうに切実ではないのかと。しかし当の生徒たちにとっても、小学1年生以降のいつからか「教室のおきゃくさん」経験をつみかさね、悩みと認知するにはあまりに「日常」になっているのではないか。生徒は、「勉強なんかどうでもいい」と口にするその裏側で、強烈に「勉強がわかりたい」とおもっているのではないかとおもうのだ。そして、その「勉強がわかりたい」は、「勉強ができるようになること」とは、若干意味あいをことにしているかもしれない。学校において、自分の居場所があるとかんじられること、自分がクラスの一員だとかんじられることの代表が、「勉強／授業がわかる」ことなのではないか。

　「よみかきが苦手」「授業中におちつかない」「孤立しがち」といった発達障害的な個人の事情は、現在の学校の授業形態をかんがえれば、「授業がわかる」ためには、おおきなハンディとなる。「よみかき」問題は、とくにノート提出やテストのときに圧倒的に不利だ。「よみかき」でおくれをとれば、現行システムでは授業にはついていけない。授業中におちつかなければ、叱責の対象となりやすい[11]。叱責の対象となりつづけたこどもが、クラスから排除されやすくなるのは、先に紹介したとおりである。「孤立しがち」な生徒もまた、「みんな仲良く」を標榜してクラス運営をおこなうのが一般的な現在の学校文化においては、自己責任としてクラスから排除されがちである。「孤立」の原因が、周囲の動向が視野にはいりにくいという特徴や、学校文化のもつ規範の多重性が理解できないことにあったとしてもだ。そして、教室で「排除」されれば、教室でのさまざまな活動に支障がおこる。勉強はできても、「授業がわからなくなる」可能性はたかい。

　生徒にとって、重要なこと。そして教員が、みおとしがちなこと。それは「授業がわかること」だと、あらためておもう。その「授業がわかる」とは、実際は「授業中になにをすればいいのかがわかること」、つまり先生がなにをつたえようとしているのか、周囲の生徒がなにをしているのか、いま自分のすべきことがなんなのかがわかること、つまり「教室の一員

11　教室でおちつかない生徒を、どのように指導するか。私が以前、小学校を見学したときに、ひとりのおちつかない生徒がいた。私が「あの子、キョロキョロしはじめた。もうすぐ、立つ」とおもった瞬間、担当教員の声がかかる。「ハルくん、ちょっと前にでて、先生のこと、てつだってくれるかな」「ハルくんは、いまのどうおもう？」など。結果、彼は、いそいそと席をたち、どうどうと教室内を移動する。発言する。そして、先生にほめられる。たしかに、「あのハルくんって子だけ、指名しすぎでは」との印象は与えるかもしれない。しかし、彼は50分間いちども授業からはずれることなく、クラスメイトとともに同じ課題をこなした。ADHD関係の著作にはこうしたノウハウは、たいてい書かれているが、その実践をまのあたりにしたのは、はじめてであった。教員がハルくんを指名するタイミングがはやすぎれば、彼はあのように意気込んで指示に従わなかったかもしれない。立ち歩きはじめてからでは、指示はとおらないかもしれない。なによりクラスメイトに与える印象がことなってくる。「こんなとき、どうする」というノウハウがいきるのも、教員の生徒を観察する力、タイミングをよむ力あってのことだと再認識した。もっとも、こうした「力」をすべての教員がみにつけているわけではないし、スキルとしてみにつけきれない部分もある。そして、そんな教員も重要だとおもう。場のよみとりがにがてな、いわゆる「ＫＹ」の教員を、やはり教員集団がフォローし、フォローされつつ学校の日常をいとなんでいく姿を生徒がかいまみることができれば、生徒にとって、重要な「学習」機会となるであろう。

だ」「自分の居場所がここにある」と感じられることではないのだろうか。

　「発達障害」をもつ子、いや「学校不適応症候群」の生徒への教育支援とは、換言すれば、彼らが「学校でおこっていることを、みとおせるよう支援すること」だと、おもう。それが結果的に、学校においてすべての生徒に「居場所」を提供することにつながるのではないか。

　タチバナさんは、結局、直接先生に授業レポートをてわたしたそうだ。「ごめんなさい。いまは、先生になにをいわれてももう素直にうけとれません。私には、息子が授業がわからないことに苦しんでいるとしかおもえません。よんでください」と、メッセージをそえて。

　すると数日後、トミオカ先生から電話がかかってきた。「率直なご意見をありがとうございました。こんど授業をみにきてください」と。彼女がいってみると、授業は劇的に変化していたという。授業の開始時には、必要な用具がしめされる。今日の予定が黒板にはりだされている。重要なポイントは、拡大プリントしてあり、板書時間の短縮と重要ポイントの重複提示ができるよう工夫がされていた。教室の一角には宿題提出用の箱も用意されていた。こどもたちは、いきいきと参加していた。タチバナさんは、先生の努力に感激したそうだ。その後、メイくんは、「おかあさん、最近、ぼく、学校の勉強わかっちゃうんだよね～」と、笑顔ではなしたという。チックもきえた。「やっぱり、授業がわかるってうれしいんだね。でも、もしかしたら、勉強ができるってこととはちがうのかもしれない。そういえばメイ、保育園のときも、ひどいチックになって……。あのときは、『制作（ものをつくったり、絵をかいたりという園での活動）』で、ひとりだけ白紙の画用紙もってかえってきたり、工作ができてなかったりしてた……。やり方がわからないんだとおもって、家でいっしょうけんめい教えたんだけど、『みんなは、そんなんじゃなかった』とか『先生は、そんなふうにいってなかった』とかって、すごく抵抗してた。いまおもえば『制作の時間になにをしたらいいかわからない』『先生の指示がききとれなかった』ってことが、負担だったんだろうなって。まわりの人がなにをしているのかわかる。その中で自分はなにをしたらいいのかがわかる／きめられるって、実は、いちばん重要なことかも」とメールはむすばれていた。

🍀　あとがき　🍀

　さいごまで よんでくださって ありがとうございます。「こまっている生徒たち」と「こまっている先生たち」の かけはしに なりたい。わたしたちの ねがいを、みなさんにも 共有していただくことが できたでしょうか。

　そうですね……わたしたちは「まったく こまることがない学校」を 理想だとは かんがえていません。「安心して こまることができる学校」になると いいなと おもっています。わかりにくいでしょうか？

　「こまった」とか「しっぱいした」とか そうした経験は、とても重要だと おもうのです。でも、そのままだったら 不安でいっぱい。そんなときに だれかと いっしょに、あるいは 自分で「のりこえた」って 経験を かさねることで、自分に 自信が ついてくる。そうおもいます。

　でも これって、けっこう むずかしい。いつも 不安な場所に いると 人は、だんだん かんじかたを とざして しまいます。「こまる」ことは なくなるかも しれないけれど、「うれしい」や「かなしい」、「はらがたつ」といった 感覚も いっしょに わすれていってしまう……。はんたいに、あまり 安全な場所に いつづけると、「こまる」ことすらなくて やはり かんじる力を うしなっていきます。そうした じょうたいに おちいると 自分の 存在が かるく おもえてしまうことも あります。

　「こまった！」と かんじる。そのことに なやむ。それを のりこえたり、まわり道をしたりする。そのくりかえしが、わたしたちに 元気と 勇気を あたえてくれるのでは ないでしょうか。そのヒントに この本が なってくれると いいな、そんなことを おもっています。

　もうひとつ、LLページは いかがでしたか？　LLページを つくったわけは 8〜10ページで おはなししました。でも、もうひとつ 理由が あります。

　わたしは いままで 生徒を とおして いろんな おかあさん、おとうさんと で

あってきました。そのなかには、ブラジルで そだった おかあさんも いました。彼女の こどもたちは 日本での くらしが ながく、ポルトガル語より 日本語の ほうが じょうずです。学校からの 連絡や 先生とはなすときは、いつも こどもが 彼女に 通訳していました。そんな彼女は、学校に くるとき いつも けんかごし。「日本なんて だいきらい」が くちぐせでした。あるとき「日本語 いっしょに べんきょう しましょうよ」と いってみました。すると ものすごく おこられました。「日本語 だいきらい。いっしょうけんめい ひらがな おぼえた。それだけじゃ、なんにも わからない」この言葉に かんがえこんでしまったのです。たしかに、町角の 表示（おしらせ）は ほとんどが 漢字で かかれています。看板も カタカナや ローマ字が いりみだれています。ひらがなだけ しっていても 必要な情報をえるのは むずかしい……。こどもたちに きくと「おかあさん、言葉が わからないから 自分が ばかに おもえるんだって。ブラジルでは 学校の先生 だったんだよ」と。彼女の くやしくて かなしい きもちが、すこし わかった気が しました。

　知的な障害をもつ おかあさんにも あいました。つねに「すみません」「よろしくおねがいします」と おじぎを していらっしゃいました。ほんの ささいな ことでも ものすごく よろこんでくれます。「わたしは こどものために なにも してやれないんです。本も よめない ばかですから」と いつも いっていました。「おかあさんが こうして きてくださるだけで、じゅうぶんです」わたしは、そう くりかえすことしか できませんでした。

　彼女たちに もっと 自信を もってほしい！ わたしは ずっと そうおもってきました。ですから LL ブック（やさしく よめる本）の存在を しったとき、「これだ！」と おもったのです。

　ひとつの本に LL ページを いれこむ。こうすることで、よみかきが にがてな 人も、そうではない人も、いっしょの本を よめるのではないかと。

　彼女たちが もし この本を てに とってくれたら……。この本を はさんで「学校で こまってること ない？」なんて、こどもと はなしあってくれたら。「もし こまってるなら、おかあさん、この本 もって、先生に こうしてほしいって

たのみにいくよ」なんて いってくれたら……。

　おかあさんも こどもも、ほんのり しあわせな きもちに なれるんじゃないか と おもうのです。おかあさん、おとうさんは みんな、こどもの 力に なりたい と おもっているはず。そのねがいの いったんが、この本で かないますように。

　日本語の よみかきが にがてな おかあさん、おとうさんにも、この本が とどくことを ねがっています。

謝辞

　まずは、私たち7人がこれまでであってきた生徒のみなさん、保護者のみなさんに。みなさんの笑顔のおかげで、私たちは養護教諭として勤務しつづけることができました。なにもお手伝いできなくって、ごめんなさい。でも、私たちは、みなさんが大好きです。ありがとう。

　シート作成にあたって、協力してくれた生徒のみなさん、苦しい胸のうちを率直に、明るく語ってくださった「親の会」のみなさん、お名前はあげられませんが、ありがとうございます。

　「しーとん」たちあげの前年、「学校でよくつかわれる発達障害のチェックシートって、どんなの？」という私の問いに、さまざまな地域の小学校で使用されている評価表を紹介してくれた小学校で養護教諭として勤務する山本浩子さん、ありがとう。「シート作成過程を、連載したいんだけど」という私に、養護教諭むけの雑誌『健』の副編集長・河崎さんを紹介してくれた、当時おなじ高校で勤務していた下村淳子さん（現愛知学院大学講師）、ありがとう。そして連載中、ずっと「かなに　ひらけ」「ルビを　ふれ」、「ページ　ふやせ」などなど「うざい」（笑）注文にこたえつつ、読者の感想をとどけてくださり、いつもユーモアたっぷりに励ましてくれた河崎さん、これからも、『健』の記事、期待しています。ありがとうございました！もう一方の連載をひきうけてくださった『人権21　調査と研究』の編集、明楽さんと菅木さんにもお礼を。「字数制限破り」「注がおおすぎ」と困惑しながらも、いつも紙面をさく工夫をしてくださいました。

　そして、髙橋淳さん。生活書院のだす本のおおくが、私の教科書でした。いつか、この出版社から本をだしてもらえたら……その夢が、2009年の障害学会大会の会場で原稿をわたした3日後に「出版しましょう。それもすぐ」というお返事でかなえられるとは……。うれしかったです。

　おもえば、「障害学」との出会いは2002年頃、ふとまよいこんだ会場できいた松波めぐみさん（(財)世界人権問題研究センター研究員）の学会発表でした。「インペアメント？　ディスアビリティ？」と混乱しながらも、心にずしっとくるものが。以来、彼女のかくれファンとなり、「障害学」も勉強してきました。その松波さんに、本シートに関連する学会での発表を「ラディカルで、いいです」とほめていただいたときは、ジーンときました。

　また、私の下書き原稿に毎回丁寧なコメントをくれ、本書が出版されることになったときもおおよろこびしてくれた「障害学」の師、あべ・やすしさん（社会言語学・差別論研究者）、ありがとう。それから、児島明さん（鳥取大学准教授）、名古屋大学の教育社会学ゼミの先輩として白紙状態の私にいろいろ教えてくださり感謝しています。うれしかったです。私の社会学の個人的師匠である、北仲千里さん（広島大学准教授）と、ましこ・ひでのりさん（中京大学教授）にもお礼を。ほかにも……ゼミや研究会でご一緒したみなさん、ありがとうございます。それから、中学校で勤務しつつ研究をつづけていらっしゃる原田琢也先生、シー

ト作成にかかわる両義性の指摘は参考になりました。また、シートに関する学会発表のおり、座長をつとめてくださった愛知県立大学教授の田中良三先生、あれ以来なにかと声をかけてくださり、感謝しています。

　「すぎむらさん、これやってる場合じゃないでしょ」「はやく長いの、書いちゃってください」とあきれられつつも、いつも原稿に目をとおしてくださり、情報やコメントをくださった名古屋大学大学院教育発達科学研究科の大谷尚先生と、いまは金城学院大学にうつられた今津孝次郎先生のお二人には、とくにあつくお礼を。先生方の叱咤激励が、私の「勉強やめちゃいたい」とおもったときの、心のささえです。これで、こころおきなく博論にもどれます。ごめんなさい。いましばらく、不肖の弟子とおつきあいください。

　それから、「クレーマー」な「タチバナ・ナミ」にいつも丁寧につきあってくださる「メイ」のかよう学校の先生方、ありがとうございます。おかげで、彼はなんとか学校に居場所をもちつづけています。いまも「メイ」のことをきにかけてくださっている中島由美先生はじめ保育園時代の先生方、ありがとうございます。また、私の職場の先生方にもお礼を。遅刻・早退がおおくてごめんなさい。とくに、いつも保健室で私の「うだうだ」話を笑ってさいてくださる深田三枝先生ありがとうございます。先生のおかげで気をとりなおして、いろんなことにたちむかえます。定時制高校勤務時代の同僚、鈴木恵美子先生にも感謝を。わたしの「ぐち」につきあってくれて、一緒に「よみかき障害」について勉強してくれて、ありがとう（そうそう読者のみなさん、「メイ」エピソードは、ほかの発達障害の子をもつ保護者の方からきいた話がくみこまれていたり、物語化されたりしている部分がたくさんあります。「実話」ではありません。すみません、わたしの周囲の方々の名誉のために一言もうしそえます）。それから「メイ」の主治医の「テンマ先生」、錯乱状態で電話するわたしに「なんかあったんだ。じゃーつぎの、診察、はやめよっか～」といったってのんびりした声をかえしてくださって、ありがとうございます。それだけで、おちつきをとりもどせています。また「患者・医者関係なしね」と、シートに対するさまざまな意見もくださりありがとうございます。診断初期に動揺していた私に「あなたがおかあさんで、『メイ』くんはしあわせだとおもう」とエールをおくってくれた日本福祉大学教授の木全和巳さん、なにかとメールで相談にのってくださった小学校教員かつマルチに活躍されている岡崎勝さんにもお礼を。とても勇気づけられました。

　最後に……よろこんでこどもたちの面倒をみてくれる４人のおじいちゃん、おばあちゃん、ありがとうございます。

　「しめきりが～」とさわぐ私に「わしもあるんで」といいながら息子たちをつれだしてくれた かどや・ひでのりくん、ありがとう。自称「有能秘書」仕事、たすかってます。とくに、「あんたに仕事あげよ。これ読んで書評かけ」と『LLブックを届ける』を紹介してくれてありがとう。おかげで、この本をLLブックとしておくりだすことができます!!（ちなみに、すぎむら なおみ「LLブックを学校に！」『社会言語学』IX、2009年、pp.299-310です。定価3000円、好評発売中です（笑））

　「原稿書くから」ととじたドアのむこうで「おかーくん、すぐ書けるから大丈夫！ここで、

まってるね」と笑わせてくれたり、いきづまる勉強会のお笑い休息所になってくれたりした3人の息子たち、ありがとう。とくに「タチバナ・メイ」くん、ありがとうね。きみのおかげで、私はいろんなことを学び、いろんな人に出会うことができています。LLページの査読もありがとう。これがもし、すごくわかりやすいページになっているとしたら、きみの意見のおかげです。ちっちゃいとき、「どうして人の気持ちがわからないの!!」と怒りたくってごめんね。わからんよね、そんなん。きみは、いつだって率直だっただけなのに。わからないものどうし、もうちょっと一緒にいようね。いつか、ほかのわからない人たちの間に、きみがはばたいていくその日まで。

　あなたと、これから生徒になっていくみなさんすべてが、学校での居場所をみつけられることを、こころから願っています。

　　2009年12月のおわりに

　　　　　　　　　　　　　　　　　　　　　　　　　　　　　　　すぎむら なおみ

　なお、本書は「2008年度明治安田こころの研究財団研究助成」および「2009年度科学研究費補助金（奨励研究）」による研究成果の一部です。

資料編

[資料1] 児童生徒理解に関するチェックリスト

「児童生徒理解に関するチェックリスト」は、文部科学省が平成14年に実施した、学習障害（LD）、注意欠陥／多動性障害（ADHD）、高機能自閉症、通常の学級に在籍する特別な教育的支援を必要とする児童生徒に関する全国調査で作成されたものです。

本チェックリストは、指導者が子ども理解を深め指導の一助とするためのものです。障害の判別を目的としたものではありません。

I.「聞く」「話す」「読む」「書く」「計算する」「推論する」

［次の4段階で回答］

状　態	得　点
ない	0
まれにある	1
ときどきある	2
よくある	3

	質　問　項　目		
聞く	聞き間違いがある（「知った」を「言った」と聞き間違える）		
	聞きもらしがある		
	個別に言われると聞き取れるが、集団場面では難しい		
	指示の理解が難しい		
	話し合いが難しい（話し合いの流れが理解できず、ついていけない）		
	小　計		
話す	適切な速さで話すことが難しい（たどたどしく話す。とても早口である）		
	ことばにつまったりする		
	単語を羅列したり、短い文で内容的に乏しい話をしたりする		
	思いつくままに話すなど、筋道の通った話をするのが難しい		
	内容をわかりやすく伝えることが難しい		
	小　計		
読む	初めて出てきた語や、普段あまり使わない語などを読み間違える		
	文中の語句や行を抜かしたり、または繰り返し読んだりする		
	音読が遅い		
	勝手読みがある（「いきました」を「いました」と読む）		
	文章の要点を正しく読み取ることが難しい		
	小　計		
書く	読みにくい字を書く（字の形や大きさが整っていない。まっすぐに書けない）		
	独特の筆順で書く		
	漢字の細かい部分を書き間違える		
	句読点が抜けたり、正しく打つことができない		
	限られた量の作文や、決まったパターンの文章しか書かない		
	小　計		
計算する	学年相応の数の意味や表し方についての理解が難しい（三千四十七を300047や347と書く。分母の大きいほうが分数の値として大きいと思っている）		
	簡単な計算が暗算できない		
	計算をするのにとても時間がかかる		
	答えを得るのにいくつかの手続きを要する問題を解くのが難しい（四則混合の計算。2つの立式を必要とする計算）		
	学年相応の文章題を解くのが難しい		
	小　計		
推論する	学年相応の量を比較することや、量を表す単位を理解することが難しい（長さやかさの比較。「15cmは150mm」ということ）		
	学年相応の図形を描くことが難しい（丸やひし形等の図形の模写。見取り図や展開図）		
	事物の因果関係を理解することが難しい		
	目的に沿って行動を計画し、必要に応じてそれを修正することが難しい		
	早合点や、飛躍した考え方をする		
	小　計		

II．「不注意」「多動性－衝動性」

［次の4段階で回答］

状　　態	得点（左欄）	計算点（右欄）
ない、もしくはほとんどない	0	0
ときどきある	1	0
しばしばある	2	1
非常にしばしばある	3	1

質　問　項　目			
学校での勉強で、細かいところまで注意を払わなかったり、不注意な間違いをしたりする			
課題や遊びの活動で注意を集中し続けることが難しい			
面と向かって話しかけられているのに、聞いていないようにみえる			
指示に従えず、また仕事を最後までやり遂げない			
学習課題や活動を順序立てて行うことが難しい			
集中して努力を続けなければならない課題（学校の勉強や宿題等）を避ける			
学習課題や活動に必要なものをなくしてしまう			
気が散りやすい			
日々の活動で忘れっぽい			
計算点の小計（不注意）			
手足をそわそわ動かしたり、着席していても、もじもじしたりする			
授業中や座っているべきときに席を離れてしまう			
きちんとしていなければならないときに、過度に走り回ったりよじ登ったりする			
遊びや余暇活動におとなしく参加することが難しい			
じっとしていない。または何かに駆り立てられるように活動する			
過度にしゃべる			
質問が終わらないうちに出し抜けに答えてしまう			
順番を待つのが難しい			
他人がしていることをさえぎったり、じゃましたりする			
計算点の小計（多動性－衝動性）			

III．「対人関係やこだわり等」

［次の3段階で回答］

状　　態	得点
いいえ	0
多少	1
はい	2

質　問　項　目		
大人びている。ませている		
みんなから、「○○博士」「○○教授」と思われている（例：カレンダー博士）		
他の子どもは興味を持たないようなことに興味があり、「自分だけの知識世界」を持っている		
特定の分野の知識を蓄えているが、丸暗記であり、意味をきちんとは理解していない		
含みのある言葉や嫌みを言われても分からず、言葉通りに受け止めてしまうことがある		
会話の仕方が形式的であり、抑揚がなく話したり、間合いが取れなかったりすることがある		
言葉を組み合わせて、自分だけにしか分からないような造語を作る		
独特な声で話すことがある		
誰かに何かを伝える目的がなくても、場面に関係なく声を出す （例：唇を鳴らす、咳払い、喉を鳴らす、叫ぶ）		
とても得意なことがある一方で、極端に不得意なものがある		
いろいろなことを話すが、そのときの場面や相手の感情や立場を理解しない		
共感性が乏しい		
周りの人が困惑するようなことも、配慮しないで言ってしまう		
特別な目つきをすることがある		
友達と仲良くしたいという気持ちはあるけれど、友達関係をうまく築けない		
友達のそばにはいるが、一人で遊んでいる		
仲のよい友達がいない		

常識が乏しい		
球技やゲームをするとき、仲間と協力することに考えが及ばない		
動作やジェスチャーが不器用で、ぎこちないことがある		
意図的でなく、顔や体を動かすことがある		
ある行動や考えに強くこだわることによって、簡単な日常の活動ができなくなることがある		
自分なりの独特な日課や手順があり、変更や変化を嫌がる		
特定のものに執着がある		
他の子どもたちから、いじめられることがある		
独特な表情をしていることがある		
独特な姿勢をしていることがある		
合　計（対人関係やこだわり等）		

[資料2]　注意欠陥多動性障害（ADHD）

ＤＳＭ－Ⅳ

A．（1）か（2）のどれか
(1) 以下の不注意の症状のうち6つ（またはそれ以上）が少なくとも6ヶ月以上続いたことがあり、その程度は不適応的で、発達の水準に相応しないもの

○ 不注意
(a) 学業、仕事、またはその他の活動において、しばしば綿密に注意することができない、または不注意な過ちをおかす。
(b) 課題または遊びの活動で注意を持続することがしばしば困難である。
(c) 直接話しかけられたときにしばしば聞いていないように見える。
(d) しばしば指示に従わず、学業、用事、または職場での義務をやり遂げることができない（反抗的な行動、または指示を理解できないためではなく）。
(e) 課題や活動を順序立てることがしばしば困難である。
(f) （学業や宿題のような）精神的努力の持続を要する課題に従事する事をしばしば避ける、嫌う、またはいやいや行う。
(g) （例えばおもちゃ、学校の宿題、鉛筆、本、道具など）課題や活動に必要なものをしばしばなくす。
(h) しばしば外からの刺激によって容易に注意をそらされる。
(i) しばしば毎日の活動を忘れてしまう。

(2) 以下の多動性―衝動性の症状のうち6つ（またはそれ以上）が少なくとも6ヶ月以上続いたことがあり、その程度は不適応的で、発達の水準に相応しないもの
○ 多動性
(a) しばしば手足をそわそわと動かし、またはいすの上でもじもじする。
(b) しばしば教室や、その他、座っていることを要求される状況で席を離れる。
(c) しばしば、不適切な状況で、余計に走り回ったり高い所へ上ったりする（青年または成人では落ち着かない感じの自覚のみに限られるかも知れない）。
(d) しばしば静かに遊んだり余暇活動につくことができない。
(e) しばしば"じっとしていない"または、まるで"エンジンで動かされるように"行動する。
(f) しばしばしゃべりすぎる。
○ 衝動性
(g) しばしば質問が終わる前に出し抜けに答え始めてしまう。
(h) しばしば順番を待つことが困難である。
(i) しばしば他人を妨害し、邪魔する（例えば会話やゲームに干渉する）。
B．多動性・衝動性または不注意の症状のいくつかが7歳以前に存在し、障害を引き起こしている。

C．これらの症状による障害が2つ以上の状況（学校や仕事など）と家庭において存在する。

D．社会的、学業的または職業的機能において、臨床的に著しい障害が存在するという明確な証拠が存在しなければならない。

E．その症状は広汎性発達障害、統合失調症、または他の精神病性障害の経過中にのみ起こるものではなく、他の精神疾患（例:気分障害、不安障害、解離性障害、または人格障害）ではうまく説明されない。

病型に基づくコード番号をつけること：
314.01 　　　混合型
314.00 　　　不注意優勢型
314.01 　　　多動性－衝動性優勢型

ICD-10　研究用診断基準

F90 多動性障害

G1. 不注意：次の症状のうち少なくとも6項目が、6ヶ月間以上持続し、その程度は不適応を起こすほどで、その子どもの発達段階と不釣合いであること。

(1) 学校の勉強・仕事・その他の活動において、細かく注意を払えないことが多く、うっかりミスが多い。
(2) 作業や遊戯の活動に注意集中を維持できないことが多い。
(3) 自分に言われたことを聞いていないように見えることが多い。
(4) しばしば指示に従わない、あるいは学業・雑用・作業上での仕事を完遂することができない（反抗のつもり、または指示を理解できないためではなく）。
(5) 課題や作業をとりまとめるのが下手なことが多い。
(6) 宿題のように精神的な集中力を必要とする課題を避けたり、ひどく嫌う。
(7) 学校の宿題・鉛筆・本・玩具・道具など、勉強や活動に必要な特定のものをなくすことが多い。
(8) 外部からの刺激で容易に注意がそれてしまうことが多い。
(9) 日常の活動で物忘れをしがちである。

G2. 過活動：次の症状のうち少なくとも3項目が、6ヶ月間以上持続し、その程度は不適応を起こすほどで、その子どもの発達段階と不釣合いであること。
(1) 座っていて手足をもぞもぞさせたり、身体をくねくねさせることがしばしばある。
(2) 教室内で、または着席しておくべき他の状況で席を離れる。
(3) おとなしくしているべき状況で、ひどく走り回ったりよじ登ったりする（青年期の者や成人ならば、落ち着かない気分がするだけだが）。
(4) 遊んでいるときに過度に騒がしかったり、レジャー活動に参加できないことが多い。
(5) 過剰な動きすぎのパターンが特徴的で、社会的な状況や要請によっても実質的に変わることがない。

G3. 衝動性：次の症状のうち少なくとも1項目が、6ヶ月間以上持続し、その程度は不適応を起こすほどで、その子どもの発達段階と不釣合いであること。
(1) 質問が終わらないうちに、出し抜けに答えてしまうことがよくある。
(2) 列に並んで待ったり、ゲームや集団の場で順番を待てないことがよくある。
(3) 他人を阻止したり邪魔したりすることがよくある（例：他人の会話やゲームに割り込む）
(4) 社会的に遠慮すべきところで、不適切なほどに過剰にしゃべる。

G4. 発症は7歳以前であること

G5. 広汎性：この基準は複数の場面で満たされること。たとえば、不注意と過活動の組み合わせが家庭と学校の両方で、あるいは学校とそれ以外の場面（診察室など）で観察される。（いくつかの場面でみられるという証拠として、通常複数の情報源が必要である。たとえば、教室での行動については、親からの情報だけでは十分とはいえない）

G6. G1－G3の症状は、臨床的に明らかな苦痛を引き起こしたり、あるいは社会的・学業的・仕事面での機能障害をひき起こすほどであること。

G7. この障害は広汎性発達障害（F84.-）、躁病エピソード（F30.-）、うつ病エピソード（F32.-）、または不安障害（F41.-）の診断基準をみたさないこと。

[資料3]　アスペルガー障害

DSM-Ⅳ

A．以下の少なくとも2つで示される、社会的相互作用における質的な異常

1 視線を合わせること、表情、身体の姿勢やジェスチャーなどの多くの非言語的行動を、社会的相互作用を統制するために使用することの著しい障害
2 発達水準相応の友達関係をつくれない
3 喜びや、興味または達成したことを他人と分かち合うことを自発的に求めることがない（たとえば、関心あるものを見せたり、持ってきたり、示したりすることがない）
4 社会的または情緒的な相互性の欠如

B．以下の少なくとも1つで示されるような、制限された反復的で常同的な、行動、興味および活動のパターン
1 1つ以上の常同的で制限された、程度や対象において異常な興味のパターンへのとらわれ
2 特定の機能的でない日課や儀式への明白に柔軟性のない執着
3 常同的で反復的な運動の習癖（たとえば、手や指をひらひらさせたりねじったり、または身体全体の複雑な運動）
4 物の一部への持続的なとらわれ

C．この障害は、社会的・職業的あるいは重要な機能の領域において、臨床的に明白な障害を引き起こす

D．臨床的に明白な言語の全般的な遅れはない（たとえば、単語が2歳までに使用され、コミュニケーションに有用な句が3歳までに使用される

E．認知能力発達または年齢相応の生活習慣技能、適応行動（社会的相互作用以外）、および環境への興味の小児期における発達に、臨床的に明白な全般的な遅れはない

F．他の特定の広汎性発達障害や精神分裂病を満たさない

ICD-10 研究用診断基準

F84.5　アスペルガー症候群

A．表出性・受容性言語や認識能力の発達において、臨床的に明らかな全般的な遅延はないこと。
　診断にあたっては、2歳までに単語の使用ができており、また3歳までに意思の伝達のための二語文（フレーズ）を使えていることが必要である。
　身辺処理や適応行動および周囲に向ける好奇心は、生後3年間は正常な知的発達に見合うレベルでなければならない。しかし、運動面での発達は多少遅延することがあり、運動の不器用さはよくある（ただし、診断に必須ではない）。
　突出した特殊技能が、しばしば異常な没頭にともなってみられるが、診断に必須ではない。

B．社会的相互関係における質的異常があること（自閉症と同様の診断基準）
(a) 視線・表情・姿勢・身振りなどを、社会的相互関係を調整するための手段として適切に使用できない。
(b) 機会は豊富にあっても精神年齢に相応した友人関係を、興味・活動・情緒を相互に分かち合いながら十分に発展させることができない。
(c) 社会的・情緒的な相互関係が欠如して、他人の情動に対する反応が障害されたり歪んだりする。または、行動を社会的状況に見合ったものとして調整できない。あるいは社会的、情緒的、意志伝達的な行動の統合が弱い。
(d) 喜び、興味、達成感を他人と分かち合おうとすることがない。（つまり、自分が関心をもっている物を、他の人に見せたり、持ってきたり、指し示すことがない）。

C．度外れた限定された興味、もしくは、限定的・反復的・常同的な行動・関心・活動性のパターン（自閉症と同様の診断基準。しかし、奇妙な運動、および遊具の一部分や本質的でない要素へのこだわりをともなうことは稀である）

次に上げる領域のうち少なくとも1項が存在すること
(a) 単一あるいは複数の、常同的で限定された興味のパターンにとらわれており、かつその内容や対象が異常であること。または、単一あるいは複数の興味が、その内容や対象は正常であっても、その強さや限定された性質の点で異常であること。
(b) 特定の無意味な手順や儀式的行為に対する明らかに強迫的な執着。
(c) 手や指を羽ばたかせたり絡ませたり、または身体全体を使って複雑な動作をするなどといった、常同的・反復的な奇異な行動。
(d) 遊具の一部や機能とは関わりのない要素（たとえば、それらが出す匂い・感触・雑音・振動）へのこだわり。

D．障害は、広汎性発達障害の他の亜型、単純分裂病、分裂病型障害、強迫性障害、強迫性人格障害、小児期の反応性・脱抑制性愛着障害などによるものではない。

読書案内

本書をよんで「いったい、どんな本をよんで勉強したの?」「わたしも、勉強してみようかな」とおもわれた方に……ぜひ!(私にとって、とくにインパクトのつよかった本を、ならべました。分類も恣意的です。ですから、ちょっと、きはずかしいですが……)

<障害学関係>
とりあえず、入門編として生徒のみなさんにもおすすめ
  ◇倉本智明『だれか、ふつうを教えてくれ!』理論社、2006年(率直で好きです。とくに野球のエピソード!)
  ◇光成沢美『指先で紡ぐ愛―グチもケンカもトキメキも』講談社、2003年(恋愛ものとしても)
  ◇渡辺一史『こんな夜更けにバナナかよ―筋ジス・鹿野靖明とボランティアたち』北海道新聞社、2003年(深刻なのに、笑いどころ満載!)
  ◇横塚晃一『母よ! 殺すな』生活書院、2007年(ずっとのこってほしい本です)
もうすこし、本格的に……
  ◇石川准・倉本智明編著『障害学の主張』明石書店、2002年(『障害学への招待』とともに学問的導入書として……)
  ◇石川准『見えないものと見えるもの―社交とアシストの障害学』医学書院、2004年(論文体ではないので、よみやすい!でも、内容は深いです)
  ◇倉本智明編『セクシュアリティの障害学』明石書店、2005年(「性」にかかわる問題に、正面からむきあっています。障害の有無にかかわらず流通する「おんなのしあわせ」像、障害をもつ子の性的関心のたかまりにゆれる親、入浴介助時のパンツ問題……ぜひいっしょに、かんがえてみましょう!)
もっと、ほりさげてみたい!
  ◇杉野昭博『障害学――理論形成と射程』東京大学出版会、2007年(「社会モデル」に依拠しつつ、「機能障害(インペアメント)」を多面的に考察しています)
  ◇星加良司『障害とは何か――ディスアビリティの社会理論に向けて』生活書院、2007年(「ディスアビリティ(社会的不利益/障壁)」を詳細に検討することで「社会モデル」を再考しています)
  ◇立岩真也『私的所有論』勁草書房、1997年(ゆらぎ、まよい、考えつづけるさまが文体ににじみでています)
  ◇竹内章郎『いのちの平等論――現代の優生思想に抗して』岩波書店、2005年(文体は難しいですが……生命倫理の視点からかかれた名著だとおもいます)
  ◇ハーラン・レイン(長瀬修訳)『善意の仮面――聴能主義とろう文化の闘い』現代書館、2007年(「文化モデル」の意味をかんがえるのに、最適です。題のとおり、自分の「善意」のあり方を問いなおさずには、いられません)

<発達障害関係>
学校の先生むけの一般書はたくさんでていますので、とくによんでいただきたいものだけ……。
  ◇グニラ・ガーランド(熊谷高幸ほか訳)『自閉症者が語る人間関係と性』東京書籍、2007年(性的関心の対象が、個々人によっていかに異なるのかがわかります。見当ちがいな叱責をしないために……)
  ◇中邑賢龍『発達障害の子どもの「ユニークさ」を伸ばすテクノロジー』中央法規、2007年(こんな方法もあったんだ! 目からウロコ本です)
  ◇阿部利彦『発達障がいを持つ子の「いいところ」応援計画』ぶどう社、2006年(著者の視線があたたかい

◇品川裕香『心からのごめんなさい――一人ひとりの個性に合わせた教育を導入した少年院の挑戦』中央法規、2005年（「個人と集団」、「加害と被害」……登場する向井義氏の逮捕も含め、いろいろ再考させられました）
  ◇品川裕香『怠けてなんかない！――ディスレクシア〜読む書く記憶するのが困難なLDの子どもたち』岩崎書店、2003年（「できないわけない」という先生にすすめてみてください。LDの子たちには、本がどうみえているのかわかります！）

教室内の「ちょっとかわった子」とのコミュニケーションの再考に……
  ◇山本譲司『累犯障害者――獄の中の不条理』新潮社、2006年（刑務所内の4分の1は、「知的障害」。そのほか、「自閉症」「かたこと日本語話者」「ろう者」などがおおいそうです。取調官とコミュニケートできないために、犯罪者にされてしまう……。社会で拒絶されてきたために、もっとも安心できる空間が刑務所になってしまう……。コミュニケーションとはなにか、再考させられます）
  ◇佐藤幹夫『自閉症裁判――レッサーパンダ男の「罪と罰」』朝日新聞出版社、2008年（「レッサーパンダ男」はまちがいなく殺人犯ですが、その取り調べ状況、生育歴をよむと、なぜ『累犯障害者』の人たちが刑務所内にいるのかが、よくわかります）

ぜひ、授業にとりいれてみてください！
  ◇藤澤和子、服部敦司編著『LLブックを届ける――やさしく読める本を知的障害・自閉症のある読者へ』読書工房、2009年（教科書のLLブック化、学術書のLLブック化を推進したいです！）
  ◇出版UD研究会『出版のユニバーサルデザインを考える――だれでも読める・楽しめる読書環境をめざして』読書工房、2006年（読めば読むほど、なやんでしまいますが……板書の参考にもなります！）

＜ケア論＞
一般的ケア論として
  ◇浦河べてるの家『べてるの家の「非」援助論――そのままでいいと思えるための25章』医学書院、2002年（「＜べてる＞の太鼓もち」とよばれてもかまいません！ 応援しています）
  ◇春日キスヨ『介護問題の社会学』岩波書店、2001年（介護者、被介護者の声をていねいにひろい、個人を断罪することなく社会のあり方に目をむけさせる好著です）
  ◇安積純子、岡原正幸ほか『生の技法――家と施設を出て暮らす障害者の社会学』藤原書店、1995年（介護をうける当事者、介護をする当事者、どちらも本音で語っています）
  ◇寺本晃久、末永弘ほか『良い支援？――知的障害／自閉症の人たちの自立生活と支援』生活書院、2008年（「遅刻者応援本！？」（笑）だけではありません。支援について深く考察されています）

とくに、養護教諭の方に
  ◇ダニエル・F・チャンブリス（浅野祐子訳）『ケアの向こう側――看護職が直面する道徳的・倫理的矛盾』日本看護協会出版会、2002年（これを読んだとき、生徒の側にたちきれない養護教諭としての自分が免罪された気持ちになりました）
  ◇ヘルガ・クーゼ（竹内徹ほか訳）『ケアリング――看護婦・女性・倫理』メディカ出版、2000年（看護師を養護教諭に、病院を学校にいれかえて読むと、リアルです）
  ◇アーリー・R・ホックシールド（石川准ほか訳）『管理される心――感情が商品になるとき』世界思想社、2000年（感情社会学の古典（!?）これも、目からウロコの一冊です）
  ◇武井麻子『感情と看護――人とのかかわりを職業とすることの意味』医学書院、2001年（感情社会学の視点で医療現場をよみといています）
  ◇小沢牧子『「心の専門家」はいらない』洋泉社、2002年（「カウンセリングだけでは、解決しない問題がある」とおもってきました。その背景のひとつが、この本で解説されています）
  ◇浮ヶ谷幸代『ケアと共同性の人類学――北海道浦河赤十字病院精神科から地域へ』生活書院、2009年（「養

護教諭の専門性って？」と考えあぐねている方、「養護教諭の専門性」議論をおいかけている方に、とくによんでいただきたいです）

＜健康／身体観＞
医学って、絶対ですか？
　◇上杉正幸『健康不安の社会学——健康社会のパラドックス』世界思想社、2000年（「予防」や「感染症撲滅」を声だかに叫ぶ現代ですが……病気だったら、だめですか？）
　◇小澤勲『自閉症とは何か』洋泉社、2007年（認知症関係の著作で有名な著者が、若かりし頃にかいた論文集。自閉症をめぐる精神医学界の動向を、批判的に整理し、自閉症概念に異をとなえます）
　◇ハーブ・カンチス、スチュワート・A・カーク（高木俊介ほか訳）『精神疾患はつくられる——DSM診断の罠』日本評論社、2002年（「医学」も、「経済」「政治」とぬきさしならぬ関係にあることが、ひしひしと伝わってきます）
　◇ロバート・N・プロクター（宮崎尊訳）『健康帝国ナチス』草思社、2003年（ナチス統治下のドイツでは、癌治療開発がすすみ、禁煙が徹底されていました。優生思想も……）
ちょっと本格的な身体観に関する本
　◇バーバラ・ドゥーデン（井上茂子訳）『女の皮膚の下——十八世紀のある医師とその患者たち』藤原書店、1994年（本書とは、ちょっと距離がありますが……私が現代の身体観・健康観に疑問をもちはじめたのは、この本との出会いからです。鮮烈です。ぜひ）
　◇後藤吉彦『身体の社会学のブレークスルー——差異の政治から普遍性の政治へ』生活書院、2007年（本書とは正反対!?　理想の社会構築にむけて理論的に語っています。でも、めざすところは、おなじかも……。現代「身体観」のといなおし論です）

＜社会学＞
分類枠がおおきすぎて紹介しきれませんが、本書に関係のありそうなもので……
　◇上野千鶴子『差異の政治学』岩波書店、2002年（上野千鶴子と名がつけば、てあたり次第読んでいた時期があります。そのなかでも、おすすめです。とくに「複合差別論」）
　◇ケネス・J・ガーゲン（東村知子訳）『あなたへの社会構成主義』ナカニシヤ出版、2004年（心理学と社会学のドッキング、ナラティブ・アプローチの「生みの親」でも、あります。ぜひ！）
　◇奥村隆『他者という技法——コミュニケーションの社会学』日本評論社、1998年（「だれかとわかりあえないのは、わかる努力がたりないせい」とずっとおもってきました。しかし、「わからない」他者がいること、そして「わかりあえない」まま「いっしょにいる」ことの大切さを本書でまなびました。私にとって重要な一冊です）

＜教育社会学＞
学校の「あたりまえ」を問いなおすために……生徒のみなさんにも！
　◇苅谷剛彦『知的複眼思考法』岩波書店、1996年（本書にでてくる「見方をかえる」の意味がよくわかります）
　◇今津孝次郎、樋田大二郎編『教育言説をどう読むか——教育を語ることばのしくみとはたらき』新曜社、1997年（「体罰は必要だ！」「生徒理解とは心の理解」といった教育現場でとびかっている言説に「まった」をかけます）

「学校生活不適応症候群」におちいるのは、「発達障害」の子だけではありません！
- ◇清水睦美・「すたんどばいみー」編『いちょう団地発！外国人の子どもたちの挑戦』岩波書店、2009年（「すたんどばいみー」はニューカマー版「べてるの家」!? 石田雄さんの帯が、本書のすばらしさを物語っています）
- ◇児島明『ニューカマーの子どもと学校文化──日系ブラジル人生徒の教育エスノグラフィー』勁草書房、2006年（怜悧な観察と、あたたかな解釈……私もこんな研究者になりたいとめざしてきた「先輩」の著作です）
- ◇原田琢也『アイデンティティと学力に関する研究──「学力大合唱の時代」に向けて、同和教育の現場から』批評社、2007年（「同和」「部落」……みえにくくなっているからこそ、問題です。中学校での現実がリアルにわかります）
- ◇倉石一郎『差別と日常の経験社会学──解読する＜私＞の研究誌』生活書院、2007年（学校における「在日問題」のフィールドにいる著者の苦悩が切実につたわってきます）
- ◇瀬川正仁『若者たち──夜間定時制高校から視えるニッポン』バジリコ、2009年（定時制高校の統廃合をうれえる私としては、ぜひ読んでいただきたい一冊です。学校制度の問題が鮮明になります）
- ◇（社）部落解放・人権研究所編『排除される若者たち──フリーターと不平等の再生産』解放出版社、2005年（「フリーター」にならざるをえなかった人たちの声を丁寧に扱っています。『若者たち』のその後、としても読めます）
- ◇阿部彩『子どもの貧困──日本の不公平を考える』岩波書店、2008年（「日本に貧困はない。上の2冊は特殊例だ」とおもわれるでしょうか……統計的にも「貧困」の存在は明白です。「給食費を払わない家庭がある」とバッシングするのは、やめませんか？）

＜差別論＞
自分の問題として、よんでみてください。
- ◇三浦耕吉郎編『構造的差別のソシオグラフィー──社会を書く／差別を解く』世界思想社、2006年（「差別」「人権」をだれかに語るそのまえに……ぜひ!!）
- ◇好井裕明『差別原論──"わたし"のなかの権力とつきあう』平凡社、2007年（「部落差別」「障害者差別」をおってきた著書が、自らの問題として差別を再考しています）
- ◇内藤朝雄『いじめの構造──なぜ人が怪物になるのか』講談社、2009年（著者のルサンチマンが、ひしひしとせまってきます……彼が中退した高校は私の出身高校から10キロ程の場所に。「有名」でした……）
- ◇要田洋江『障害者差別の社会学──ジェンダー・家族・国家』岩波書店、1999年（『母よ！殺すな』とぜひ、セットでよんでください！障害者への差別的／同情的視線の「罪」が実感できます）
- ◇ましこ・ひでのり編『ことば／権力／差別──言語権からみた情報弱者の解放』三元社、2006年（ことば、コミュニケーション上の差別について、ひろい視野からかんがえさせてくれます。ここに収録されている多くの論文が、『社会言語学』（2001年～年刊）初出です。http://www.geocities.jp/syakaigengogaku/index.html）

まだまだ、紹介したい本はありますが……ひとまず。本文中の引用文献も、参照くださるとうれしいです。
　この中で最初に読むとしたら？　う～……。深刻ですが、笑えて、ほっとできる『こんな夜更けにバナナかよ』でしょうか。会ったことないけど、もう会えないけど、鹿野さん、めっちゃいいです！

「しーとん」しすたーず　ご紹介と ひとこと感想

(たまには、あいうえお順の 逆順で……とおもったら くしくも 年齢順!?（笑）)

　　　全員、愛知県立の高等学校に勤務する養護教諭です。年齢も経歴もばらばらの私たち。共通点は、「しーとん」がうまれたとき、三河地区にある定時制高校につとめていたってことだけ。あつまった当初は「○○先生」って、かしこまってて……。これじゃあいつまでたっても「ひらば」（えんりょなく、本音で なんでも はなせる場）にならないかも……と、よび方をかんがえました。よって、「しーとん」内でのよびなも、ご紹介します。（途中で結婚した人もなんにんか……そのうちのひとりは旧姓でよぶたびに「○○です！」と（爆）。ご要望におこたえして、よび方も変更しました。だれでしょう？（笑））

ふかつ ひろこ（深津　博子：ひろちゃま）　1953年うまれ
【第2部9章担当】
　　　新任以来、うん十年ぶりで定時制勤務になりました。でも、定時制にかよう生徒は昔とはどこかちがいます。わたしもおばさんになったし……。「どうやって、コミュニケーションとればいいの」となやんでいたところに、すぎむらさんから「チェックシート、みんなでつくれないかな」との相談が。「なにか、ヒントがみつかるかも。それに、若い人たちとなにかするのって、おもしろそう」そうおもって、定時制につとめる養教さんたちに声をかけました。
　　　わたしが、「しーとん」でえたこと。
　　　　　＊生徒への見方がかわって、かかわり方がかわっていったこと
　　　　　＊こころのストライクゾーンがひろがったこと（以前より）
　　　　　＊ゆっくり　生徒に　寄り添いながら　応援していけるように　心がけていきたいと思ったこと
　　　定時にかわって、はや3年。いまでは出勤して生徒たちに会うのが楽しみになりました。
　　　「しーとん」のみんな、あんちゃん、えりちゃん、おがおが、さくちゃん、ともちゃん、こんなおばさんも仲間にいれてくれて、ありがとね。すごく元気をもらえたし、たのしかったです。そして、なみちゃん、「勉強会したいな〜」って相談してくれて、ありがとう。ちょっとはお役にたてたかな？　これからも、よろしく。

すぎむら なおみ（杉村　直美：なみちゃん）1965年うまれ
【まえがき、第2部1・14章、第3部、読書案内、あとがき担当】
　　　ともにシートを作成してくれたみんなへ（読者のみなさまには、あとがきを！）。
　　　最後まで参加してくれて、ありがとう。率直な質問でいつもわたしを窮地においこんだあんちゃん、あなたのおかげで「理論編」をかきつづけることができました。フレキシブルな対応でながれをかえてくれたえりちゃん、停滞ムードに喝がはいったよね。つねにまっこう勝負のおがおが、その「あつさ」がみんなをひっぱってくれました。方向性にまよいがしょうじるたびに、クールに核心をつく指摘をしてくれたさくちゃん、おかげで初志貫徹（笑）です。ここ一番のリリーフエースともちゃん、とくに表紙の図案、「しーとんだから、しあわせな豚（とん）なんて、どう？」「そうだね。よつばのクローバー、もたせるのもいいかも」「いろんな人が一緒にってイメージのために、なるべく異質なものがつどう図柄にしてほしいな」「だったら、7人だから、キャラも7つに！」などなど雑多なわたしたちの要望にこたえてあの表紙がでてきたときは、みんなで大歓声あげたよね。そして、わたしたち全員の状態をいつもきづかい、羊飼いのようにわたしたちをまとめてあげてくれたひろちゃま、このうちのだれがかけても、このシートは完成しませんでした。ありがとう。

勉強会をたちあげたときのわたしのねがいは、ひとつ。「メンバーが自分の言葉で、シートの目的を説明できるようになってほしい」。そのための具体的な方法として3つの提案をしました。「各自1回は原稿をかく」、「どこかで発表する」、「それらをまとめて出版する」です。みんな「ありえ〜ん」「それむり〜」とわらいくずれていましたよね……。目標は、いま達成しつつあります。おつかれさまでした。

さくま けいこ（佐久間　佳子：さくちゃん）1979年うまれ
【第2部2・12章担当】
　しーとんの勉強会に参加しはじめた当初、生徒の「スクリーニング」をすることばかり考えていたなーと、思い返します。「発達障害」「LD」「アスペルガー」……用語ばかりが頭の中くるくる回っていた私。今もまだまだわからないこといっぱいだけど、診断名に振り回されず、生徒ひとりひとりを丁寧にみつめて、かかわっていきたいと思えるようになりました。
　でも、実は研究はそっちのけで、それぞれの学校のできごとを報告しあったり、プライベートなおしゃべりができる時間も楽しみにしてたんです（笑）。
　宿題の期限をいつも守れず迷惑をかけましたが、この勉強会のメンバーのみなさんなら、こんなわたしにもどこか長所があるといってくれるでしょうか？（この原稿もすでに締め切りすぎてるっ!?）
　しーとんの仲間にいれてくれて本当にありがとうございました！

かとう えりこ（加藤　恵理子：えりちゃん）1980年うまれ
【第2部4・11章担当】
　正直なところ、しーとん参加当初は、2008年夏の学校保健研究大会の研究発表がゴールだろうと思っていたので、まさか3年にもわたりこのような形になるとも、その後、私が地区で研究発表の場をいただくことになるとも、想像していませんでした。
　私にはしーとんに参加していてもずっと自信がなくて、少しずつ勉強してみてもやっぱり、"実際に該当する生徒を目の前に対応しているメンバーのみんなとは違って、私には困り感が絶対的に足りていないから、理解しているつもりでもただのつもりでしかないんだ"という気持ちがあり、メンバーであることに不安で仕方がなかったです。連載で担当した2回とも、自分の気持ちが表現できずに"もやもや"しているのはそのせいです。でも、どんな小さなことでも気がついたことを打ち明ければ、必ずみんなで取りあげてくれて、答えが返ってくる。メンバーは自然にしてくれていたことかもしれないけど、そのことが私にはすごくうれしくて、一緒にがんばりたいという気持ちにさせてくれました。
　先日、保健指導の時間に全校生徒に実施しました。私のことばにしーとんの思いをのせてお返事をかきます。生徒とこんな関わりができたのもしーとんのおかげです。本当にありがとうございました。

かがみ ともみ（鏡味　友美：ともちゃん）1981年うまれ
【第2部3・13章、カバー・本文イラスト担当】
　参加の動機は、「生徒が実施する、生徒の気持ちがわかるチェックシート！そんなシートを探していました！」でも、勉強会がはじまって不安だらけでした。実際には、単に発達障害ということばだけの範囲にとどまらず、「平等」って何？「ふつう」ってどういうこと？「障害」か「障がい」か……ほかにどんなことばがあるの？「ユニバーサルデザイン」とは……など、考えさせられることが多かったり、わたしの凝り固まった頭はなかなか切りかえや転換ができず苦しかった。立場がちがえば思いや感じ方もちがうんだ……この勉強会に参加しなければ知らずに過ぎていったこと、気づけなかったことがたくさんあります。まだまだ勉強途中ですが、これから出会う生徒には、今までと少し違った見方や対応ができるようになったでしょうか。
　また、勉強会を通じて、たくさんの仲間に出会えパワーをいただきました。すべての方々に感謝しています！

おがわ しほ（小川　史穂：にいにい→おがおが）1981 年うまれ
【第 2 部 6・7・8 章担当】
　しーとんに参加して得た、大きなこと。それは"目の前にいる生徒をよく見ることが大切"というとても当たり前に思えるこの教訓です。今、振り返ってみると、しーとんに参加する前の私は、発達障害の診断名や傾向に生徒を当てはめて見ていたな……と反省します。
　目の前にいる生徒をよく見て、その子の良いところ探し、できること探しから始めていく。そんな些細に思えることが、結果として支援の糸口になっていく。支援というと難しく感じるけど、できることは身近に沢山ある。発達障害に限らず、養護教諭として生徒と関わるうえでのベースを、しーとんを通して心に植え付けることができたように思います。
　しーとんに参加して、大変だったこと。それは、自分の思いや考えを、自分の言葉で人に伝えることです。勉強会の中や研究発表、連載の原稿がきなど、本当に四苦八苦しました。今もまだまだ下手だけど、この先、生徒や職員、友人や家族とも、もっともっと自分の言葉で話ができるようになりたい！と強く思うようになりました。
　しーとんの集まりは、いつも楽しかったです。定時制のあるある話や雑談から始まり、メンバーのなにげない言葉に、ハッとしたり、共感したり、いろんなことを教えてもらいました。助けてもらったことも、いっぱいあります。本当にメンバーのみんなには感謝感謝です。しーとんに参加して本当によかったです!!

いながき あんな（稲垣　杏菜：あんちゃん）1983 年うまれ
【第 2 部 5・10 章担当】
　しーとんでの集まりを始めた当初、「発達障害のことよくしらないし、みんなで勉強できるなら、やる気も続きそうだし、なんかラッキー」くらいの考えで集まっていました。
　けれど、実際始めてみると、調べることはいっぱいあるし、集まりは毎週のようにあるし、宿題もでるし……こんなに大変ならやめとけばよかったなぁ……と思うことも度々ありました。
　けれど、ここまで続けられたのは結局しーとんのメンバーの言葉があったからだと思います。がんばれなくて、くじけそうな時「わたしもムリかもー。難しい宿題だけど、がんばろう」と言ってくれたメンバー。もうだめだと思っていた時「作ってみたけれど……ダメだったらくしゃってしちゃってください。全然自信がなくて……」とわたしだけがそう思ってたんじゃないんだ、って思わせてくれたメンバー。原稿に行き詰まり、やっぱりしーとんに入らなかったらよかったんじゃないかと思っていた時「あんちゃんは、かっこつけようとしないで、思ってることをそのまま書いたらいいんだよ」と電話してくれたメンバー。他にも、いつも的確なアドバイスをしてくれるメンバーや妊娠、出産を経て子育てに励んでいる楽しいエピソードを教えてくれたメンバー、趣味がアクティブで元気をくれるメンバーなどわたしにはもったいないくらいステキなメンバーに恵まれてきたと思います。

〈初出一覧〉

第2部　発達障害チェックシートをつくりたい【制作編】
　→日本学校保健研修社発行『健』2008年9月～11月号、2009年1月～12月号所収論文

第3部　同化と異化の共存という課題【理論編】
　→特定非営利活動法人おかやま人権研究センター発行『人権21』2008年192号～196号、2009年198、202、203号、2010年204号所収論文

♥シートのファイルを希望される方へ
　このメールアドレスにご連絡ください。データファイルを添付させていただきます。
　siton07@gmail.com
　メールがにがてな方は、500円分の切手とCDが1枚はいる大きさの返信用封筒を生活書院あてにご送付ください。CDを返送します。

♥この本にかんするご意見なども、siton07@gmail.com にメールをくださるとうれしいです。

●本書のテキストデータを提供いたします
　本書をご購入いただいた方のうち、視覚障害、肢体不自由などの理由で書字へのアクセスが困難な方に本書のテキストデータを提供いたします。希望される方は、以下の方法にしたがってお申し込みください。

◎データの提供形式：CD-R、フロッピーディスク、Eメールによるファイル添付（Eメールアドレスをお知らせください）
◎データの提供形式・お名前・ご住所を明記した用紙、返信用封筒、下の引換券（コピー不可）および200円切手（Eメールによるファイル添付をご希望の場合不要）を同封のうえ弊社までお送りください。

●本書内容の複製は点訳・音訳データなど視覚障害の方のための利用に限り認めます。内容の改変や流用、転載、その他営利を目的とした利用はお断りします。

◎あて先：
〒160-0008
東京都新宿区三栄町 17-2 木原ビル 303
生活書院編集部　テキストデータ係

【引換券】
発達障害
チェックシート
できました

発達障害チェックシート できました
がっこうの まいにちを ゆらす・ずらす・つくる

発　行　2010年　2月20日　　　初版第一刷発行
　　　　2016年　10月31日　　初版第七刷発行
著　者　すぎむら なおみ ＋「しーとん」
発行者　髙橋 淳
発行所　株式会社 生活書院　　www.seikatsushoin.com
　　　　〒160-0008　東京都新宿区三栄町17-2　木原ビル303
　　　　電話 03-3226-1203　ファックス 03-3226-1204　振替 00170-0-649766
装丁　糟谷一穂　本文・カバーイラスト　鏡味友美

印刷・製本　株式会社シナノ
定価はカバーに表示してあります　乱丁・落丁本はお取替えいたします
Printed in Japan　2010©Sugimura Naomi　ISBN 978-4-903690-50-6

生活書院●出版案内

母よ！殺すな
横塚晃一／解説＝立岩真也
四六判上製　432頁　2625円（税込）
日本における自立生活・障害者運動の質を大きく転換した「青い芝の会」、その実践面・理論面の支柱だった脳性マヒ者、横塚晃一が残した不朽の名著。更に9本の未収録原稿と雨宮処凛さんの推薦文がついた第2版出来!!

障害とは何か──ディスアビリティの社会理論に向けて
星加良司
四六判上製　360頁　3150円（税込）
「障害＝ディスアビリティ」とはいかなる社会現象か？　社会的に構築された不利として「障害」を捉え、その解消可能性を探求するという学術的課題に正面から取り組んだ社会学の収穫。第9回損保ジャパン記念財団賞受賞！

身体の社会学のブレークスルー──差異の政治から普遍性の政治へ
後藤吉彦
四六判上製　224頁　2730円（税込）
身体によって人間が区別され、それにより引き起こされる社会関係とはどのような事象か。フーコー、ドゥルーズ、ターナーらの思考、障害者運動等を手がかりに、身体＝人間の普遍性を発見する新たな社会理論の試行。

介助現場の社会学──身体障害者の自立生活と介助者のリアリティ
前田拓也
四六判上製　376頁　2940円（税込）
介助という実践のなかから、他者との距離感を計測すること、そして、できることなら、この社会の透明性を獲得すること……。「まるごとの経験」としての介助の只中で考え続けてきた、若き社会学者による待望の単著！

生活書院●出版案内

良い支援？──知的障害／自閉の人たちの自立生活と支援
寺本晃久、岡部耕典、末永弘、岩橋誠治
四六判並製　296頁　2415円（税込）

知的障害／自閉の人の〈自立生活〉という暮らし方がある！　当事者主体って？　意志を尊重するって？「見守り」介護って？　常識に凝り固まった支援は通用しない！「大変だ」とされがちな人の自立生活を現実のものとしてきた、歴史と実践のみが語りうる、「支援」と「自立」の現在形。

ケアと共同性の人類学
浮ヶ谷幸代
A5判上製　392頁　3570円（税込）

「べてる流」や「川村流」の精神保健福祉の影響はどのように現れるのか？　精神障害をもつ人へのかかわりとしての看護師の実践を、また地域で生活する住民の付き合いの技法を、具体的な「ケア」の現れをめぐって考察する。

差別と日常の経験社会学──解読する〈私〉の研究誌
倉石一郎
四六判上製　400頁　3570円（税込）

在日問題を主なフィールドに「当事者」＝「マイノリティ」「被差別者」という自明視から離れ、自己言及こそ差別を語る道との立場を貫いて差別の日常に迫る、深くてセンシティヴな社会学の誕生！

「健常」であることを見つめる──一九七〇年代障害当事者／健全者運動から
山下幸子
四六判上製　248頁　2625円（税込）

介助現場の関係性をめぐる困難という課題にたいし、何が議論されその情況を打破するためにどのような行動がとられてきたか。「あたりまえ」だと思われてきた健常者中心社会の問い直しを求めるための論考。

生活書院●出版案内

障害者の「自立生活」と生活の資源——多様で個別なその世界
田中恵美子
A5判並製　443頁　3570円（税込）

「自立生活」は「強い障害者」だけのものではない！　実際に営まれてきた／いる、10名の全身性障害者の「自立生活」の多様性と個別性を詳述し、「自分にはできない」というあきらめの壁を取り払う。

発達障害のある子どものきょうだいたち——大人へのステップと支援
吉川かおり
四六判並製　160頁　1365円（税込）

障害児者のいる家族の中で何が起こりうるかを、きょうだいのライフステージを軸に整理し、さまざまな立場のきょうだいたちの声を紹介しながら、本そのものがセルフヘルプグループの役目を果たせるようにという思いで書かれた、「きょうだいたち」による「きょうだいたち」のための本。

自己肯定・自尊の感情をはぐくむ援助技法【青年期・成人編】——よりよい自分に出会うために
デボラ・プラマー著　岡本正子、上田裕美監訳　小杉恵、上利令子訳
B5判並製　264頁　2415円（税込）

計12のセクションに、エクセサイズを効果的に進めるためのインフォメーション・シートと書き込み式のワーク・シートを導入し、自分を尊重する気持ちを高めるための技法を提案。自分を愛しきれないすべての人びと、支援者、ファシリテーター……誰もが手にしたその日から使えるワークブック。

スルーできない脳——自閉は情報の便秘です
ニキ・リンコ
四六判並製　456頁　2100円（税込）

「私の脳は、おそろしく操縦が難しい」。援助者の力だけではどうにもできない、自閉の特性とは何か？　用済みになった情報をなかなか排出してくれない、やっかいな脳を持つ著者が語る、脳内ファイル軽量化ブック。